工业互联网标识与智能工厂融合应用和发展之路

（技术与应用篇）

李琦琦 李海花 刘阳 编著

人民邮电出版社

北京

图书在版编目（CIP）数据

工业互联网标识与智能工厂融合应用和发展之路. 技术与应用篇 / 李琦琦，李海花，刘阳编著. -- 北京：人民邮电出版社，2025. -- ISBN 978-7-115-65820-3

Ⅰ. F403-39

中国国家版本馆CIP数据核字第20255XA716号

内 容 提 要

本书主要探讨工业互联网标识系统在智能工厂中的应用及其对产业变革的影响，详细介绍工业互联网的基本概念、发展历程、标识系统的构建和解析，以及标识技术在智能工厂中的具体应用案例。此外，本书还讨论工业互联网标识技术的未来发展前景，包括工业元宇宙在智能工厂中的应用等。

本书适合对工业互联网标识技术、智能工厂建设以及数字化转型感兴趣的读者阅读，特别是工业互联网技术的研究者和实践者，以及希望深入理解工业互联网在现代工业中的地位和作用的读者。

◆ 编　著　李琦琦　李海花　刘　阳
　　责任编辑　吴晋瑜
　　责任印制　王　郁　胡　南

◆ 人民邮电出版社出版发行　北京市丰台区成寿寺路11号
　　邮编　100164　电子邮件　315@ptpress.com.cn
　　网址　https://www.ptpress.com.cn
　　北京隆昌伟业印刷有限公司印刷

◆ 开本：787×1092　1/16
　　印张：15.5　　　　　　　　　　2025年5月第1版
　　字数：327千字　　　　　　　　2025年5月北京第1次印刷

定价：99.80元

读者服务热线：(010)81055410　印装质量热线：(010)81055316
反盗版热线：(010)81055315

主要编者简介

李琦琦，中共党员，博士，现任中国信息通信研究院工业互联网与物联网研究所未来产业部主任及该所西部运营中心主任、十九届重庆市渝北区人大代表、中国信息通信研究院数字经济（成都）创新中心副主任。曾获 2023 年"十大重庆科技创新年度人物"、2022 年"重庆市最美高校毕业生"、2022 年"'智汇两江'科技创新领军人才"等荣誉。主要从事未来产业（人工智能、量子科技、生物制造等）、工业互联网标识解析、区块链等技术研究与实践，主持国家顶级节点（重庆）项目、国家顶级节点（成都托管与灾备节点）项目建设，助力成渝工业互联网一体化发展，支撑成渝地区双城经济圈建设，推动实现重庆、四川等西部十省市工业互联网体系覆盖，主持"星火·链网"超级节点（重庆）、"星火·链网"超级节点（成都）建设，推动"星火·链网"国际（ASTRON）成为新加坡 TradeTrust 框架官方支持的全球唯一的许可公有链，支撑中新数据跨境流动和区域数字经济发展。牵头开展了"物理人工智能规则验证与测试评估系统建设""标识解析与车联网先导区融合发展研究""工业元宇宙关键技术研究"等十余项重点课题研究，参与制定《工业互联网标识行业应用指南（白酒行业）》等行业标准，在国内外期刊发表 *Federated Multi-Agent Actor-Critic Learning Task Offloading* 等论文近 20 篇，牵头申报智慧物流、工业互联网等领域专利 10 余项，参编《从零开始掌握工业互联网（实操篇）》等图书，在人工智能、工业互联网生态构建、技术研发及产融结合方面具有重要影响力。

李海花，正高级工程师，中国信息通信研究院工业互联网与物联网研究所副所长。主要从事与信息通信相关的政府支撑、战略咨询、新技术跟踪研究、标准研制工作，目前聚焦工业互联网、工业标识解析体系、"星火·链网"的相关研究与推动工作。担任的其他职务有工业互联网产业联盟总体组主席、中国通信学会工业互联网专委会秘书长和中国仪器仪表学会智能制造推进工作委员会委员。

刘阳，正高级工程师，国家重点研发计划青年科学家，中国信息通信研究院工业互联网与物联网研究所副总工程师，同时担任工业互联网产业联盟标识工作组主席、中关村区块链产业联盟专家委员会委员等职务。主要从事工业互联网、标识解析、区块链、绿色低碳方面的技术研究和产业发展等工作，长期支撑工信部、国家数据局等部门的工作，参与编制国家战略规划，牵头制造业高质量发展专项、工业互联网与智能制造专项等国家重大科研专项和产业化项目，设计并推动国家工业互联网标识解析体系、"星火·链网"区块链体系等新型基础设施的建设。

编委会名单

主　编（2人）：

李琦琦　中国信息通信研究院工业互联网与物联网研究所未来产业部主任及西部运营中心主任

李海花　中国信息通信研究院工业互联网与物联网研究所副所长

副主编（5人）：

刘　阳　中国信息通信研究院工业互联网与物联网研究所副总工程师
马　超　中国信息通信研究院工业互联网与物联网研究所主任
田　娟　中国信息通信研究院工业互联网与物联网研究所副主任
齐　超　中国信息通信研究院工业互联网与物联网研究所副主任
宋　涛　中国信息通信研究院工业互联网与物联网研究所工程师

委　员（11人）：

孙　银　中国信息通信研究院工业互联网与物联网研究所工程师
王亦澎　中国信息通信研究院工业互联网与物联网研究所主任工程师
李笑然　中国信息通信研究院工业互联网与物联网研究所高级工程师
马宝罗　中国信息通信研究院工业互联网与物联网研究所高级工程师
景浩盟　中国信息通信研究院工业互联网与物联网研究所工程师
王　彪　中国信息通信研究院工业互联网与物联网研究所工程师
时晓光　中国信息通信研究院工业互联网与物联网研究所工程师
刘思宇　中国信息通信研究院工业互联网与物联网研究所工程师
杨　潇　中国信息通信研究院工业互联网与物联网研究所主任工程师
杨笃明　中国信息通信研究院工业互联网与物联网研究所工程师
韩　玲　中国信息通信研究院工业互联网与物联网研究所工程师

序 一

2024年1月，工信部等七部门联合印发《关于推动未来产业创新发展的实施意见》，着重强调围绕制造业的核心领域，加速未来产业的蓬勃发展，以有力支撑并推进新型工业化发展。信息技术的进步，特别是大数据和人工智能等前沿技术的广泛运用，不仅推动着传统制造业向高端化、智能化、绿色化的方向迈进，还助推着工业互联网的蓬勃发展，引领我们进入全新的数字化、网络化、智能化工业生产新时代。

《工业互联网标识与智能工厂融合应用和发展之路（技术与应用篇）》这本书正是基于上述背景编写而成，旨在为读者提供全面、深入的工业互联网标识与智能工厂的融合应用指南。

本书从工业互联网的起源讲起，详细介绍工业互联网的发展历程及其发展现状，系统阐述工业互联网的概念和典型模式以及与传统工业的差异，深入探讨标识体系及工业互联网标识的重要性。工业互联网标识解析体系作为信息交换的基础，对于实现物品、设备和服务的互联互通至关重要，是本书的技术核心所在。本书详细解析了标识编码、载体、解析系统和数据服务等知识点，可以帮助读者明确工业互联网标识解析的工作流程和体系架构，并了解相关的标准和未来的发展趋势。

智能工厂是工业互联网的重要应用场景，本书为读者展示了智能工厂的全貌——从智能工厂的概念和发展现状到其在工业互联网标识中的需求，再到建设的重点与趋势。值得一提的是，本书给出了真实场景下的应用案例，可供读者清晰了解工业互联网标识如何在智能工厂中发挥作用，以及如何提高生产效率和安全性。书中还展示了标识解析在智能工厂中的实际应用拓展，呈现的案例涵盖了汽车、动力摩托、医疗器械等多个行业，充分证明了工业互联网标识技术的广泛适用性和有效性。本书也展望了工业互联网标识在智能工厂未来发展中的应用与前景，即通过5G、区块链等新兴技术与标识解析的结合，为智能工厂的发展带来新的可能性。

本书不仅是一部理论与实践相结合的著作，更是一部指导未来工业发展的前瞻性作品。作者通过对工业互联网标识与智能工厂融合应用的深入研究，为我们描绘了一个高效、智能、绿色、可持续的智能工厂图谱。希望本书能够为研究人员、工程师、企业决策者以及对工业互联网感兴趣的广大读者提供有价值的参考和启示，进而助力工业互联网和智能工厂的发展。

向涛

序 二

在现代工业发展的历史进程中，我们正处在一个意义非凡的转型时期。这一时代被广泛定义为"工业互联网纪元"，其核心在于将传统工业系统与先进的信息技术融合，赋予生产力新的增长动能和变革潜力，助力新质生产力的发展。《工业互联网标识与智能工厂融合应用和发展之路（技术与应用篇）》这本书就是关于这场融合的深入研究，它不仅为专业人士提供了宝贵的知识资源，也为工业践行者指明了方向。

作为本书的序言撰写者，我有幸提前浏览了这部著作的内容，深感作者的学术积累之丰富和对实践的洞察之深刻，也有幸得见一幅系统的工业互联网标识赋能智能工厂发展的全景图。

本书通过理论与实践的紧密结合，为想要深入了解智能工厂内在机制的读者们提供了珍贵的第一手资料。本书从探讨互联网的起源及其对工业发展的影响到对标识技术的深入剖析，逐步揭示了工业互联网标识在智能工厂构建中的关键角色。本书先是阐释了工业互联网标识的概念和架构，为我们理解后续章节内容奠定扎实的基础随后详细介绍了标识解析技术的细介绍，相关内容，旨在让我们对标识技术发展蓝图有更加清晰的认识。工业互联网标识与智能工厂融合发展是这本书的核心议题，作者从概念、需求、技术、应用和发展趋势进行了全面介绍，通过引入实际行业应用案例，如汽车研发实验室管理、摩托车数字化生产设备管理与维护、建材产品全过程质量追溯、冶金备品备件跟踪与管理优化等，为我们呈现了一个个关于创新和效率提升的"故事"。同时，这本书还介绍了5G、区块链等前沿技术，让我们看到了智能工厂发展的新天地。新技术的结合预示着一个全新的生产模式——工业元宇宙的诞生，届时虚拟与现实的界限将被模糊，智能工厂的生产效率和灵活性将提升至前所未有的水平。

本书不仅是关于工业互联网标识与智能工厂融合发展的技术指南，更是一部探索未来工业趋势的启示录。它将指引我们理解和把握新一代工业革命的本质，激励我们去思考如何在这场革命中找到自身的定位并把握住大好的机遇。希望从事或关注工业领域的读者都能从这部著作中获得灵感和指导，共同推动工业智能制造领域迈向智能化、绿色化和高端化的新台阶。

郑林江

前　言

在信息技术和工业生产深度融合的大背景下，工业互联网的兴起标志着一种全新的产业变革。作为连接物理制造和智能化数据系统的桥梁，工业互联网的标识体系不仅是实现设备、产品追踪与互联的核心技术，也是智能工厂实现高效、灵活生产的关键。本书旨在探讨这一领域的最新发展，分析工业互联网标识在智能工厂中的应用，并提供一系列实用的技术和策略，旨在推动行业内的技术创新和应用普及。

编写本书的主要意图是填补行业内关于工业互联网标识和智能工厂融合应用的知识空白。我们希望系统地介绍工业互联网标识体系的基础知识、技术原理及其在智能工厂中的实际应用，以支持工业企业在数字化转型过程中的决策和技术部署。此外，本书还旨在阐明一系列实践中的问题，如标识的安全性、数据处理效率及其在设备管理中的实际效益，以便读者能够深入理解这些技术背后的核心概念以及所面临的应用挑战。

本书共 8 章，内容涵盖工业互联网的基本概念、标识体系的构建和解析、标识在智能工厂的具体应用，以及对未来发展前景的探讨等。特别地，我们在书中加入了丰富的案例分析，展示了标识技术在不同工业场景中的应用成效，以及对于具体业务和技术问题的解决之法。我们希望这些内容能够为工业互联网技术的研究者和实践者提供深刻的洞见，并激发更多的思考。

通过本书，我们期望能够帮助各界同仁更好地理解和运用工业互联网标识技术，推动智能工厂的建设和发展，进而在全球范围内促进制造业的持续创新和进步。我们坚信，工业互联网作为未来工业发展的重要推动力，将持续引领制造业向更高效、更智能的方向前进。

资源与支持

资源获取

本书提供如下资源:

- 本书思维导图
- 异步社区 7 天 VIP 会员

要获得以上资源,扫描下方二维码,根据指引领取。

提交错误信息

作者和编辑尽最大努力来确保书中内容的准确性,但难免会存在疏漏。欢迎您将发现的问题反馈给我们,帮助我们提升图书的质量。

当您发现错误时,请登录异步社区(https://www.epubit.com/),按书名搜索,进入本书页面,单击"发表勘误",输入错误信息,单击"提交勘误"按钮即可(见下图)。本书的作者和编辑会对您提交的错误进行审核,确认并接受后,您将获赠异步社区的 100 积分。积分可用于在异步社区兑换优惠券、样书或奖品。

与我们联系

我们的联系邮箱是 wujinyu@ptpress.com.cn。

如果您对本书有任何疑问或建议，请您发邮件给我们，并请在邮件标题中注明本书书名，以便我们更高效地做出反馈。

如果您有兴趣出版图书、录制教学视频，或者参与图书翻译、技术审校等工作，可以发邮件给我们。

如果您所在的学校、培训机构或企业，想批量购买本书或异步社区出版的其他图书，也可以发邮件给我们。

如果您在网上发现有针对异步社区出品图书的各种形式的盗版行为，包括对图书全部或部分内容的非授权传播，请您将怀疑有侵权行为的链接发邮件给我们。您的这一举动是对作者权益的保护，也是我们持续为您提供有价值的内容的动力之源。

关于异步社区和异步图书

"异步社区"（www.epubit.com）是由人民邮电出版社创办的IT专业图书社区，于2015年8月上线运营，致力于优质内容的出版和分享，为读者提供高品质的学习内容，为作译者提供专业的出版服务，实现作者与读者在线交流互动，以及传统出版与数字出版的融合发展。

"异步图书"是异步社区策划出版的精品IT图书的品牌，依托于人民邮电出版社在计算机图书领域多年来的发展与积淀。异步图书面向IT行业以及各行业使用IT技术的用户。

目 录

第1章 工业互联网简介··· 1
1.1 工业互联网的起源和发展··· 1
1.1.1 起源·· 1
1.1.2 发展历程与背景·· 3
1.1.3 我国工业互联网的发展·· 7
1.2 工业互联网的概念··· 12
1.2.1 工业互联网的内涵·· 12
1.2.2 工业互联网的本质·· 17
1.2.3 工业互联网的特点·· 17
1.2.4 工业互联网与传统工业的对比·· 19
1.2.5 工业互联网的典型模式·· 21
1.3 工业互联网体系架构··· 22
1.3.1 工业互联网体系架构 1.0·· 22
1.3.2 工业互联网体系架构 2.0·· 23

第2章 标识及工业互联网标识·· 31
2.1 标识的起源与发展··· 31
2.1.1 标识的起源·· 31
2.1.2 标识的发展·· 32
2.2 标识与标识码··· 33
2.2.1 标识的概述·· 33
2.2.2 标识码分类·· 34
2.3 主流的标识体系··· 39
2.3.1 GS1··· 39
2.3.2 Handle··· 41
2.3.3 OID··· 43
2.3.4 Ecode·· 44
2.3.5 VAA·· 46

目 录

- 2.4 工业互联网标识 ... 48
  - 2.4.1 工业互联网标识概述 ... 48
  - 2.4.2 工业互联网标识标准化工作 ... 49
  - 2.4.3 工业互联网标识技术 ... 52

第 3 章 工业互联网标识解析 ... 55
- 3.1 互联网域名解析 ... 55
  - 3.1.1 域名基础知识 ... 55
  - 3.1.2 域名与 DNS 协议 ... 57
  - 3.1.3 DNS 技术架构 ... 61
  - 3.1.4 域名安全 ... 63
- 3.2 工业互联网标识解析概述 ... 64
- 3.3 工业互联网标识解析体系内容 ... 65
  - 3.3.1 标识编码 ... 65
  - 3.3.2 标识载体 ... 66
  - 3.3.3 标识解析系统 ... 71
  - 3.3.4 标识数据服务 ... 72
  - 3.3.5 工业互联网标识解析工作流程 ... 72
- 3.4 工业互联网标识解析体系功能视图与整体架构 ... 73
  - 3.4.1 功能视图 ... 73
  - 3.4.2 整体架构 ... 76
- 3.5 工业互联网标识解析相关标准 ... 81
- 3.6 工业互联网标识解析十大趋势 ... 81
  - 3.6.1 趋势 1：五位一体全面协同发展，标识赋能新型工业化四类场景 ... 82
  - 3.6.2 趋势 2：各级节点网络稳定运行，注册解析规模保持稳定增长 ... 83
  - 3.6.3 趋势 3：标识数据质量引发关注，元数据标准形成两种研制模式 ... 83
  - 3.6.4 趋势 4：建设数据标识服务网络，打造基础设施原生性数据服务 ... 84
  - 3.6.5 趋势 5：认证类业务场景占比大，主动标识载体解决方案需优化 ... 85
  - 3.6.6 趋势 6：双轮驱动标识技术创新，实现权利和信任的网络化传递 ... 85
  - 3.6.7 趋势 7：算力标识探索逐步增多，支持算力网络资源调度与对接 ... 86
  - 3.6.8 趋势 8：产品数字护照正式起航，引领全环节标识数据深度整合 ... 86
  - 3.6.9 趋势 9：应用成效评估全面启动，鼓励跨企业深层次化标识应用 ... 87
  - 3.6.10 趋势 10：标识应用向全行业贯通，助力产业链供应链融通化发展 ... 88

第 4 章 智能工厂中的工业互联网标识 ... 89
- 4.1 智能工厂的概念和发展现状 ... 89
  - 4.1.1 概念 ... 89

4.1.2　发展现状 90
4.2　智能工厂对工业互联网标识的需求 91
　　　4.2.1　智能工厂的数据需求 91
　　　4.2.2　智能工厂的自动化需求 91
4.3　智能工厂建设的重点与趋势 92
　　　4.3.1　智能工厂建设的重点 92
　　　4.3.2　智能工厂建设的发展趋势 96
4.4　工业互联网标识在智能工厂中的应用 101
　　　4.4.1　工业互联网标识数据处理在生产流程中的作用 101
　　　4.4.2　工业互联网标识安全在设备监测中的作用 102
　　　4.4.3　工业互联网在标识解析中的作用 103
4.5　智能工厂的应用案例 103

第5章　工业互联网标识数据处理在智能工厂的应用 116
5.1　标识数据处理的基本内涵 116
　　　5.1.1　工业互联网中标识和数据处理的关系 116
　　　5.1.2　标识数据处理与标识解析功能视图架构 116
　　　5.1.3　标识数据处理的实现流程 120
5.2　标识数据处理 121
　　　5.2.1　标识数据采集 121
　　　5.2.2　标识数据传输 126
　　　5.2.3　标识数据存储和管理 129
　　　5.2.4　标识数据分析和处理 135
5.3　工业互联网标识数据在智能工厂的应用案例 140
　　　5.3.1　案例1：家具制造行业 140
　　　5.3.2　案例2：船舶行业 141

第6章　工业互联网标识安全在智能工厂的应用 144
6.1　标识安全的基本内涵 144
　　　6.1.1　工业互联网中标识安全的定义 144
　　　6.1.2　标识安全的作用 145
　　　6.1.3　标识安全对企业的重要性 148
6.2　标识安全的技术保障措施 149
　　　6.2.1　身份验证技术 149
　　　6.2.2　访问控制技术 150
　　　6.2.3　数据加密技术 151
6.3　工业互联网标识安全在智能工厂的应用案例 156

  6.3.1 案例1：医药制造业 ·· 156
  6.3.2 案例2：新能源汽车行业 ······································ 157
  6.3.3 案例3：民爆行业安全管控 ···································· 158
  6.3.4 案例4：工业控制系统 ·· 159

第7章 标识解析在智能工厂的应用 ·· 161
 7.1 汽车行业应用案例 ··· 161
 7.2 动摩行业应用案例 ··· 163
 7.3 医疗器械行业应用案例 ··· 166
 7.4 建材行业应用案例 ··· 170
 7.5 电气机械和器材制造行业应用案例 ····································· 172
 7.6 冶金行业应用案例 ··· 174
 7.7 食品安全行业应用案例 ··· 178
  7.7.1 肉类产品冷链追溯 ·· 179
  7.7.2 果蔬产品冷链物流追溯 ·· 181
  7.7.3 乳制品冷链物流追溯 ·· 183
  7.7.4 水产品冷链物流追溯 ·· 185
  7.7.5 我国冷链物流追溯面临的挑战与机遇 ···························· 187

第8章 工业互联网标识在智能工厂未来发展中的应用与前景 ···················· 191
 8.1 智能工厂发展之路——5G与标识解析 ································· 191
  8.1.1 5G+标识技术赋能制造业转型升级 ······························ 191
  8.1.2 5G+标识解析的典型应用场景 ·································· 196
  8.1.3 5G+标识解析的智能工厂典型案例 ······························ 197
 8.2 智能工厂双碳环保之路——区块链与标识解析 ························· 198
  8.2.1 区块链+标识解析赋能双碳目标达成 ···························· 198
  8.2.2 区块链+标识解析的典型应用场景 ······························ 204
  8.2.3 区块链+标识解析的智能工厂典型案例 ·························· 205
 8.3 智能工厂进化之路——工业元宇宙 ····································· 206
  8.3.1 工业元宇宙 ·· 206
  8.3.2 元宇宙赋能智能工厂 ·· 215
  8.3.3 工业元宇宙：未来工厂3.0的典型标志 ·························· 220
  8.3.4 工业元宇宙在智能工厂园区中的应用 ···························· 223
  8.3.5 元宇宙与标识解析共同推动智能工厂数字化发展的可能性 ········ 231

第1章 工业互联网简介

工业互联网作为当今科技发展的焦点,其背后蕴藏着丰富而深远的历史渊源。在本章中,我们将从工业互联网的起源谈起,逐步深入探讨其发展历程,并介绍其概念与体系架构,为读者呈现工业互联网清晰而全面的图景。

1.1 工业互联网的起源和发展

通过深入了解工业互联网的起源和发展历程,我们得以清晰地把握科技进步的脉络与演变。这一过程不仅展示了人类智慧和技术创新的不断推动,也呈现了科技与工业领域相互交织、相辅相成的发展轨迹。从最初的概念萌芽到如今的广泛应用,工业互联网的发展历程充满着挑战与机遇,不断推动着整个产业链的变革与升级。

1.1.1 起源

工业互联网(Industrial Internet)一词由美国工业巨头通用电气(GE)在2012年发布的白皮书 *Industrial Internet: Pushing the Boundaries of Minds and Machines* 中首次提出,旨在将物联网技术应用于工业制造领域,综合应用高功能设备、低成本传感器、互联网、大数据分析技术和远程控制技术等,优化工业设施和机器的运行维护,以提升资产运营绩效,实现智能化生产。

GE将工业互联网定位为一场新的"革命",并认为18世纪中期到20世纪初的"工业革命"是产业界的第一场革命,20世纪末的"互联网革命"是第二场革命,通过将这些革命带来的先进产业设备与IT技术融合,将产生第三场革命——工业互联网革命。

GE认为,不论是满足效率安全和实时可靠的工厂内网、工厂外网和标识解析等基础业态,还是工业运营产生的智能化生产、网络化协同、数据同步、人工智能改造等新型业态,工业互联网都是产业升级的核心手段。2014年3月,GE联合AT&T、思科、IBM和英特尔组建了美国工业互联网联盟(Industrial Internet Consortium,IIC),初步形成行业生态,以促进物理世界和数字世界的融合。

在2013年汉诺威工业博览会上,德国工业联合会(BDI)正式提出了"工业4.0"这一概念。该概念的核心思想是将物理系统和数字系统相连接,通过数字化、虚拟化和网络化的手段,实现整个价值链的协同优化。德国政府也将"工业4.0"视为德国经济未来的战略方向,并将其列为国家发展计划的重点。

德国"工业4.0"的提出引起了全球范围内对工业互联网的关注和研究。它强调了物联网、云计算、大数据、人工智能等先进技术在制造业中的应用，以及智能工厂、智能制造等新兴概念的重要性。德国在推动"工业4.0"发展方面投入了大量资源，并与其他国家和组织展开了合作，以促进全球工业互联网的发展。"工业4.0"的概念不仅影响了德国制造业的发展，也对全球制造业产生了重要影响。许多国家和企业纷纷响应，并加快推动工业互联网的发展和应用。这一概念的提出推动了全球范围内对工业生产模式的转型，加速了数字化和智能化的进程，为未来工业发展带来了新的机遇和挑战。

在我国，"工业互联网"一词最早出现在2015年7月发布的文件《关于积极推进"互联网+"行动的指导意见》中。该文件提到，"以智能工厂为发展方向，开展智能制造试点示范，加快推动云计算、物联网、智能工业机器人、增材制造等技术在生产过程中的应用，推进生产装备智能化升级、工艺流程改造和基础数据共享"。随后，我国出台了一系列政策措施，支持和推动工业互联网的发展。2017年11月，《国务院关于深化"互联网+先进制造业"发展工业互联网的指导意见》正式印发，成为推动我国工业互联网发展的纲领性文件。2019年10月18日，2019工业互联网全球峰会在辽宁省沈阳市召开。国家主席习近平致贺信。习近平总书记指出，当前，全球新一轮科技革命和产业革命加速发展，工业互联网技术不断突破，为各国经济创新发展注入了新动能，也为促进全球产业融合发展提供了新机遇。中国高度重视工业互联网创新发展，愿同国际社会一道，持续提升工业互联网创新能力，推动工业化与信息化在更广范围、更深程度、更高水平上实现融合发展。

2020年12月，工业和信息化部印发《工业互联网标识管理办法》，旨在促进工业互联网标识解析体系健康有序发展，规范工业互联网标识服务，保护用户合法权益，保障标识解析体系安全可靠运行。办法包含20项条款，于2021年6月1日起实施。2021年3月，《中华人民共和国国民经济和社会发展第十四个五年规划和2035年远景目标纲要》发布，提出积极稳妥发展工业互联网，并将工业互联网作为数字经济重点产业。

党的二十大报告提出，到2035年我国要基本实现新型工业化。与发达国家的工业化和我国过去的工业化发展道路不同，新型工业化的重要特点在于数字技术在工业化中的广泛应用、渗透融合。工业互联网是新型工业化的战略基础设施，具有广泛连接、数据汇聚、建模分析、知识复用等功能，能够成为支撑和驱动"数实"融合和制造业数字化智能化转型的关键力量，推动传统制造业向更高效、智能、可持续的方向发展。

为了加快我国工业互联网产业发展，推进工业互联网产学研用协同发展，促进工业和信息通信领域的沟通交流、深度融合，在工业和信息化部的指导下，中国信息通信研究院牵头联合各领域产学研用相关单位，共同建设工业互联网产业联盟（Alliance of Industrial Internet，AII），打造工业互联网产业生态。AII以融合、开放、创新、共赢的理念，组织全体成员单位，组建14个工作组、15个特设任务组、16个垂直行业领域、6个分联盟，分别从顶层设计、需求、技术标准、网络、平台、安全、测试床、产业发展、国际合作、政策法规与投融资、人才等多方面开展工作，形成产业共识，推动产业发展。通过组织工业互联网大会（原工业互联网峰会）

等大型活动,持续宣传工业互联网最新发展成效,提升 AII 国内外影响力。

按照 AII 的定义,工业互联网是新一代信息技术与工业系统全方位深度融合所形成的产业和应用生态,是工业智能化发展的关键综合信息基础设施。其本质是以机器、原材料、控制系统、信息系统、产品以及人之间的网络互联为基础,通过对工业标识数据的全面深度感知、实时传输交换、快速计算处理和高级建模分析,实现智能控制、运营优化和生产组织变革。网络,平台,安全,数据及标识构成了工业互联网五大体系,其中网络是基础、平台是中枢、安全是保障、数据是核心、标识是纽带。

1.1.2 发展历程与背景

在过去几千年里,人类经历了多次技术革命,例如内燃机、电气、信息和智能技术革命。这些技术革命深刻地改变了人类社会的面貌,推动了人类文明的发展。

从工业 1.0 到工业 4.0,工业互联网的发展历程也经历了许多重要的转变。工业 1.0 以蒸汽机为代表,它标志着机械化生产的开始。这个时期的工厂大都采用分散的手工作坊形式,生产效率低下,生产成本高昂。工业 2.0 以电气技术为代表,它标志着规模化生产的开始。这个时期的工厂开始引入电力驱动设备,实现了机械化的生产方式,生产效率有了显著提高。工业 3.0 以信息技术为代表,它标志着计算机技术在工业生产中的广泛应用。这个时期的工业生产开始采用自动化管理,使得生产效率和质量都有了大幅提升。工业 4.0 以人工智能和互联网技术为代表,它标志着工业互联网的到来。这个时期的工业生产开始采用大数据、云计算、物联网等新兴技术,实现了设备之间的信息共享和互联互通,从而进一步提高了生产效率和质量。

工业互联网的发展历程经历了多个阶段的演变,每个阶段都有其独有的特征和贡献。未来随着技术的持续进步和应用场景的持续扩展,工业互联网的发展前景将会更广阔。接下来,我们将进一步介绍工业 1.0 到工业 4.0 阶段工业物联网的发展历程(见图 1-1)。

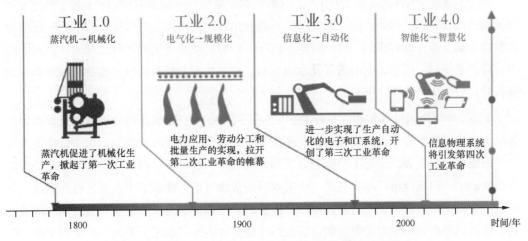

图 1-1 工业 1.0 到工业 4.0 阶段工业物联网的发展历程

1．工业 1.0：蒸汽机时代

在工业 1.0 时代，瓦特对蒸汽机进行了改良，这一创新开启了以机器取代人力的工业革命浪潮。当时的机器制造粗糙，使用的机器主要依赖蒸汽或水力来驱动，只能完成有限的任务，并不高效。然而，以机器替代手工劳动的工业理念开始成为工业发展的主流，首次引入"机器取代人力"的概念，因此具有极其重要的历史意义。

技术革命需要有动力支持，而蒸汽机在这一时期显得尤为重要。蒸汽机的改良，推动了机器的广泛应用和大型工厂的建立。这场技术革命是技术史上的一大突破，开创了机器取代手工劳动的新时代，进一步推动了近代城市化的兴起。

在工业 1.0 时代，随着机器的广泛应用，生产力得到了巨大的提升。有了机器，生产变得更加高效、精准，商品的大规模生产也成为现实。这为社会带来了巨大的变革，传统的农业和手工业经济逐渐转型为以工业和机械制造为主导的经济模式。工业 1.0 时代的到来，不仅改变了社会的生产方式和经济结构，也对人们的生活方式和思维方式产生了深远的影响。

工业 1.0 的时代标志着人类社会进入了蒸汽机时代，开启了一个全新的工业时代。这一时期的创新和技术进步奠定了现代工业化的基础，为后续的工业发展打下了坚实的基石。工业 1.0 的影响至今仍在人类社会中有所体现，对于我们理解工业革命和现代工业化进程具有重要意义。

2．工业 2.0：电气化时代

在工业 2.0 时代，科学技术的发展突飞猛进，各种新技术和新发明层出不穷，并迅速应用于工业生产，极大地促进了经济的发展。工业 2.0 起源于 19 世纪 60 年代后期，通过细致的分工和以电力驱动的电气设备组成的流水线，开创了产品批量生产的高效新模式，标志着人类进入电气化时代。

相比工业 1.0 时代，工业 2.0 引入了内燃机和发电机等新的能源动力和机器，满足了快速发展的社会需求。内燃机的发明使得机器拥有更强大的动力，电气设备的广泛应用使得机器的功能变得更加多样化。这一时期，汽车、轮船、飞机等交通工具出现了，为人们的出行提供了便利。同时，电力的普及也为家庭、商业和工业带来了巨大的便利和效率的大幅提升。

工业 2.0 时代的机器和动力相较工业 1.0 有了巨大的进步。机器的精确度和效率得到显著提高，生产效率有了大幅度提升，产品质量得到保证。通过流水线的运作，每个工人专注于完成自己的任务，实现了明细的分工和协同操作，进一步提高了生产效率和产能。这种高效的生产模式使得产品大规模、快速地制造成为可能，推动了工业化进程的加速。此外，工业 2.0 时代还见证了通信技术的飞速发展。电话机的出现改变了人类之间的沟通方式，使得远距离通信变得简单快捷。信息的传播更加迅速，加速了知识和技术的交流与传播。这为第三次工业革命的到来奠定了基础，进一步推动了科技的发展和全球化的进程。

总体而言，工业 2.0 时代以电力驱动的电气设备和内燃机为核心，通过明细的分工和高效的流水线生产模式，极大地提升了生产力和经济效益，为人类带来了更多便利和更高的效率，也为后续工业发展打下了坚实的基础。

3. 工业3.0：信息化时代

工业3.0是在20世纪四五十年代，以电子系统和信息技术为基础的一次工业变革。这一时期，制造过程实现了自动化控制的大幅度提高，机器逐步替代了人类作业，生产效率得到了极大的提升。

相较于工业2.0，工业3.0更注重信息技术的应用，使得机器能够自动化地进行操作和控制。各种先进的传感器、计算机、通信技术等设备广泛应用于制造工艺中，通过互联网的发展和应用，实现了生产流程的数字化、网络化和智能化，进一步提高了生产效率、降低了生产成本，并为人们生活带来了更多方便和便捷。

工业3.0标志着人类进入了信息化时代，涉及信息技术、新能源技术、生物技术和空间技术等，这些技术的应用在人类历史上具有里程碑的意义。例如电子计算机，它的出现和广泛应用，使得数据处理和信息管理变得更高效和准确；原子能技术的应用则使得人类能够更高效地利用能源，推动了社会的能源结构调整和发展。

工业3.0时代机器人的应用使得生产过程更具智能化，自动驾驶汽车、智能家居等产品的出现也在改变人们的生活方式。此时，人类开始更注重环保和可持续发展，新能源技术的研发和应用成为工业3.0时代的重要特征。

总而言之，工业3.0是一次巨大的技术变革，以电子系统和信息技术为基础，实现了生产自动化控制和生产智能化的飞跃。它不仅推动了工业和经济的发展，深刻改变了人类的生产和生活方式，还将对未来产生深远的影响。

4. 工业4.0：智能化时代

工业4.0强调从装备的智能化升级出发，利用数据技术将信息数据化、智慧化，以提升生产制造的服务能力，从而迈入智能化时代。这一阶段的工业变革不仅仅是对生产效率和消费效率进行优化，更重要的是通过实现工业全价值链的打通，消除生产与消费之间的鸿沟，改变市场经济运行模式，大幅提高经济社会运行效率。

相比工业1.0到工业3.0，工业4.0所面临的挑战和解决的问题有所不同。过去的工业变革主要集中在如何提高生产效率和产品质量，工业4.0则更关注如何将各个环节整合起来，实现全产业链的协同和智能化。通过工业互联网等核心技术的应用，数据在生产中的应用范围得到了极大的拓展，不仅能够帮助企业进行精准的生产计划和资源配置，还能够为消费者提供个性化定制的产品和服务。

在工业4.0时代，制造业将向着智能制造的方向迈进，智能工厂、智能供应链等概念逐渐成为现实。通过物联网、大数据、云计算等技术的应用，产品的设计、生产、销售和售后服务等各个环节都可以实现智能化和数字化管理，从而形成高效、灵活的生产体系。另外，工业4.0也将催生新的商业模式和产业生态，促进工业与互联网的深度融合，推动新技术、新产业、新业态的不断涌现，为经济的转型升级提供新的动力和机遇。工业 4.0 时代不仅是对生产方式和效率的提升，更是一个全新的产业变革和商业模式创新的时代，其核心是围绕工业互联网的智能化、数字化和全面互联。这将为未来的工业发展和经济社会的运行带来深远的影响，为人类社会带来更多的便利和可能性。

工业 4.0 这个概念最早出现在德国，其核心目的是提高德国工业的竞争力，使其在新一轮工业革命中占领先机。工业 4.0 随后由德国政府列入《德国 2020 高技术战略》中提到的十大未来项目，其内容是指将互联网、大数据、云计算、物联网等新技术与工业生产相结合，最终实现工厂智能化生产，让工厂直接与消费需求对接。该项目由德国联邦教育局及研究部和联邦经济技术部联合资助，旨在提升制造业的智能化水平，建立具有适应性、资源效率及基因工程学的智慧工厂，在商业流程及价值流程中整合客户及商业资源。其技术基础是网络实体系统及物联网。

德国所谓的"工业 4.0"是指利用信息物理融合系统（Cyber-Physical System，CPS）将生产中的供应、制造、销售等信息数据化、智慧化，最后实现产品供应的快速、有效、个人化。工业 4.0 是以智能制造为主导的第四次工业革命，是革命性的生产方法。工厂将生产设备、无线信号连接和传感器集成到一个生态系统平台中，然后以此监督整个生产线流程并自主执行决策。该战略旨在通过充分利用信息通信技术和网络空间虚拟系统相结合的手段，将制造业向智能化转型。

工业 4.0 还意味着由集中式控制向分散式增强型控制的基本模式转变，旨在建立一种高度灵活的个性化和数字化的产品与服务的生产模式。在这种模式中，传统的行业界限将消失，各种新的活动领域和合作形式将会产生。创造新价值的过程正在发生改变，产业链分工将被重组。

工业 4.0 旨在将一切的人、事、物都连接起来，形成"万物互联"。物联网技术和大数据在工业 4.0 中承担核心技术支持，数字世界与机器世界的深度融合有可能给全球工业带来深刻变革，进而影响日常生活的许多方面，包括我们许多人的工作方式，越来越多的机器人会代替人工，甚至是完全替代，实现"无人工厂"。工业 4.0 更强调生产制造的过程"智能化"，尤其是整个生产过程从自动化向智能化的演进，其提出的智能工厂重点研究生产流程化管理，旨在以用户的个性化需求为中心，实现柔性制造和个性化生产模式，最终完成生产的智能化转型。

相较之下，美国的工业互联网更强调生产制造的"生产率"提升目标，更关注基于联网设备的数据采集、分析和价值转化，即通过传感设备收集数据，并利用大数据技术提供降低成本、改进效率的决策建议，通过对生产制造各环节的精细化管控，提升生产制造效率。

简而言之，德国的"工业 4.0"注重智能化生产带来的生产模式和流程的变革，以期满足个性化需求；而美国的工业互联网更注重通过数据采集和分析来提高生产效率和降低成本。两者各有侧重，但都在推动制造业向数字化、网络化和智能化升级的路上发挥着重要作用。

5．发展背景

近年来，随着新一轮科技革命和产业变革的不断推进，互联网的影响也在不断加深和扩大。特别是互联网从消费领域向生产领域的快速延伸，使得工业经济也开始向数字化、网络化、智能化等多个方向深度拓展。互联网创新发展与新工业革命形成历史性交汇，催生了工业互联网。

从工业经济发展角度看，工业互联网利用互联网技术和概念，将传统工业生产与互联网、大数据、人工智能等技术融合，实现设备、产品和人员之间的信息共享和实时交互，从而提高生产效率、降低成本、优化资源配置，推动工业生产方式和商业模式的变革。新型工业化以信息技术为核心，促进工业化向智能化、绿色化、服务化方向发展，注重提高产业的智能化水平和技术含量，推动工业结构优化升级，提升产业竞争力。工业互联网为新型工业化提供了技术支撑和发展动力。通过工业互联网，企业可以实现设备之间的连接与通信，实现生产过程的自动化和智能化管理，提高生产效率和质量。同时，通过对大规模数据的采集、分析和应用，企业可以更好地了解市场需求和产品特性，进行定制化生产和精细化管理，实现资源的有效利用和节约。这些都是新型工业化所倡导的智能化、绿色化等目标的重要实现途径。因此，工业互联网是新型工业化发展的重要支撑，两者相辅相成，共同推动工业经济向着更智能、高效、可持续的方向发展。

从网络设施发展的角度来看，工业互联网将对网络强国建设起到重要作用。一是加速网络演进升级。工业互联网促进人与人相互连接的公众互联网、物与物相互连接的物联网向人、机、物、系统等的全面互联拓展，大幅提升网络设施的支撑服务能力。二是拓展数字经济空间。工业互联网具有较强的渗透性，可以与交通、物流、能源、医疗、农业等实体经济各领域深度融合，实现产业上下游、跨领域的广泛互联互通，推动网络应用从虚拟到实体、从生活到生产的科学跨越，极大地拓展网络经济的发展空间。

加快发展工业互联网，促进新一代信息技术与制造业深度融合，是顺应技术、产业变革趋势的必然选择。这一举措不仅是加快制造强国、网络强国建设的关键抓手，更是深化供给侧结构性改革、促进实体经济转型升级的重要途径，同时也是加快走向"新型工业化"道路、持续推进可持续发展的客观要求。

1.1.3 我国工业互联网的发展

工业互联网作为第四次工业革命的先导，已经成为我国工业高质量发展的新引擎。我国工业互联网与产业融合带动的经济影响在不断增大，但是其发展存在核心技术短板、标准化体系短板、核心能力短板和产业基础短板。对此，我国需要加强核心技术的自主研发与应用，引导企业成为工业互联网的主体，完善工业互联网标准体系，加大工业互联网融合创新的政策供给，优化工业互联网发展环境。

我国工业互联网的发展经历了工业互联网萌芽期（2010 年以前）、发展初期（2010—

2014年）和快速发展期（2015年至今）3个阶段。当下，我国工业互联网呈现快速发展态势，《中国工业互联网产业经济发展白皮书（2022年）》指出，工业互联网产业增加值规模持续攀升，成为稳定经济增长的关键动力。2021年，我国工业互联网发展态势总体稳定向好，产业增加值规模突破4万亿元，达到4.10万亿元，占GDP比重达到3.58%，名义增速达到14.53%，高于GDP增速；工业互联网带动新增就业218.60万人，其中直接产业新增就业为54.85万人，渗透产业新增就业167.75万人。平台体系建设实现新跨越，从28个双跨平台示范引领，到百余平台广泛覆盖，服务企业超160万家。具备一定行业、区域影响力的平台数量超过150个，连接工业设备数达7900万台/套，工业App已超59万款。从基础条件来看，我国具有发展工业互联网的优势：经过70多年的发展，我国建立了完善的工业基础，制造业门类齐全，工业设备和工业数据储备庞大。同时，我国构建了比较完善的工业平台基础，目前已经形成的协同制造平台、管理服务平台、用户定制化平台，为工业互联网的发展提供了平台条件。工业互联网既是我国实现工业经济向网络化、智能化方向发展，实现高质量发展的关键，也是全球新一轮科技和产业革命的新动力。

1. 当前阻碍我国工业互联网发展的短板

当前，我国工业互联网的发展受到如下短板阻碍。

（1）**核心技术短板**。工业互联网的关键核心技术包括工业大数据分析、工业机理建模、工业应用开发技术等。我国平台关键技术有效供给不足，核心技术短板是我国工业互联网发展的关键制约因素。在边缘智能技术方面，国外厂商设备数据不开放、接口不统一、数据兼容性差。在工业大数据分析方面，数据分析方案成本高、周期长、推广难。在工业机理建模方面，通用方法和基础工具等标准相对匮乏。在工业App开发方面，相关标准制定滞后，开发进程缓慢，难以满足企业上云需求。在工业软件方面，高端工业软件被欧美日企业垄断，工业互联网平台基本采用国外开源软件，在高端工业软件和工业控制系统等领域自主可控力量不足。

（2）**标准化体系短板**。工业互联网标准是在规范平台功能的基础上，带动平台的技术研发和行业应用，实现工业产业全价值链协同发展的载体。但是，我国工业互联网标准化体系不完善，没有形成工业互联网能力评价标准，没有对企业应用工业互联网进行评价的方法，严重限制了工业互联网平台的应用推广。同时，我国没有统一的工业互联网标准，难以有效挖掘和合理利用数据的价值，也不能有效实现产业链上下游贯通。

（3）**核心能力短板**。工业互联网平台的核心能力包括工业数据采集能力、海量数据处理能力、工业大数据建模分析能力、工业App培育能力、产品全生命周期数字化集成能力等。目前，我国工业互联网核心能力存在短板，系统化和场景化的规模应用没有形成，数据采集能力和数据处理能力、大数据建模分析能力、工业App培育能力、产品全生命周期数字化功能集成能力不足，人工智能、大数据分析、5G网络技术等技术在工业领域应用的积累还比较薄弱，严重限制了工业互联网的应用推广。

（4）产业基础短板。我国大部分工业互联网平台建立在国外基础产业体系之上，存在产业基础短板。工业互联网企业在工业技术、工艺、机理等方面的基础积累不足，长期积累的工业生产技术、经验、知识、模型难以快速集聚、复用和迭代。中小企业生产设备数字化基础薄弱，升级改造难度大、成本高。大多数工业企业数字化程度偏低，限制了工业互联网行业应用。基础设施也不健全，具体表现为缺乏大数据处理分析中心，工业大数据无法统一管理和使用，工业领域各行业各部门间数据资源不集中，难以集成使用。

2．新发展阶段我国工业互联网发展的路径选择

工业互联网作为第四次工业革命的先导和基础，日渐成为全球制造业革命性变革的推动力量，是世界各国面向未来的共同战略选择。在这一背景下，工业互联网让我国的工业化发展迎来历史性机遇。目前，我国工业互联网已经具备一定的发展优势，拥有较为健全的工业基础体系，并且工业互联网顶层设计已经完成，国家战略和技术体系设计也相继推进，形成了较为完整的工业互联网政策体系。在构建新发展格局背景下，工业互联网已经成为新型工业化高发展的助推器，需要将工业互联网创新发展纳入国家重点规划体系，打造系统化多层次推进体系。在新发展阶段构建新发展格局的过程中，要立足我国企业的普适性需求，依据制造业强国战略和网络强国战略，探索中国需要、中国模式、中国风格的工业互联网发展道路。具体实施路径如下。

（1）加强核心技术的自主研发与应用。在新发展格局构建背景下，核心技术的自主研发与应用是工业互联网持续健康发展的关键路径。要实现工业互联网的长期可持续发展，必须加强核心技术的自主研发和应用。具体来说，有以下三方面的任务。

- 加强核心技术的自主研发。着力推动基础性、通用性、前瞻性技术的创新，实现工业互联网技术创新的自立自强。可以通过加强产学研用合作，鼓励企业加大科研投入、培育工业互联网人才队伍等方式，推动技术创新，同时积极利用工业互联网技术的自主创新成果，加快建立工业互联网共性技术体系，瞄准关键技术领域并集中力量攻关，不断提高工业互联网的核心竞争力。
- 以行业应用为导向加快新技术联合攻关和成果转化。要鼓励高校、科研机构和企业等主体，加强工业互联网基础理论研究，提升原始创新水平，使创新要素协同发挥作用，加强相关核心技术和产品的研发突破。同时，要注重技术成果的转化和推广，以行业应用为导向，加速新技术的联合攻关和成果转化。通过科技成果的集成和应用，不断提升工业互联网的实际效益。
- 加快新兴技术在工业互联网平台中的应用。加快大数据、人工智能等新技术的推广应用，提升工业互联网的数据分析能力。围绕工业大数据建模分析，突破基础技术和流程建模等核心技术在应用过程中的难点。在推进人工智能算法在工业App的融合应用的基础上，进一步建设跨行业、跨领域的平台联盟，以实现工业互联网平台间的互联互通，最终实现工业互联网平台之间的数据共享和资源整合，促进工业互联网的协同发展。

综上所述，加强核心技术的自主研发与应用是工业互联网持续健康发展的关键路径。只有不断提升核心技术的水平和应用能力，才能更好地推动工业互联网的发展，实现工业互联网与制造业深度融合，加快"中国制造"向"中国创造"的转变。

（2）**引导企业成为工业互联网发展的主体**。为了让拥有不同资源禀赋、技术沉淀和创新路径的企业发挥自身能动性，并引导企业成为工业互联网的主体，我们可以采取以下措施。

- 让企业成为投资主体。政府可以通过制定相关政策，鼓励企业进行工业互联网的建设和推广，并提供相应的财政支持和税收优惠等激励措施，使企业成为工业互联网的投资主体。此外，还需要建立健全法律法规体系，保护企业在工业互联网领域的知识产权和商业机密，为企业的工业互联网发展营造良好的政策环境。
- 促进工业企业数字化智能化技术改造。政府可以加大对工业企业的扶持力度，引导更多企业投入数字化智能化技术改造。通过推广工业互联网平台，鼓励支持中小企业进行数字化转型，实现企业内部各部门、企业间以及产业链上下游之间的数据互通共享，打破数据壁垒，促进数据资源的协同利用。
- 发挥龙头企业的引领带动作用。龙头企业在工业互联网领域具有更强的技术和资源优势，可以发挥其在互联网平台、技术创新和商业模式方面的引领作用，带动整个行业的转型升级。政府可以加大对龙头企业的支持力度，鼓励其在工业互联网方面的投资和创新，同时加强与龙头企业之间的合作，共同推动工业互联网的发展。
- 推动中小企业业务流程的标准化。政府可以组织相关部门和专家制定一系列的标准和规范，以引导中小企业进行业务流程的标准化建设。通过标准化，促进大中小企业之间的融合与融通，形成协同创新发展的新格局。此外，政府可以提供相关培训和咨询服务，帮助中小企业逐步实现标准化的业务流程，提升其竞争力和创新能力。

以上措施的实施，可以激发企业的活力和创新潜能，引导企业成为工业互联网的主体，这将有助于推动工业互联网的长期可持续发展。

（3）**加快推进工业互联网平台标准体系建设**。标准化是工业互联网发展的关键，标准的不完善和缺失是当前中国工业互联网发展的关键制约因素。为了构建新发展格局，推进工业互联网的发展，促进传统制造业的转型升级，以及推进新型工业化进程，我们需要加快平台标准体系的建设。

- 统筹推进工业互联网平台标准体系的建设，完善包括总体性标准、基础共性标准、应用标准和安全标准在内的标准体系。重点是提高工业互联网平台之间的兼容能力，提升平台的带动能力，有效推动整个行业的健康发展。同时，还要推进工业互联网标识解析体系的建设，优化工业互联网发展的制度体系，推动供应链系统和企业生产系统的精准对接。
- 加快制定工业互联网通用需求、通信协议等总体性标准，健全标准推广机制，拓展网络化标识的覆盖范围。这将有助于提高工业互联网的互操作性，促进不同平台之间的数据交换和共享，实现资源的高效利用和协同创新。
- 加强与国际标准化组织的合作，积极参与国际标准制定的过程，提升我国在全球工业互联网体系建设中的贡献度。同时，要完善基础共性和关键技术两大领域的标准，提高工业互联网应用的效率，加快国际标准的国内转化，实现国际标准与国内标准的对接。这将有助于提升我国工业互联网的竞争力和影响力，并推动我国企业在全球市场中的地位。

通过加快平台标准体系的建设，完善工业互联网标准化体系，我国可以更好地应对工业互联网发展中的挑战，推动工业互联网在中国经济社会发展中发挥更大的作用。同时，标准化的推进还能够促进不同行业之间的融合与协同，推动传统产业向数字化、智能化转型，提升整个产业链的效率和竞争力

（4）**加大工业互联网融合创新的政策供给**。工业互联网的发展要发挥市场的决定性作用，也要更好地发挥政府的作用。政府的作用就是加强政策引导，加快数据流转、网络信息安全等相关法规制度的制定，努力打造宽松、有序的市场环境，在新模式、新业态发展创造空间等方面加大工业互联网融合创新的政策供给。

- 聚焦工业互联网发展的重点和短板，提高政策的精准性和可及性，确保政策的有效实施。这包括加快制定平台间数据迁移标准，实现平台间的数据互通、能力协同和服务共享。政府可以通过支持标准的制定和推广，促进不同平台之间的合作与交流，提高整个工业互联网生态系统的效率和协同创新能力。
- 完善对工业互联网平台的金融支持政策，发挥资本市场的作用，支持那些具备强大服务支撑能力的工业互联网平台企业进行上市融资。政府还可以鼓励银行等金融机构开展创新的融资、融物、融服务和数据资产、知识产权质押贷款业务，为工业互联网企业提供更多融资渠道和金融支持。
- 加大财税政策的扶持力度。建立支持工业互联网发展的财政专项资金和产业扶持基金，用于支持工业互联网关键核心技术的研发、平台功能的优化和应用示范基地的建设。这些资金可以用于推动工业互联网的创新和发展，促进相关产业的转型升级。
- 完善人才支持政策。建立激励机制，加大对工业互联网领军人才、工业信息工程专业人才、信息技术基础研究人才、大数据人才、人工智能人才等的政策支持力度。这包括提供薪酬激励、科研经费支持、项目扶持等，以吸引和留住优秀人才，推动工业互联网人才队伍的培养和建设。
- 加强人才培养，培育与工业互联网发展相适应的专业化人才队伍。这包括引导对互联网相关基础学科人才培养的投资，加强对工业互联网高级技术工人的培养和选拔，推动高校与企业合作，建立实践教学基地，提供更多实践机会和培训资源，确保人才的供给与需求相匹配。

总之，政府在工业互联网的发展中具有重要的作用，通过加强政策引导和政策供给，

能够促进工业互联网融合创新的发展，推动数字化、网络化和智能化升级，为推动经济转型升级和实现可持续发展做出贡献。

（5）**优化工业互联网发展环境**。完善工业互联网发展体系并创造良好的发展环境，有助于进一步推进工业互联网的融合创新、数字化升级和智能化发展。具体来说，需要做到以下几点。

- 完善工业互联网的生态体系，构建创新体系，推动产学研用协同创新。这包括构建集开发、合作创新、市场开发一体化的应用生态体系，推进产业融合、企业跨界融通的企业协同发展体系，以及中央地方联动、区域协调发展的区域协同发展体系。通过这些举措，可以提高工业互联网的整体效率和协同创新能力。
- 加强平台供给，提高平台技术支撑能力，并建设一批公共服务平台，为工业互联网的应用提供更多的技术支持和服务保障。这包括加强平台设备接入，支持建设云仿真、数据加工等技术专业型平台，以及建立工业互联网产业大数据平台，形成实时精准的数据资源体系。同时，加强平台功能的完善，提供产业运行分析与预测等服务，以更好地支持工业互联网的应用和发展。
- 推动工业互联网大数据中心建设，提升数据汇聚、分析、应用能力，推进工业互联网数据价值评估、效益共享等机制建设。通过建设大数据中心，形成工业互联网的产业大脑，支撑工业互联网的数字化升级和智能化发展。
- 加快模式业态创新，推进平台的智能化制造、智能化管理等新模式，构建互利共赢、协同创新的良好生态。这有助于工业互联网的数字化转型和生产方式的升级，促进工业互联网的可持续发展。同时，政府和企业还应该加强合作，积极推进国际标准的制定和推广，推动全球工业互联网发展的共识和合作。

1.2 工业互联网的概念

探究工业互联网的概念，不仅有助于我们理解其在现代工业中的地位和作用，还能够揭示其所涵盖的广泛范畴和深层内涵。在本节中，我们首先深入探讨工业互联网的内涵，讨论其含义以及相关的要素；其次，详细阐述工业互联网的本质和特点，将工业互联网与传统工业进行对比，从多个角度揭示其独特之处；最后，通过具体案例，展示工业互联网的典型模式，以便读者更好地理解其在实践中的运作方式。

1.2.1 工业互联网的内涵

工业互联网有着深远的内涵，它不仅是简单的工业与互联网的结合，更是一种全新的生产组织形式和商业模式。通过了解其内涵，我们能够更好地理解和把握工业互联网的作用、意义和发展趋势，以及其在推动产业发展、提升经济竞争力和实现可持续发展方面的重要作用。

1. 定义

工业互联网是新一代信息通信技术与工业经济深度融合的新型基础设施、应用模式和工业生态，通过对人、机、物、系统等的全面连接，构建覆盖全产业链、全价值链的全新制造和服务体系，为工业乃至产业数字化、网络化、智能化发展提供实现途径，是第四次工业革命的重要基石。

工业互联网不但简单地将互联网应用于工业领域，而且更注重在工业领域中实现人、机器、物品和系统之间的全面连接。通过智能机器之间的互联及其最终与人的连接，结合软件和大数据分析，工业互联网可以重塑全球工业，并激发生产力的增长。

工业互联网不是互联网在工业的简单应用，而是具有更为丰富的内涵和外延。它以网络为基础、平台为中枢、安全为保障、数据为核心、标识为纽带，既是工业数字化、网络化、智能化转型的基础设施，也是互联网、大数据、人工智能与实体经济深度融合的应用模式，还是一种新业态、新产业，将重塑企业形态、供应链和产业链。

作为全新的工业生态、关键基础设施和新型应用模式，工业互联网正在全球范围内颠覆传统的制造模式、生产组织方式和产业形态，推动传统产业加快转型升级，促进新兴产业的发展壮大。目前，工业互联网的融合应用已经扩展到国民经济的各个重点行业，形成了平台化设计、智能化制造、网络化协同、个性化定制、服务化延伸和数字化管理六大新模式。工业互联网不断赋能、赋智和创造价值，有效推动实体经济的提质增效、降本节能、绿色可持续发展和安全生产。

（1）**工业互联网是实体经济数字化转型的关键支撑**。工业互联网作为新型工业化的关键手段，具有巨大的潜力和优势。它可以实现制造过程的智能化和自动化，通过连接和集成各种设备（如机器人和传感器），实现生产线的高效运行和智能管理。这不仅有助于提高生产效率，减少人为错误和资源浪费，还可以降低劳动强度，且有利于工作环境的改善。工业互联网能通过以下方式来助力实体经济数字化转型。

- 工业互联网可以实现制造的智能化和自动化。利用物联网、人工智能和大数据分析等技术，将传统制造业转型为智能制造业。通过设备之间的互联和数据的实时共享，企业可以实现生产过程的自动化和智能化，大幅提高生产效率和质量。
- 工业互联网可以促进工业的数字化和网络化。利用工业互联网技术，将生产设备、生产流程、供应链等各环节数字化，实现全程可视化和智能化协同。同时，通过建立工业互联网平台，实现企业间的资源共享和合作，推动产业链上下游的协同发展。
- 工业互联网可以促进制造业的转型升级和创新。工业互联网可推动传统制造业向数字化、智能化转型，实现产业的升级和创新。通过工业互联网，企业可以实现生产方式的转变，采用定制化生产、服务化生产等新模式，提高产品的附加值和市场竞争力。
- 工业互联网可以提高制造业的资源利用效率和实现环境的改善。通过实现设备和生产流程的数字化和智能化，企业可以实时监测生产设备的状态和生产过程的数据，实现资源的高效利用和节约。同时，工业互联网可以促进制造业的绿色转型，推动企业转向低碳、环保、可持续发展的经营模式。

工业互联网通过与工业、能源、交通、农业等实体经济各领域的融合，可为实体经济提供了网络连接和计算处理平台等新型通用基础设施支撑；促进各类资源要素优化和产业链协同，帮助各实体行业创新研发模式、优化生产流程；推动传统工业制造体系和服务体系再造，带动共享经济、平台经济、大数据分析等以更快速度、在更大范围、更深层次拓展，加速实体经济数字化转型进程。

（2）**工业互联网是实现第四次工业革命的重要基石**。工业互联网可为第四次工业革命提供具体实现方式和推进抓手，通过人、机、物的全面互联，全要素、全产业链、全价值链的全面连接，对各类数据进行采集、传输、分析并形成智能反馈，推动形成全新的生产制造和服务体系，优化资源要素配置效率，充分发挥制造装备、工艺和材料的潜能，提高企业生产效率，创造差异化的产品并提供增值服务，加速推进第四次工业革命。

（3）**工业互联网是全球工业系统与高级计算、分析、传感技术及互联网的高度融合**。利用智能设备产生的海量数据是工业互联网的一个重要功能。工业互联网充分利用大数据、复杂分析、预测算法等技术，可提供理解智能设备产生的海量数据的方法，有助于选择、分析和利用这些数据，进而完成网络优化、维护优化、系统恢复、机器自主学习、智能决策等任务，最终帮助工业部门降低成本、节省能源并带动生产效率的提升。

2．内涵构成

工业互联网包括网络、平台、安全、数据和标识五大体系，它既是传统工业向数字化、网络化、智能化转型的基础设施，也是互联网、大数据、人工智能等技术与实体经济深度融合的具体应用模式，还是一种新业态、新产业，将重塑企业形态、供应链和产业链。

（1）**网络是基础**。工业互联网网络体系包括网络互联、数据互通和标识解析体系三部分。

网络互联旨在实现要素之间的数据传输，包括企业外网、企业内网。涉及的典型技术包括传统的工业总线、工业以太网以及创新的时间敏感网络（TSN）、确定性网络、5G 等。企业外网根据工业场景下高性能、高可靠、高灵活、高安全网络需求进行建设，用于连接企业各地机构、上下游企业、用户和产品。企业内网用于连接企业内人员、机器、材料、环境和系统，主要包括信息技术（IT）网络和运营技术（OT）网络。当前，企业内网的发展呈现三大特点：IT 和 OT 逐渐走向融合，工业现场总线向工业以太网演进，工业无线技术加速发展。

数据互通是通过对数据进行标准化描述和统一建模，旨在实现要素之间传输信息的相互理解。数据互通涉及数据传输、数据语义语法等不同层面。其中，数据传输用到的典型技术包括嵌入式过程控制统一架构、消息队列遥测传输、数据分发服务等；数据语义语法主要指信息模型，用到的典型技术包括语义字典、自动化标记语言、仪表标记语言等。

标识解析体系用于实现要素的标记、管理和定位，由标识编码、标识解析系统和标识数据服务组成，通过为物料、机器、产品等物理资源和工序、软件、模型、数据等虚拟资源分配标识编码，实现物理实体和虚拟对象的逻辑定位和信息查询，支撑跨企业、跨地区、跨行业的数据共享共用。

我国的标识解析体系包括国际根节点、国家顶级节点、二级节点、企业节点和递归节点。国际根节点是各类国际解析体系跨境解析的关键节点，国家顶级节点是我国工业互联网标识解析体系的关键枢纽，二级节点是面向特定行业或者多个行业提供标识解析公共服务的节点，递归节点是通过缓存等技术手段提升整体服务性能、加快解析速率的公共服务节点。

标识解析体系的应用按照载体类型可分为静态标识应用和主动标识应用。静态标识应用以一维码、二维码、射频识别（RFID）标签、近场通信（NFC）标签等作为载体，需要借助扫码枪、手机 App 等读写终端触发标识解析过程。主动标识应用通过在芯片、通信模组、终端中嵌入标识，主动通过网络向解析节点发送解析请求。

（2）**平台是中枢**。工业互联网平台体系包括边缘层、基础设施即服务（IaaS）、平台即服务（PaaS）和软件即服务（SaaS）这 4 个层级，相当于工业互联网的"操作系统"，它有 4 个主要作用。

- 数据汇聚。网络层面采集的多源、异构、海量数据，传输至工业互联网平台，为深度分析和应用提供基础。
- 建模分析。提供大数据、人工智能分析的算法模型和物理、化学等各类仿真工具，结合数字孪生、工业智能等技术，对海量数据进行挖掘分析，支持数据驱动的科学决策和智能应用。
- 知识复用。将工业经验知识转化为平台上的模型库、知识库，并通过工业微服务组件方式，方便二次开发和重复调用，加速共性功能的积累和普及。
- 应用创新。面向研发设计、设备管理、企业运营、资源调度等场景，提供各类工业 App、云化软件，帮助企业提质增效。

（3）**安全是保障**。工业互联网安全体系涉及设备、控制、网络、平台、工业 App、数据等多方面网络安全问题，其核心任务就是要通过监测预警、应急响应、检测评估、功能测试等手段确保工业互联网健康有序发展。与传统互联网安全相比，工业互联网安全具有如下三大特点。

- 涉及范围广。工业互联网打破了传统工业相对封闭可信的环境，使得网络攻击可直达生产一线。联网设备的爆发式增加和工业互联网平台的广泛应用，使得网络攻击面持续扩大。
- 造成影响大。工业互联网涵盖制造业、能源等实体经济领域，一旦发生网络攻击、破坏行为，由此引发的安全事件影响严重。
- 企业防护基础弱。目前我国广大工业企业的安全意识和防护能力仍然薄弱，整体安全保障能力有待进一步提升。

（4）**数据是核心**。工业互联网数据有如下三大特性。

- 重要性。数据是实现数字化、网络化、智能化的基础，没有数据的采集、流通、汇聚、计算、分析，各类新模式就是"无源之水"，数字化转型也就成为"无本之木"。
- 专业性。工业互联网数据的价值在于分析利用，而这势必要依赖行业知识和工业机理。制造业细分领域众多且差异较大，每个模型、算法都需要长期不断地迭代以及专业队伍的支持，只有深耕细作，才能充分发挥数据价值。
- 复杂性。工业互联网运用的数据来源于"研产供销服"各环节，"人机料法环"各要素，企业资源计划（ERP）、制造执行系统（MES）、可编程逻辑控制器（PLC）等系统，数据的维度和复杂度远超消费互联网，面临采集困难、格式各异、分析复杂等挑战。

（5）**标识是纽带**。标识体系能够连接工业互联网中的不同部分，如果没有标识体系，工业互联网就只能"各自为营"。标识体系的运转作用方式如下。

- 标识体系在工业互联网中起到统一识别的作用。采用统一的标识体系，不同设备、控制系统、网络平台等各个组成部分就能被准确地辨识和识别。这使得工业互联网的各个参与方能够更便捷地进行信息交流、资源共享和协同合作，提高工作效率和精确度。
- 标识体系在工业互联网中有助于确保信息安全和数据完整性。在标识体系中使用安全认证、加密和身份验证等技术手段，这样可以有效防止未经授权的访问和数据泄露，保护工业互联网系统的安全性。标识体系的存在还可以帮助检测和追踪恶意攻击或破坏行为，为应急响应和风险管理提供便利。
- 标识体系在工业互联网中有助于促进可持续发展和生态共建。在标识体系中融入环境保护、资源节约等可持续发展的理念，这样可以引导企业在工业互联网中更注重发展环境友好型的生产方式。标识体系也可以激励各方主体积极参与共建共享，进而开创良好的合作共赢局面。

工业互联网是一个与消费互联网对应的概念。如果后者可以简单理解为把手机等移动终端连上家用电器、汽车、计算机的话，那么前者就是把机器设备装上传感器，将收集到的数据传输到云计算平台，通过分析产生的"智慧数据"，便能实现设备与人的"交互"。

工业互联网与消费互联网有着诸多本质上的不同，具体如下。

- 连接对象不同。消费互联网主要连接人，场景相对简单。工业互联网连接人、机、物、系统以及全产业链、全价值链，连接对象的数量远超消费互联网，场景更为复杂。
- 技术要求不同。工业互联网直接涉及工业生产，要求传输网络的可靠性更高、安全性更强、时延更低。
- 用户属性不同。消费互联网面向大众用户，用户共性需求强，但专业化程度相对较低。工业互联网面向千行百业，必须与各行业、各领域的技术、知识、经验、痛点紧密结合。

上述差异决定了工业互联网的多元性、专业性、复杂性更为突出,也决定了发展工业互联网非一日之功、难一蹴而就,需要持续发力、久久为功。

1.2.2 工业互联网的本质

工业互联网的本质和核心是通过开放的、全球化的工业级网络平台把设备、生产线、工厂、供应商、产品和客户紧密地连接、融合起来,以帮助制造业拉长产业链,形成跨设备、跨系统、跨厂区、跨地区的互联互通,提高生产和运营效率,进而推动整个制造服务体系实现智能化。这样做还有利于推动制造业融通发展,实现制造业和服务业之间的跨越发展,使工业经济各种要素资源能够高效共享。

工业互联网是网络连接系统。全面连接是工业互联网的重要特性,网络是连接工业全要素、全产业链、全供应链和全价值链的新载体,是连接、配置和组合各类生产要素的新组织方式,在系统性连接基础上产生系统效应。工业互联网通过人、机、物、系统等的全面互联,基于互联网实现互联互通,实现降本增效,最终实现全流程生产效率的提升。因此,工业互联网可以整合工业经济发展过程中的产业链上下游资源,实现协同设计、协同制造等新模式,还可以在产品服务方面通过对设备、产品的监测,提供远程维护、故障预测等服务,优化产品设计。

互联网解决了数据端到端的流动问题,可实现跨系统的流动,在互联的基础上通过数据流动和分析,形成新的模式和新的业态,实现物理空间与数字空间虚实交互作用。同时,基于工业互联网的数据交互优势不断催生新业态新模式,推动工业发展格局在产业体系、产业链、供应链、产业空间布局等方面的重构,在更大范围内突破企业的边界,实现企业内部、供应链上下游、供应链之间的有效连接,实现大中小企业资源的在线化汇聚和平台化共享,形成无边界组织,实现各类大中小企业的融合发展。

1.2.3 工业互联网的特点

工业互联网是新一代信息通信技术与工业经济深度融合的新型基础设施、应用模式和工业生态。它通过将人、机、物、系统等元素进行全面连接,构建起覆盖全产业链、全价值链的全新制造和服务体系。在这个全面连接的网络中,各种设备、系统和参与方能够实现高效的信息交流和协同操作,有效推动工业乃至整个产业的数字化、网络化和智能化发展。工业互联网具有以下几个主要特点。

1. 安全

安全是构建工业互联网应考虑的核心问题之一。在现代化的工业互联网中,有着数量庞大的物联网端点,例如各种设备、传感器、控制器和其他智能设备,这些设备都会被接入网络。由于这些设备可能涉及机密数据、生产过程控制等重要信息,因此企业必须采取多层次的安全措施(例如采取完善的跟踪和授权措施),以保护这些物联网端点免受外部网络攻击,以及应对源自组织内部的潜在恶意活动,确保每个设备在其生命周期的所有阶段得到有效的管理和保护。

2. 自动感知并连接

工业互联网的设计目标之一是为最广泛的物联网设备提供支持。无论这些设备位于工业互联网架构的哪个环节，工业互联网都能够自动感知设备的存在，并与其建立安全连接。这种自动感知并连接的能力使得工业互联网能够快速而可靠地集成和管理大量的物联网设备。

3. 集成

在工业互联网的发展中，集成是一个极具挑战性的任务。工业互联网的目标是实现物联网设备与企业应用软件、云服务、移动应用程序和传统系统之间的无缝连接和信息共享。

4. 识别

工业互联网必须能够准确识别各种物联网端点，这一能力是将这些端点纳入管理体系的基础。通过高效的识别技术，工业互联网能清晰识别出网络中的每个设备，包括传感器、控制器、机械臂等。这种识别不仅包括设备的基本信息，如型号、状态和位置，还应涵盖其功能和工作状态，从而确保对设备的全面了解。一旦设备被准确识别，它们就可以有效地融入工业互联网的管理和调配体系。这意味着管理者能够实时监控设备的运行情况，进行数据采集和分析，从而优化生产流程，提升效率。此外，这种识别还可以为设备之间的协同工作提供支持，确保各个端点在生产过程中能相互配合，减少资源浪费，以及避免操作失误。通过将各种物联网端点纳入管理体系，企业能够实施智能化的资源调度，及时发现和处理潜在的故障或异常。这不仅有助于提高生产的稳定性和可靠性，还能为企业的数字化转型提供强有力的支撑。因此，准确识别物联网端点不仅是工业互联网的核心功能，更是推动整个产业链数字化、网络化和智能化发展的重要前提。

5. 分析

随着物联网设备的普及，组织内的数据量呈爆炸式增长。这些数据包括来自各种传感器、监测设备和控制器等物联网设备所产生的实时数据。这些数据可以帮助企业掌握生产过程中的实时情况、预测生产变化和优化生产决策。分析是工业互联网最强大的功能之一。工业互联网可以通过采用数据挖掘、机器学习和人工智能等技术，对数据进行深入分析，发现数据背后的潜在规律和模式，并给出切实可行的建议，用于改进数据驱动型决策。例如，对工业互联网数据进行分析，识别生产过程中的瓶颈和优化点，预测设备故障和维修需求，优化生产计划和资源调配等。

此外，工业互联网还可以基于分析功能将数据可视化，以便用户更直观地了解工业生产的实时情况和趋势。通过数据可视化，用户可以监测生产指标和关键绩效指标（KPI），进而快速识别生产异常和问题。这可以帮助企业及时采取行动，避免生产风险和损失，提升生产效率。

6. 防护对象多

传统互联网更多关注网络设施、信息系统软/硬件及应用数据的安全，工业互联网系统的防护对象则延伸至企业内部，涉及设备（工业智能装备及产品）安全，控制（数据采集与监视控制系统、分布式控制系统等）安全，网络（企业内网和企业外网）安全，应用（平台应用、软件及工业 App 等）安全，以及数据（工业生产、平台承载业务及用户个人信息等数据）安全。

7. 连接范围广

随着工业互联网的发展，网络攻击的威胁不再局限于传统的互联网安全范围，而是延伸到了物理世界。在传统互联网中，攻击对象主要集中在用户终端、信息服务系统、网站等，但工业互联网的出现改变了这一格局。工业互联网将工业现场与互联网连接起来，使得网络攻击可以直接影响到生产一线。

8. 安全和生产安全交织

与传统互联网的安全事件相比，工业互联网的安全事件危害更严重，其潜在的影响范围更广、造成的损失更大。传统互联网的安全事件主要对信息系统和个人隐私造成威胁，而工业互联网的安全事件则直接涉及物理设备和生产过程，可能导致灾难性后果。例如，针对工业互联网的攻击可能导致安全生产事故。工业控制系统的连通性使得攻击者能够远程访问和操控工业设备，从而破坏生产过程或者引发事故。例如，攻击者可能篡改操控工业机器人的指令，导致机器人失控或者对人员造成伤害；攻击者也可以控制自动化生产线，引发设备故障或者产品质量问题，进而对企业形象和消费者安全构成威胁。

工业互联网的安全事件还可能导致严重的经济损失。工业生产是国家经济的重要支柱，攻击者可以通过破坏工业生产系统、盗取商业机密等手段，给企业造成巨大的经济损失。特别是在能源、航空航天等重要领域，针对工业互联网的攻击可能导致设备瘫痪、服务中断，甚至对国家的整体安全构成威胁。

此外，工业互联网的安全事件还可能引发社会恐慌。工业生产的正常运行关系到人们的生活和就业，若遭到攻击，则将影响社会的正常运转和人民的生活秩序。例如，攻击能源系统可能导致电力供应中断，影响居民用电和企业生产；攻击交通系统可能导致交通堵塞和事故增加，严重影响人们的出行安全和社会秩序。

1.2.4 工业互联网与传统工业的对比

与传统工业在工业标识数据、工业分析能力、工业价值、产品生命周期管理和产品供应链上的作用相比，工业互联网具备如下特点。

1. 工业标识数据串联信息

在传统的工业企业中，数据割据问题会导致企业内部各环节之间缺乏有效的信息共享，难以推进协同合作。例如，设计部门与生产部门之间可能存在信息不对称和沟通不畅的问题，导致产品设计与实际生产之间存在差距。另外，生产管理与运营部门之间也可能存在信息孤岛，造成生产计划和资源调配的不协调。此类问题限制了企业生产效率和竞争力的提升。工业互联网则通过各种网络互联技术，将企业全生命周期中的各个环节连接起来，实现了信息流、物流和价值流的全面融合。从工业设计、工艺、生产、管理到服务等方方面面，工业互联网构建了一个全方位的数字化平台，实现了数据的互通和共享，赋予了整个工业系统智能化的能力。通过大数据分析和人工智能技术，工业互联网可以对海量的数据进行描述、诊断、预测、决策和控制，可以帮助企业更好地进行业务决策和运营管理。

2．工业数据分析能力强

传统的"端-管-云"模式已经难以满足日益增长的工业互联网终端的需求，无法保证工业生产控制的实时性和可靠性。为了应对这一挑战，未来的工业数据分析能力将采用"云计算+边缘计算"的模式，以更好地支持工业智能化的发展，其中云计算聚焦非实时、长周期数据的大数据分析，支撑周期性维护以及业务决策，边缘计算聚焦实时、短周期数据分析，支撑本地业务的实时智能化处理与执行。

3．工业价值高

随着工业互联网的快速发展，工业设备厂商面临着营销模式和服务模式的转型。传统上，工业设备厂商主要通过产品的销售和维修保养服务实现盈利。然而，立足于工业标识数据的发展趋势正在推动工业设备厂商将其重心从基于产品的服务向基于数据的多维度生产性服务转变。工业标识数据是指通过对工业设备产生的数据进行采集、分析和挖掘，从中获取有价值的信息和知识。这些数据可以包括设备的运行状态、工作效率、故障记录等。基于这些数据，工业设备厂商可以提供更个性化、定制化的服务，以满足客户的需求，并进一步优化相关生产过程。

4．产品生命周期管理能力提升

传统企业的工业标识数据是人工整理和收集的，这种方式存在一些问题，可能会影响数据的准确性和及时性，例如，人工整理数据需要投入大量的时间和人力资源，容易出现人为错误或遗漏。此外，由于人工收集的限制，数据的覆盖范围可能有限，无法全面获取企业的相关数据。工业互联网则是基于互联网的技术和平台来进行数据的整理和收集，可以帮助企业实现对各类设备、传感器等的连接，实时获取设备的运行状态、工作参数等数据，并在产品研发以及生产阶段加以使用，进而让产品生命周期管理能力得到提升。

基于工业互联网获得的工业标识数据，数字孪生技术成为当前工业发展的一个重要方向。利用数字孪生技术，我们可以基于现实世界中的物理对象和过程建立虚拟模型，通过对这些虚拟模型的仿真、优化和预测，实现对真实物理对象和过程的精准控制和管理。将数字孪生技术应用于工业领域，可以实现对产品、设备、生产流程等全生命周期的虚拟化建模和管理，进而提升企业的全生命周期管理能力。

5. 产品供应链的关联性强

传统的供应链管理模式主要是基于流程性关联进行协调和管理，缺乏数据驱动带来的整体价值传递和增值服务，导致企业面临同质化利润率下降、供应链协同效率低、核心业务流程受到职能管理的限制、信息共享较差等问题。工业互联网的出现为解决这些问题提供了新的思路和方法。通过实时采集和管理产品数据，工业互联网可以为供应链管理提供更精准的数据支持，实现供需双方的动态匹配，增强产品供应链的关联性，进而实现供应链的有效动态管控。

1.2.5 工业互联网的典型模式

工业互联网的融合应用孕育了一批新模式、新业态，帮助企业在提质、增效、降本、绿色、安全发展方面取得显著成效，初步形成了平台化设计、智能化制造、网络化协同、个性化定制、服务化延伸和数字化管理六大类典型应用模式。

1. 平台化设计

平台化设计旨在依托工业互联网，汇聚人员、算法、模型、任务等设计资源，实现高水平高效率的轻量化设计、并行设计、敏捷设计、交互设计和基于模型的设计，革新传统设计方式，提升研发质量和效率。

2. 智能化制造

智能化制造旨在利用互联网、大数据、人工智能等新一代信息技术在制造业领域加速创新应用，实现材料、设备、产品等生产要素与用户之间的在线连接和实时交互，最终实现全生命周期的智能化升级。

3. 网络化协同

网络化协同旨在通过跨部门、跨层级、跨企业的数据互通和业务互联，推动供应链上的企业和合作伙伴共享客户、订单、设计、生产、经营等各类信息资源，实现网络化的协同设计、协同生产、协同服务，进而促进资源共享、能力交易以及业务优化配置。

4. 个性化定制

个性化定制旨在面向消费者个性化需求，根据客户需求准确获取和分析、敏捷产品开发设计、柔性智能生产、精准交付服务等，实现用户在产品全生命周期中的深度参与，是以低成本、高质量和高效率的大批量生产实现产品个性化设计、生产、销售及服务的一种模式。

5. 服务化延伸

服务化延伸是制造与服务融合发展的新业态，指的是企业从原有制造业务向价值链两端高附加值环节延伸，从以加工组装为主向"制造+服务"转型，从单纯出售产品向出售"产品+服务"转变，例如设备健康管理、产品远程运维、设备融资租赁、分享制造、互联网金融等。

6. 数字化管理

数字化管理是指企业通过打通核心数据链，贯通生产制造全场景、全过程，基于数据的广泛汇聚、集成优化和价值挖掘，优化、创新乃至重塑企业战略决策、产品研发、生产制造、经营管理、市场服务等业务活动，构建数据驱动的高效运营管理新模式。

1.3 工业互联网体系架构

工业互联网体系架构持续发展，随着科技的进步和应用场景的拓展，也在不断地演进和完善。

1.3.1 工业互联网体系架构1.0

我国为推进工业互联网发展，由AII于2016年8月发布了工业互联网体系架构1.0（以下简称"体系架构1.0"），如图1-2所示。体系架构1.0包括网络、数据、安全三大体系，其中网络体系是工业标识数据传输交换和工业互联网发展的支撑基础，数据体系是工业智能化的核心驱动，安全体系是网络与数据在工业中应用的重要保障。

基于上述三大体系，工业互联网重点构建三大优化闭环，即面向机器设备运行优化的闭环，面向生产运营决策优化的闭环，以及面向企业协同、用户交互与产品服务优化的全产业链、全价值链的闭环，并进一步形成智能化生产、网络化协同、个性化定制和服务化延伸四大应用模式。

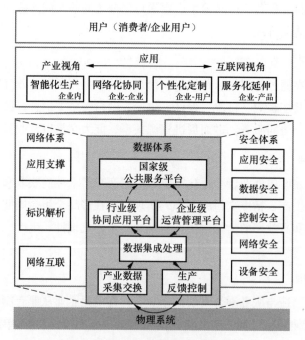

图1-2 工业互联网体系架构1.0

工业互联网体系架构 1.0 自发布以来，在凝聚我国政产学研用各界共识，指导技术研究、产品开发、实践应用、产业发展、生态打造、国际合作等诸多领域发挥了重要作用。

- 推动工业互联网相关基础研究。基于体系架构 1.0，AII 组织编写了 56 份研究报告，涉及网络、数据、平台、安全、应用等各领域，基本形成了对工业互联网的体系化认识。
- 促进工业互联网技术创新与产品开发。AII 组织设立了 55 个测试床，重点开展了 5G、大数据、人工智能、区块链、边缘计算等技术在制造场景的测试验证，并结合体系架构 1.0 提出的网络、数据、安全等方向，输出了数百项产品和解决方案。
- 指导工业互联网标准体系建设。体系架构 1.0 为工业互联网标准化工作提供理论框架与方向指引，推动《工业互联网综合标准化体系建设指南》的出台，助力 AII 陆续建立起工业互联网标准体系 1.0 和 2.0 版本，并已成功立项平台通用要求、安全总体要求 8 项联盟标准，形成对新兴领域关键技术、核心架构、测试评估、成果转化等方面的规范和指引。
- 引导工业互联网应用探索与实践。AII 遴选出 163 个优秀示范案例，在钢铁、石化、汽车、家电、信息电子、高端装备等 10 余个行业和典型制造场景开展了网络、平台、安全等方面的应用试点，以标杆试点强化应用推广，推进体系化应用探索与落地。
- 推进国际对接与开放合作。AII 与美国 IIC 基于顶层架构的共性开展了工业互联网参考架构（IIRA）与体系架构 1.0 的对接和映射，也在积极与德国对接开展体系构互认并联合发布实践报告等成果，组建工业互联网专家工作组等多个执行对接组，为工业互联网技术、产业、标准等层面的国际合作与共识达成奠定基础。

体系架构 1.0 发布 3 年多后，工业互联网的概念与内涵已获得各界广泛认同，其发展也正由理念与技术验证走向规模化应用推广。这一背景下，对体系架构 1.0 进行升级势在必行，特别是强化其在技术解决方案开发与行业应用推广的实操指导性，以更好支撑我国工业互联网下一阶段的发展。

1.3.2 工业互联网体系架构 2.0

工业互联网是当前工业发展的一个重要方向。为了更好地推动工业互联网技术的应用和发展，AII 组织研究并于 2020 年 4 月提出了工业互联网体系架构 2.0。

工业互联网体系架构 2.0 的主要目的是构建一套更全面、更系统、更具体的总体指导性框架，从而更好地推动工业互联网技术的应用和发展。在发展和演进的同时，工业互联网体系架构 2.0 也充分继承了体系架构 1.0 的核心思想，并从业务、功能、实施等三方面重新定义了工业互联网的参考体系架构。

1. 三大核心板块

工业互联网体系架构 2.0 包括业务视图、功能架构和实施框架三大板块，形成以商业目标和业务需求为牵引，进而明确系统功能定义与实施部署方式的设计思路，自上向下层层细化和深入，如图 1-3 所示。

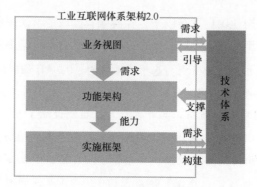

图 1-3　工业互联网体系架构 2.0

（1）业务视图。业务视图明确了企业应用工业互联网实现数字化转型的目标、方向、业务场景及相应的数字化能力。业务视图首先提出了工业互联网驱动的产业数字化转型的总体目标和方向，以及这一趋势下企业应用工业互联网构建数字化竞争力的愿景、路径和举措。这在企业内部会进一步细化为若干具体业务的数字化转型策略，以及企业实现数字化转型所需的一系列关键能力。业务视图主要用于指导企业在商业层面明确工业互联网的定位和作用，提出的业务需求和数字化能力需求对于后续功能架构设计是重要指引。

（2）功能架构。功能架构明确企业支撑业务实现所需的核心功能、基本原理和关键要素。功能架构首先提出了以数据驱动的工业互联网功能原理总体视图，形成物理实体与数字空间的全面连接、精准映射与协同优化，并明确这一机理作用于从设备到产业等各层级，覆盖制造、医疗等多行业领域的智能分析与决策优化，进而细化分解为网络、平台、安全三大体系的子功能视图，描述构建三大体系所需的功能要素与关系。功能架构主要用于指导企业构建工业互联网的支撑能力与核心功能，并为后续工业互联网实施框架的制定提供参考。

（3）实施框架。实施框架描述各项功能在企业落地实施的层级结构、软硬件系统和部署方式。实施框架结合当前制造系统与未来发展趋势，提出了由设备层、边缘层、企业层、产业层组成的实施框架层级划分，明确了各层级的网络、标识、平台、安全的系统架构、部署方式以及不同系统之间关系。实施框架主要为企业提供工业互联网具体落地的统筹规划与建设方案，进一步可用于指导企业技术选型与系统搭建。

2．五大功能体系

工业互联网的核心功能原理是基于数据驱动的物理系统与数字空间全面互联与深度协同，以及在此过程中的智能分析与决策优化。通过网络、平台、安全、数据、标识五大功能体系构建，工业互联网全面打通设备资产、生产系统、管理系统和供应链条，基于数据整合与分析实现 IT 与 OT 的融合和五大体系的贯通。

（1）网络体系。网络体系由网络互联、数据互通和标识解析三部分组成，其架构如图 1-4 所示。网络互联实现要素之间的数据传输，数据互通实现要素之间传输信息的相互理解,标识解析实现要素的标记、管理和定位。

(2)**网络互联**。采用有线、无线方式,将工业互联网体系架构相关的"人机料法环"以及企业上下游、智能产品、用户等要素连接,支撑业务发展的多要求数据转发,实现端到端数据传输。网络互联根据协议层次由底向上可以分为多方式接入、网络层转发和传输层传送。

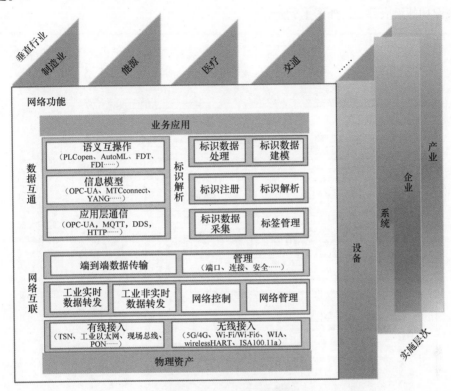

图1-4 网络体系架构

网络层转发实现工业非实时数据转发、工业实时数据转发、网络控制、网络管理等功能。工业非实时数据转发功能主要完成无时延同步要求的采集信息数据和管理数据的传输。工业实时数据转发功能主要传输生产控制过程中有实时性要求的控制信息和需要实时处理的采集信息。网络控制功能主要包括路由表/流表生成、路径选择、路由协议互通、访问控制列表(ACL)配置、服务质量(QoS)配置等。网络管理功能包括层次化的 QoS、拓扑管理、接入管理、资源管理等。

传输层的端到端数据传输功能实现基于传输控制协议(TCP)、用户数据报协议(UDP)等实现设备到系统的数据传输。管理功能实现传输层的端口管理、端到端连接管理、安全管理等。

(3)**数据互通**。实现数据和信息在各要素间、各系统间的无缝传递,使得异构系统在数据层面能相互"理解",从而实现数据互操作与信息集成。数据互通包括应用层通信、信息模型和语义互操作等功能。

3. 平台体系

为实现数据优化闭环，驱动制造业智能化转型，工业互联网需要具备海量工业标识数据与各类工业模型管理、工业建模分析与智能决策、工业应用敏捷开发与创新、工业资源集聚与优化配置等一系列关键功能。这些传统工业数字化应用所无法提供的功能，正是工业互联网平台的核心。按照功能层级划分，工业互联网平台包括边缘层、PaaS 层和应用层三大关键功能组成部分，如图 1-5 所示。

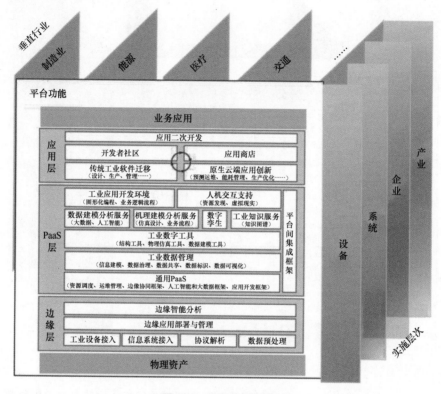

图 1-5 平台体系架构

（1）**边缘层**。边缘层提供海量工业标识数据接入、转换、数据预处理和边缘分析应用等功能。

- 工业标识数据接入：包括机器人、机床、高炉等工业设备数据接入功能，以及 ERP、MES、仓库管理系统（WMS）等信息系统数据接入功能，实现对各类工业标识数据的大范围、深层次采集和连接。
- 协议解析与数据预处理：将采集连接的各类多源异构数据进行格式统一和语义解析，并进行数据剔除、压缩、缓存等操作后传输至云端。
- 边缘分析应用：重点面向高实时应用场景，在边缘侧开展实时分析与反馈控制，并提供边缘应用开发所需的资源调度、运行维护、开发调试等各类功能。

（2）**PaaS 层**。PaaS 层提供资源管理、工业标识数据与模型管理、工业建模分析和工业应用创新等功能。

- **IT 资源管理**：包括通过云计算 PaaS 等技术对系统资源进行调度和运维管理，并集成边云协同、大数据、人工智能、微服务等各类框架，为上层业务功能实现提供支撑。
- **工业标识数据与模型管理**：包括面向海量工业标识数据提供数据治理、数据共享、数据可视化等服务，为上层建模分析提供高质量数据源，以及进行工业模型的分类、标识、检索等集成管理。
- **工业建模分析**：融合应用仿真分析、业务流程等工业机理建模方法和统计分析、大数据、人工智能等数据科学建模方法，实现工业标识数据价值的深度挖掘分析。
- **工业应用创新**：集成计算机辅助设计（CAD）、计算机辅助工程（CAE）、ERP、MES 等研发设计、生产管理、运营管理已有成熟工具，采用低代码开发、图形化编程等技术来降低开发门槛，让业务人员不依赖程序员就能独立开展高效灵活的工业应用创新。

此外，为了更好地提升用户体验和实现平台间的互联互通，组织还需考虑人机交互支持、平台间集成框架等功能。

（3）**应用层**。应用层提供工业创新应用、开发者社区、应用商店、应用二次开发集成等功能。

- **工业创新应用**：针对研发设计、工艺优化、能耗优化、运营管理等智能化需求，构建各类工业 App 应用解决方案，帮助企业实现提质降本增效。
- **开发者社区**：打造开放的线上社区，提供各类资源工具、技术文档、学习交流等服务，吸引众多第三方开发者入驻平台开展应用创新。
- **应用商店**：提供成熟工业 App 的上架认证、展示分发、交易计费等服务，支撑实现工业应用价值变现。
- **应用二次开发集成**：对已有工业 App 进行定制化改造，以适配特定工业应用场景或是满足用户个性化需求。

4. 安全体系

工业互联网是信息技术和制造技术的深度融合，将为工业生产和管理带来极大变革。然而，在工业互联网的发展过程中，安全问题也日益凸显，网络攻击等新型风险给工业互联网的稳定运行和数据保护造成了极大威胁。为了解决这些问题，保障工业互联网健康有序发展，工业互联网安全功能框架应运而生。工业互联网安全功能框架充分考虑了信息安全、功能安全和物理安全，聚焦工业互联网安全所具备的主要特征，包括可靠性、保密性、完整性、可用性、隐私和数据保护，如图 1-6 所示。

（1）**可靠性**。可靠性指工业互联网业务在一定时间内、一定条件下无故障地执行指定功能的能力或可能性。

- **设备硬件可靠性**：指工业互联网业务中的工业现场设备、智能设备、智能装备、PC、服务器等在给定的操作环境与条件下，其硬件部分在一段规定的时间内正确执行要求功能的能力。

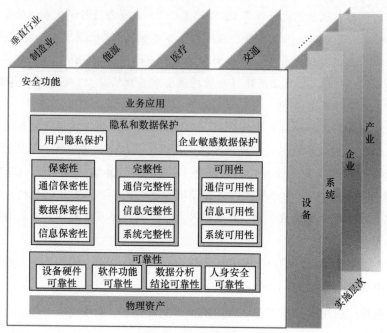

图 1-6 安全体系架构

- 软件功能可靠性：指工业互联网业务中的各类软件产品在规定的条件下和时间区间内完成规定功能的能力。
- 数据分析结论可靠性：指工业互联网数据分析服务在特定业务场景下、一定时间内能够得出正确的分析结论的能力。在数据分析过程中出现的数据缺失、输入错误、度量标准错误、编码不一致、上传不及时等情况，最终都可能对数据分析结论的可靠性造成影响。
- 人身安全可靠性：指对工业互联网业务运行过程中保护相关参与者人身安全的能力。

（2）**保密性**。保密性指工业互联网业务中的信息按给定要求不泄漏给非授权的个人或企业加以利用的特性，即杜绝有用数据或信息被泄露给非授权个人或实体。

- 通信保密性：指对要传送的信息内容采取特殊措施，从而隐蔽信息的真实内容，使非法截收者不能理解通信内容的含义。
- 信息保密性：指工业互联网业务中的信息不被泄露给非授权的用户和实体，只能以允许的方式供授权用户使用的特性。
- 数据保密性：指在工业互联网环境中，数据在存储、处理和传输过程中都应确保不被未经授权的用户或实体访问。数据保密性强调数据的安全，确保敏感信息在整个生命周期中都能得到有效保护。这包括对数据的加密存储、访问控制和审计跟踪等措施，以防数据遭到泄漏、篡改或滥用。

（3）**完整性**。完整性指工业互联网用户、进程或者硬件组件具有能验证所发送的信息的准确性，并且进程或硬件组件不会被以任何方式改变的特性。

- 通信完整性：指对要传送的信息采取特殊措施，使得信息接收者能够对发送方所发送信息的准确性进行验证的特性。
- 信息完整性：指对工业互联网业务中的信息采取特殊措施，使得信息接收者能够对发送方所发送信息的准确性进行验证的特性。
- 系统完整性：指对工业互联网平台、控制系统、业务系统（如ERP、MES）等加以防护，使得系统不会遭到任何方式的篡改。

（4）**可用性**。可用性指在某个考察时间工业互联网业务能够正常运行的概率或时间占有率期望值，通常用于衡量工业互联网业务在投入使用后的实际效能。

- 通信可用性：指在某个考察时间，工业互联网业务中的通信双方能够正常与对方建立信道的概率或时间占有率期望值。
- 信息可用性：指在某个考察时间，工业互联网业务使用者能够正常对业务中的信息进行读取、编辑等操作的概率或时间占有率期望值。
- 系统可用性：指在某个考察时间，工业互联网平台、控制系统、业务系统（如ERP、MES）等正常运行的概率或时间占有率期望值。

（5）**隐私和数据保护**。隐私和数据保护指对于工业互联网用户个人隐私数据或企业拥有的敏感数据等提供保护的能力。

- 用户隐私保护：指对与工业互联网业务用户个人相关的隐私信息提供保护的能力。
- 企业敏感数据保护：指对参与工业互联网业务运营的企业所保有的敏感数据进行保护的能力。

5．数据体系

工业互联网以数据为核心，数据功能体系主要包含感知控制、数字模型和决策优化3个基本层次，以及由自下而上的信息流和自上而下的决策流构成的工业数字化应用优化闭环，如图1-7所示。

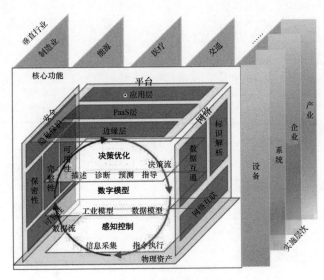

图1-7　数据体系架构

6. 标识体系

标识解析提供标识数据采集、标签管理、标识注册、标识解析、标识数据处理和标识数据建模功能。

- 标识数据采集：主要定义标识数据的采集和处理手段，包含标识读写和数据传输两个功能，负责标识的识读和数据预处理。
- 标签管理：主要定义标识的载体形式和标识编码的存储形式，负责完成载体数据信息的存储、管理和控制，针对不同行业、企业需要，提供符合要求的标识编码形式。
- 标识注册：在信息系统中创建对象的标识注册数据，包括标识责任主体信息、解析服务寻址信息、对象应用数据信息等，并存储、管理、维护该注册数据。
- 标识解析：能够根据标识编码查询目标对象网络位置或者相关信息的系统装置，对机器和物品进行唯一性的定位和信息查询，是实现全球供应链系统和企业生产系统的精准对接、产品全生命周期管理和智能化服务的前提和基础。
- 标识数据处理：定义对采集后的数据进行清洗、存储、检索、加工、变换和传输的过程，根据不同业务场景，依托数据模型来实现不同的数据处理过程。
- 标识数据建模：构建特定领域应用的标识数据服务模型，建立标识应用数据字典、知识图谱等，基于统一标识建立对象在不同信息系统之间的关联关系，提供对象信息服务。

第2章 标识及工业互联网标识

在现代工业与信息技术日益融合的背景下，标识的作用愈发重要。标识不只是简单的符号或图像，而是连接企业管理和信息传递的纽带。深刻认知标识的作用有助于我们更好理解工业互联网。

2.1 标识的起源与发展

要深入探究标识的重要性和演变，首先需要追溯标识的起源与发展历程。从标识的最初出现到如今在工业互联网中的应用，标识的演变过程、具有的功能和意义，将为我们提供深入理解的基础。本节将重点探讨标识的起源与发展，为后续对标识及工业互联网标识的进一步分析奠定基础。

2.1.1 标识的起源

在人类早期，标识是一种可视化的符号，可以表示特定的含义或信息。标识可以是文字、图形、形状、颜色等，主要用来帮助人们快速识别和理解信息。人类社会的早期，在与他人进行交流和交互时，人类需要采用一种方式来识别和区分不同的个体、组织或事物。标识的作用是为了辨认、分类和组织人类社会中的各种元素。它们是人类沟通和交流的基本元素之一。

在原始社会，人们使用一些简单的原始符号来表示特定的含义。例如，古代的洞穴壁画就是一种早期的标识，它们可以告诉人们如何狩猎、如何采集食物等；在早期的狩猎和采集中，人们可能使用简单的记号或符号来标记自己的领地、食物储存区域或其他重要地点，这些标识可能是在树木或岩石上刻画的图案、线条或刻痕。随着农业文明的兴起，人类社会逐渐形成了定居的习惯。人们开始以更复杂的方式标识自己、他们所属的部落或社区以及他们的财产。氏族和部落形成，每个部落或氏族都选择与自己有特殊关系的动物或自然物图像作为本氏族或部落的特殊标记，后人称之为"图腾"。"图腾"其实即另一种表现形式的标识，通过"图腾"可以了解这个部落或氏族，了解其代表的特殊含义。人们使用刻在石头、陶器或纸张上的象形文字、符号和图案来表示不同的概念、人物和地点，在自己制造的器物上制作简单的记号或符号，标明作者出处等，以标志这个物件的独一无二。这些早期的标识为后来的语言和文字的发展奠定了基础。

商、周时期盛行各种青铜礼器，奴隶主在青铜礼器上铭刻各种铭文符号，用以表示它们的用途及尊贵程度，以及该器物的所有权。随着生产力和社会分工的发展，商品交流变得越来越频繁。作为标识的一种，商标在封建时代初期就初步繁荣起来。产品制造者和销售者以各种方式来区分产品，消费者也逐渐习惯于认牌购货。商标也代表了物的独一无二的身份信息。

代表人的独一无二的身份信息由印章来呈现。印章在秦汉时代是商品交流中的一种记号，同时作为所有者特别的标识。如长沙马王堆1号汉墓出土的封泥上就有"轪侯家丞"的字样，代表轪侯家总管的身份。后来，印章逐渐融入人们的生活，不管是在陶瓷字画，还是诗文歌赋作品上，人们总是会加用印章，代表这件物品的归属权，也代表其"身份"。

当然，这是标识在古代的展现形式，随着现代工业的发展，标识得以发展出更多的形式。在工业互联网中，"标识"通常指的是对物理实体（如设备、产品、零部件等）进行唯一标识和识别的过程。这些物理实体可以被赋予唯一的数字标识符，以便在网络中进行识别、追踪和管理。

2.1.2 标识的发展

从原始社会的简单记号、刻痕到刻印的象形文字，再到印章、徽章等，标识的形式和用途也变得越来越多样化。公司和品牌开始使用商标来标识和保护他们的产品和服务。政府和机构使用徽章、标志和旗帜来代表他们的权威和身份。此外，还有许多其他形式的标识，如身份证件、护照、驾驶执照等，用于个人身份验证和管理。接下来我们主要介绍标识在工业互联网中的发展。

在工业互联网发展的早期阶段，许多企业使用传统的物理标识系统来标识和管理设备和资产。这包括使用条形码（有时简称条码）、二维码、RFID等技术在设备上贴附或嵌入标识码，以实现设备的唯一识别和跟踪。

随着物联网技术的快速发展，工业互联网标识开始采用物联网技术，将设备与互联网连接起来。物联网标识可以通过设备的唯一标识符如介质访问控制（MAC）地址或互联网协议（IP）地址识别和管理设备，并通过网络传输设备数据和状态信息。随着云计算和边缘计算的兴起，工业互联网标识逐渐融入云平台和边缘设备。云平台提供了集中管理和分析设备数据的能力，而边缘设备可以进行实时的本地处理和响应，使得工业互联网标识更智能化和灵活化。工业互联网标识逐渐数字化，采用统一的标识符和数据交换标准。例如，国际物联网标准组织（IoT-A）制定了一套通用的标识符和数据交换架构，以提升设备之间的互操作性和促进数据共享。

随着人工智能和机器视觉技术的发展，工业互联网标识开始应用智能化的辨识技术，如图像识别、语音识别和自然语言处理等，以实现设备和资产的智能识别和管理，提高生产效率和智能化水平。

总的来说，工业互联网标识的发展经历了从传统的物理标识系统到物联网标识、云平台和边缘计算的应用，再到数字化标识与数据交换和智能化标识与辨识技术的应用。这些发展推动了工业互联网的智能化、自动化和互联互通，为工业生产和管理带来了巨大的变革和创新。

在医疗行业中，标识技术的应用可以追溯到19世纪。当时，医生们开始使用红十字作为医院和医生的标识。20世纪初期，医疗行业开始使用条形码和RFID等技术对药品、手术器械、患者信息进行标识，以提高医疗服务的质量和效率。

在汽车行业中，最早的标识技术可以追溯到20世纪初期。当时，汽车制造商开始使用车辆识别码（Vehicle Identification Number，VIN）对车辆进行标识，以确保每辆车都有唯一的标识符。随着汽车工业的发展，汽车制造商开始使用条形码、RFID和二维码等技术对车辆和零部件进行标识，以实现供应链的可视化和追踪，提高生产效率和产品质量。

在制造业中，标识技术的应用可以追溯到20世纪50年代。当时，制造商开始使用条形码对生产线上的物品进行标识，以实现物品的追踪和管理。随着信息技术的发展，制造商开始使用RFID、二维码和物联网等技术对设备和零部件进行标识，以实现制造过程的可视化和智能化，提高生产效率和产品质量。

总的来说，标识的起源可以追溯到人类社会早期区分和识别的基本需求。随着社会的进步和技术的发展，标识的形式和应用变得越来越复杂和多样化，成为人类社会中不可或缺的一部分。

2.2 标识与标识码

标识是用于识别和区分特定对象的符号或代码，标识码则是这些标识可读或可处理的形式。本节将介绍标识与标识码的概念、类型、生成方法及其在数据管理、物流追踪和信息检索中的重要性，及其在不同领域中的应用。

2.2.1 标识的概述

标识是人、事、物的独一无二的数字身份证，是识别不同物品、实体、物联网对象的名称标记，可以是由数字、字母、符号、文字等按照一定的规则组成的字符串。

标识的出发点是面向物品对象、数字对象等进行唯一标记及提供信息查询的功能，进而发展成一种底层的信息架构。其中，工业互联网标识则是一种特殊的标识形式，它类似于互联网域名，赋予每一个产品、零部件、机器设备唯一的"身份证"，直接或者间接在各种产品上进行简单或者复杂信息的标记与识别，以实现对产品的防伪防篡改、质量追踪追溯以及物流仓储管理功能，实现资源区分和管理。

工业互联网标识的出现，可以说是数字化、智能化时代的必然产物。它不仅为企业提供了更精准、高效的管理手段，也为消费者提供了更便捷、安全的购买体验。

未来，随着工业互联网标识技术的不断发展和应用，它将成为推动工业领域数字化转型和智能化升级的重要引擎，为社会经济的可持续发展提供强有力的支撑。

2.2.2 标识码分类

标识在现代社会中起到了至关重要的作用。就物而言，通常采用标识码的形式来唯一标识其身份。标识码是由一串字符串组成的，而不同的编码制度下则按照不同的规则来进行编码。在现实生活中，我们经常可以看到各种形式的标识码，如条形码、二维码及RFID标签等。这些标识码在不同的场景中发挥着重要的作用。

1. 条形码

条形码是将宽度不等的多个黑条和空白，按照一定的编码规则排列，用以表达一组信息的图形标识符。常见的条形码是由反射率相差很大的黑条（简称条）和白条（简称空）排成的平行线图案。条形码可以标出物品的生产国、制造厂家、商品名称、生产日期、图书分类号、邮件起止地点、类别、日期等许多信息，在商品流通、图书管理、邮政管理、银行系统等许多领域应用广泛。条形码最早出现在20世纪40年代，但是得到实际应用和发展在20世纪70年代左右。

（1）**条形码码制分类**。一维条形码可标识物品的生产国、制造厂家、商品名称、生产日期、类别等信息。在商品流通、图书管理、邮政管理、银行系统等许多领域有广泛的应用。目前使用频率较高的码制有以下几种。

- 欧洲商品编码（European Article Number，EAN）。EAN是国际通用的符号体系，是一种长度固定的条形码，所表达的信息全部为数字，主要应用于商品标识。
- 通用商品代码（Universal Product Code，UPC）。UPC只能表示数字，有A、B、C、D、E共5个版本。UPC-A码和UPC-E码都是定长码，版本A为12位数字，版本E为7位数字，大小是宽1.5in（1in=2.54cm）、高1in，而且背景要清晰，主要在美国和加拿大使用，用于工业、医药、仓储等部门。
- Code 39条形码和Code 128条形码。这两种条形码是目前国内企业内部的自定义码制，可以根据需要确定其长度和信息，所编码的信息可以是数字，也可以包含字母，主要应用于工业生产线领域、图书管理等，如表示产品序列号、图书、文档编号等。另外，交叉25条形码（也叫作穿插25码），只能表示数字0~9，长度可变，条形码呈连续性，所有条与空都表示代码，第一个数字由条开始，第二个数字由空组成，应用于商品批发、仓库、机场、生产（包装）识别、商业中，条形码的识读率高，可用于固定扫描器的可靠扫描，在所有一维条形码中的密度最高。
- EAN128是由国际物品编码协会（EAN International）和美国统一代码委员会（UCC）联合开发、共同采用的一种特定的条形码。它是一种连续型、非定长有含义的高密度代码，可用于表示生产日期、批号、数量、规格、保质期、收货地等更多的商品信息。

还有一些码制主要是为了满足特殊需要而提出的，如库德巴条形码用于血库、图书馆、包裹等的跟踪管理，可表示数字0~9、字符$、+、-，还有只能用作起始符和终止符的a、b、c、d，空白区比窄条宽10倍，非连续性条形码，每个字符表示为4条3空，条形码长度可变，没有校验位。ITF25码用于包装、运输和国际航空系统为机票进行顺序编号，还有类似39码的93码，它的密度更高些，可代替39码。

（2）**条形码的识别原理**。条码符号是由反射率不同的"条""空"按照一定的编码规则组合起来的一种信息符号。由于条码符号中"条""空"对光线具有不同的反射率，从而使条码扫描器接收到强弱不同的反射光信号，相应地产生电位高低不同的电脉冲。条码符号中"条""空"的宽度则决定电位高低不同的电脉冲信号的长短。扫描器接收到的光信号需要经光电转换成电信号并通过放大电路进行放大。由于扫描光点具有一定的尺寸、条码印刷时的边缘模糊性以及一些其他原因，经过电路放大的条码电信号变为一种平滑的起伏信号，这种信号称为"模拟电信号"。"模拟电信号"需经整形变成"数字信号"。根据码制所对应的编码规则，译码器便可将"数字信号"识读译成数字、字符信息。

条形码扫描器利用光电元件将检测到的光信号转换成电信号，再将电信号通过模拟数字转换器转化为数字信号传输到计算机中处理。对于一维条形码扫描器，如激光型、影像型扫描器，扫描器通过从某个角度将光束发射到标签上并接收其反射回来的光线读取条形码信息，因此在读取条形码信息时，光线要与条形码呈一个倾斜角度，这样整个光束就会产生漫反射，可以将模拟波形转换成数字波形。如果光线与条形码垂直照射，则会导致一部分模拟波形过高而不能正常地转换成数字波形，从而无法读取信息。

（3）**条形码的应用**。条形码技术已在许多领域中得到了广泛的应用，比较典型的应用领域有以下5个。

- 零售业。零售业是条形码应用最为成熟的领域。EAN为零售业应用条形码进行销售奠定了基础。目前大多数在超市中出售的商品都使用了EAN，在销售时，工作人员只需用扫描器扫描EAN，销货点系统（POS）便能从数据库中查找到相应的名称、价格等信息，并对客户所购买的商品进行统计，这可以大大加快收银的速度和准确性，同时可以将各种销售数据作为商场和供需商进货、供货的参考数据。由于销售信息能够及时准确地被统计出来，因此商家在经营过程中可以准确地掌握各种商品的流通信息，可以大大减少库存，最大限度地利用资金，进而提高其效益和竞争能力。

- 图书馆。条形码也被广泛用于图书馆中的图书流通环节中，图书和借书证上都贴上了条形码，借书时只要扫描一下借书证上的条形码，再扫一下借出的图书上的条形码，相关的信息就被自动记入数据库中；而还书时只要一扫图书上的条形码，系统就会根据原先记录的信息进行核对，而后将该书还入库中。与传统的方式相比，这大大地提高了工作效率。

- 仓储管理与物流跟踪。对于大物品流动的场合，用传统的手动记录方式记录物品的流动状况，既费时费力，准确率又低；在一些特殊场合，手动记录是不现实的。况且这些手动记录的数据在统计、查询过程中的应用效率相当低。应用条形码技术，可以实现快速、准确地记录每一件物品，采集到的各种数据可实时地由计算机系统进行处理，使得各种统计数据能够准确、及时地反映物品的状态。

- 质量跟踪管理。ISO 9001质量保证体系强调质量管理的可追溯性，也就是说，对于出现质量问题的产品，应当可以追溯到它的生产时间、操作者等信息。过去，这些信息很难记录下来，即使有些工厂（如一些家用电器生产厂）采用加工单的形式进行记录，但随着时间的推移，加工单也越来越多，有的工厂甚至要用几间房子来存放这些单据。从这么多的单据中查找一张单据的难度可想而知！如采用条形码技术，在生产过程的主要环节中，对生产者及产品的数据通过扫描条形码进行记录，并利用计算机系统进行处理和存储。如果产品质量出现问题，那么可利用计算机系统很快查到该产品生产时的数据，为工厂查找原因、改进工作质量提供依据。

- 数据自动录入。大量格式化单据的录入问题是一件很烦琐的事，浪费大量的人力不说，正确率也难以保障。用条形码技术，可以把上千个字母或汉字放入名片大小的一个条形码中，并可用专用的扫描器在几秒内正确地输入这些内容。目前计算机和打印机作为一种必备的办公用品，已相当普及，利用一些软件，就能将格式化报表的内容同时打印在一个条形码中。在需要输入这些报表内容的地方扫描条形码，报表的内容就自动录入完成了。同时，还可以对数据进行加密，确保报表数据的真实性。

条形码技术在我国的邮电系统、图书情报、生产过程控制、医疗卫生、交通运输等领域都得到较为广泛的应用，特别是商业信息化程度的不断提高，条形码技术也逐步普及，并反过来推动了商业 POS 的发展。

2．二维码

一维条形码所携带的信息量有限，更多的信息只能依赖商品数据库的支持，离开了预先建立的数据库，这种条形码就没有了意义，因此在一定程度上也限制了条形码的应用。基于这个原因，20 世纪 90 年代，二维条形码应运而生。

二维码（2-dimensional bar code）又称为二维条形码，是用某种特定的几何图形按一定规律在平面（二维方向上）分布的、黑白相间的、记录数据符号信息的图形。在代码编制上巧妙地利用构成计算机内部逻辑基础的"0""1"比特流的概念，使用若干个与二进制相对应的几何形体来表示文字数值信息，通过图像输入设备或光电扫描设备自动识读以实现信息自动处理。它具有条码技术的一些共性，比如每种码制有其特定的字符集、每个字符占有一定的宽度、具有一定的校验功能等。同时，二维码还具有对不同行的信息自动识别、处理图形旋转变化点的功能。

（1）二维码码制分类。二维码可以分为堆叠式/行排式二维条码和矩阵式二维条码。

- 堆叠式/行排式二维条码又称为堆积式二维条码或层排式二维条码，其编码原理是基于一维条码，按需要堆积成二行或多行。它在编码设计、校验原理、识读方式等方面继承了一维条码的一些特点，识读设备与条码印刷与一维条码技术兼容。但由于行数的增加，需要对行进行判定，其译码算法与软件也不完全相同于一维条码。代表性的行排式二维条码有 Code 16K、Code 49、PDF417、MicroPDF417 等。

- 矩阵式二维条码（又称为棋盘式二维条码）在一个矩形空间通过黑、白像素在矩阵中的不同分布进行编码。在矩阵相应元素位置上，用点（方点、圆点或其他形状）的出现表示二进制"1"，点的不出现表示二进制的"0"，点的排列组合确定了矩阵式二维条码所代表的意义。矩阵式二维条码是建立在计算机图像处理技术、组合编码原理等基础上的一种新型图形符号自动识读处理码制。代表性的矩阵式二维条码有 Code One、MaxiCode、QR Code、Data Matrix、Han Xin Code、Grid Matrix 等。

（2）**二维码的识别原理**。条码符号识别和一维条码识别原理类似，不同之处在于条码扫描器。二维条形码扫描器（如拍照型扫描器）读取采用全向和拍照方式，因此读取时要求光线与条形码垂直，定位十字和定位框与所扫描条形码吻合。

（3）**二维码的应用**。二维条码具有存储量大、保密性高、追踪性高、抗损性强、备援性大、成本便宜等特性，特别适用于表单、安全保密、追踪、证照、存货盘点、资料备援等方面。二维码的主要应用场景如下。

- 食品追溯。原材料供应商在向食品厂家提供原材料时进行批次管理，将原材料的原始生产数据制造日期、食用期限、原产地、生产者、基因组合、有无使用药剂等信息录入二维码并打印带有二维码的标签，粘贴在包装箱上后交与食品厂家。在原材料入库时，厂家使用数据采集器读取二维码，取得到货原材料的原始生产数据，据此确认交货的产品是否符合采购标准。
- 追踪应用。如公文自动追踪、生产线零件自动追踪、客户服务自动追踪、邮购运送自动追踪、维修记录自动追踪、危险物品自动追踪、后勤补给自动追踪、医疗体检自动追踪、生态研究、自动追踪等。
- 产品溯源。在生产过程当中对产品和部件进行编码管理，按产品生产流程进行系统记录。可以在生产过程中避免错误，提高生产效率，同时可以进行产品质量问题追溯。
- 电子商务。二维码将成为移动互联网和线上线下商务（O2O）的关键入口。随着电子商务企业越来越多地进行线上线下并行的互动，二维码已经成为电子商务企业落地的重要营销载体。二维码在电商领域的广泛应用，结合 O2O 的概念，带给消费者更便捷和快速的购物体验，成为电商平台连接线上与线下的新通路，对于产品信息的延展、横向的价格对比都有帮助。

3. RFID 标签

RFID 的原理为读写器与标签之间进行非接触式的数据通信，达到识别目标的目标。读写器通过天线发送射频信号，RFID 标签接收到信号后，凭借感应电流所获得的能量发送存储在芯片中的信息。这些信息由读写器的接收天线接收，然后通过解读器进行处理。电子标签是 RFID 标签的俗称。

相比条形码技术，RFID 防水、防磁、耐高温、使用寿命长、读取距离大、标签上数据可以加密、存储数据容量更大、存储信息更改自如等优点。

RFID 标签的编码方式、存储及读写方式与传统标签不同，其是在集成电路上以只读或可读写格式存储的；特别是读写方式，RFID 标签是用无线电子传输方式实现的。

RFID 标签突出的技术特点：可以识别单个的非常具体的物体，而不像条形码那样只能识别一类物体；可以同时对多个物体进行识读，而条形码只能一个一个地读；存储的信息量很大；采用无线电射频，可以透过外部材料读取数据，而条形码必须靠激光或红外线在材料介质的表面读取信息。

（1）**RFID 标签分类**。根据 RFID 标签依内部保存信息注入方式的不同，其可以分为集成电路固化式、现场有线改写式和现场无线改写式三大类；根据读取 RFID 标签数据的技术实现手段，其可以分为广播发射式、倍频式和反射调制式三大类；按能量供给方式（电池供电）的不同，又可分为有源、无源和半有源 3 种。RFID 标签常规的分类方法是，按照工作频率（单位为 Hz）的不同，分为低频（LF）、高频（HF）、超高频（UHF）和微波频段（MW）4 种。

- 低/高频系统的工作频率一般小于 30MHz，典型的工作频率有 125kHz、225kHz、13.56MHz（非接触式 IC 卡——射频卡的工作频率）等。基于这些频点的射频识别系统一般都有相应的国际标准，其基本特点是：标签的成本较低，标签内保存的数据量较少，阅读距离较短（无源情况，典型阅读距离为 10cm），标签外形多样（卡状、环状、纽扣状、笔状），阅读天线方向性不强等。
- 超高频/微波系统的工作频率一般大于 400MHz，典型的工作频段有 915MHz、2450MHz、5800MHz 等。系统在这些频段上也有众多的国际标准予以支持，基本特点是标签及阅读器成本较高，标签内保存的数据量较大，阅读距离较远（可达几米至十几米），适应物体高速运动性能好，外形一般为卡状，阅读天线及标签天线均有较强的方向性。

（2）**工作原理**。RFID 的基本工作原理并不复杂。标签进入阅读器发出的磁场后，接收解读器发出的射频信号，凭借感应电流所获得的能量发送存储在芯片中的产品信息，或者主动发送某一频率的信号；解读器读取信息并解码后，由系统的信息处理中心进行有关数据处理。

（3）**RFID 标签的应用**。几十年来，RFID 的理论得到了丰富和完善，有源、无源及半无源电子标签均得到了飞速发展，单芯片电子标签、多电子标签识读、无线可读可写、无源电子标签的远距离识别、适应高速移动物体正在成为现实。RFID 标签主要应用在以下领域。

- 物流业：物流过程中的货物追踪、信息自动采集、仓储应用、港口应用等。
- 零售业：商品销售数据的实时统计、补货、防盗等。
- 制造业：生产数据的实时监控、质量追踪、自动化生产等。
- 医疗行业：医疗器械管理、药品管理和医院信息系统（HIS）等。
- 身份识别：护照、身份证、学生证等各种证件，贵重物品（烟、酒、药品）及票证的防伪等。

- 资产管理：管理各类贵重、数量大且相似性高的资产，以及危险品等。
- 交通运输：高速公路收费管理，出租车、公交车的车辆识别与管理等。
- 食品：水果、蔬菜、生鲜食品等的管理。
- 动物识别：驯养动物、畜牧牲口及宠物等的识别管理。
- 图书：书店、图书馆和出版社等的图书管理应用。
- 汽车：制造、防盗、定位等。
- 军事：弹药、枪支、物资、人员及车辆等的识别与追踪。

2.3 主流的标识体系

本节将介绍当前常见的几种标识体系，旨在帮助大家进一步了解工业互联网标识体系。

2.3.1 GS1

GS1 是由国际物品编码组织（GS1）负责开发和维护的、应用于全球商贸领域的标准和商业语言，一般称为"全球统一标识系统"（简称 GS1）。GS1 为供应链中不同层级的贸易项目、产品与服务、物流单元、资产、位置、单据及其他特殊领域提供全球唯一的编码标识，同时为行业间信息交互和流程整合提供技术标准和信息共享技术支撑。

GS1 集条码、射频识别等自动化数据采集、电子数据交换（EDI）、全球产品分类、全球数据同步、产品电子代码（EPC）等系统为一体，服务于全球物流供应链，在提供全球唯一的标识代码的同时，GS1 也通过应用标识符（AI）提供附加信息，例如保质期、系列号和批号，这些都可以用条码、二维码、RFID 标签等形式来表示。

经过 40 多年的发展，GS1 现已在 150 多个国家和地区的各行各业得到了广泛应用。无论是超市、仓库、物流运输，还是医院、学校、政府机关；无论是服装、食品、医疗卫生，还是图书、办公用品、化工建材；无论是线上交易、移动支付，还是工业制造、军事国防、农业生产，GS1 的身影在这些场景中随处可见。

我国在 GS1 的本地化和推广应用方面也紧跟国际发展趋势，从广度和深度上不断推进 GS1 标准在各行业的应用，更好地服务于国民经济和社会发展，取得了很好的应用效果。

未来，随着物联网技术的不断发展和普及，GS1 将会在更多的领域得到应用，为全球供应链提供更高效、准确的信息标识和交互方式。同时，GS1 标准还有待继续优化和完善，以提高其在不同行业中的适用性和可靠性，为推动全球经济的发展做出更大的贡献。

GS1 包括 GS1 编码体系、GS1 数据载体体系和 GS1 数据交换体系，可为贸易项目、物流单元、位置、资产、服务关系等提供唯一的编码标识。

GS1 编码体系提供了产品供应链中用于标识产品或服务的一套完整编码体系，包括标识代码与附加属性代码。GS1 编码体系如图 2-1 所示。

第 2 章 标识及工业互联网标识

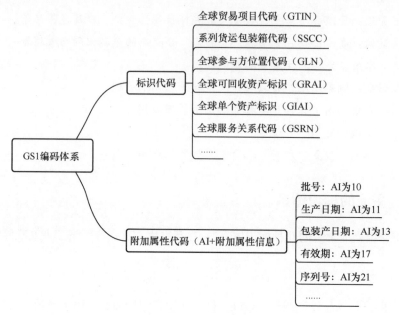

图 2-1 GS1 编码体系

在标识代码中,全球贸易项目代码简称 GTIN,可为全球贸易项目提供唯一标识的一种代码;系列货运包装箱代码简称 SSCC,是为物流单元(运输或储藏)提供唯一标识的代码;全球参与方位置代码简称 GLN,是对参与供应链活动的法律实体、功能实体和物理实体等实体位置进行唯一标识的代码;全球可回收资产标识简称 GRAI,是对可以回收使用的资产进行的编码;全球单个资产标识简称 GIAI,是对企业中固定单个资产进行的编码;全球服务关系代码简称 GSRN,是用于标识一个服务关系中的提供方、接收方的代码。

GS1 编码体系中附加属性代码由"AI+附加属性信息"组成。常用的 AI 及对应的附加属性信息如表 2-1 所示。

表 2-1 AI 及对应的附加属性信息

AI	说明	附加属性信息
00	物流单元应用标识符	SSCC 代码
01	贸易项目应用标识符	GTIN 代码
02	物流单元内贸易项目应用标识符	物流单元内的 GTIN 代码
10	生产的批次号	$X_1 \cdots X_j$($j \leq 20$)(最多 20 个字母或数字字符)
11	生产日期	$N_1 \cdots N_6$(6 位数字字符)
13	包装日期	$N_1 \cdots N_6$(6 位数字字符)
17	有效期	$N_1 \cdots N_6$(6 位数字字符)
21	序列号	$X_1 \cdots X_j$($j \leq 20$)(最多 20 个字母或数字字符)
410	交货地全球位置码	GLN 代码
8017	服务提供者服务关系代码	提供者的全球服务关系代码
8018	服务接收方服务关系代码	接收方的全球服务关系代码

GS1 数据载体体系包括一维条码、二维条码以及 RFID 标签，如图 2-2 所示。其中，常用的一维条码包括 EAN/UPC 条码、ITF-14 条码、GS1-128 条码和 GS1 DataBar 条码，一维条码具有成本低、快速、准确、可靠性强等优点。常用的二维条码包括 GS1 DataMatrix 条码及 GS1 QR 条码。相对于一维条码，二维码功能更为强大，使用较灵活，可存储更多的信息。复合条码是由一维条码和二维条码组合而成的。RFID 标签有卡片形式、纽扣形式、标签形式等多种类型，具有体积小、容量大、寿命长、可重复使用及远距离识别等特点，支持快速读写、非可视识别、移动识别、多目标识别、定位及长期跟踪管理，多用于价值相对较高的产品标识。

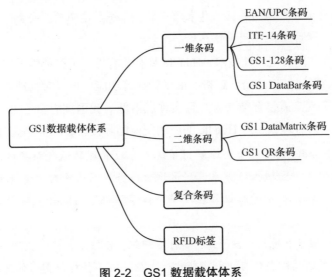

图 2-2　GS1 数据载体体系

2.3.2　Handle

Handle 是一种主要服务于工业互联网的解析系统，类似于互联网中的域名系统（DNS）。它由 TCP/IP 的联合发明人、被誉为"互联网之父"的罗伯特·卡恩（Robert Kahn）于 1995 年提出，并由国际非营利组织多纳（DONA）基金会维护。与传统的 DNS 不同，Handle 是一种独立且兼容 DNS 的解析系统。DNS 主要面向设备解析，而 Handle 则专注于数字对象（数字对象可以是互联网上的任何事物、流程、服务或各类数据）的解析，Handle 的独立性使得信息的管理与共享不再依赖于特定的主机设备或信息系统。这意味着即使主机设备或信息系统发生变化，数字对象仍然能够被准确解析和访问，确保了信息的可持续性和稳定性。同时，Handle 比 DNS 有着更强大的数据管理功能及更完善的安全机制，能够实现异地、异主、异地系统之间的信息安全有效共享。通过 Handle，用户可以灵活地控制和管理数字对象的权限和访问方式，确保数据的安全性和隐私性。

Handle 目前在全球（包括美国、中国、德国、英国、俄罗斯等）设立了 10 个根系统，具有多边共管、自主可控等特点，可以实现不同应用体系间低成本的互操作和跨地区、跨行业、跨平台、跨系统互联互通，在网络计算、数字内容追踪、隐私数据管理与共享等方面多有应用，是工业互联网发展的重要基础设施。

Handle 的核心功能主要有标识注册、标识解析、信息管理以及安全认证。

- 标识注册就是赋予每一个对象一个网络智能身份，主要解决不同的物品、作品、过程、服务、机构、人等对象在互联网中叫什么的问题。
- 标识解析像是神经中枢，解决每一个被标识对象在哪里的问题，通过解析，识别并分析查询数据所存储的位置。
- 信息管理解决每一个被找到的信息是什么的问题，它像一个无形的抓手，可以将解析到的信息提取出来，知道被标识的对象对应的信息是什么。
- 安全认证要求被查询的数据信息来源可靠、责任主体明确。安全认证机制为原生的认证机制，保障全局应用中信息的安全。

作为下一代互联网底层共性技术，Handle 具有兼容性、可扩展性、国际接轨、自主可控等特点和优势，通过标识注册、解析、信息管理等功能，可以对物理上分散在各企业的分布式数据资源实现按需整合与共享，且实现成本低。我国拥有自主可控的全球 Handle 根系统（MPA）运营管理权，对 Handle 的应用既能国际接轨，又能确保自主可控。

- 唯一性。Handle 拥有一个全球解析系统和分段管理的运行维护机制。在全球服务系统下设若干级区域性服务系统。区域性服务系统在全球服务系统的管理下提供特定区域、特定类型的标识管理。整个体系保证了 Handle 码在全球范围内的唯一性。
- 兼容性。各国家和地区、各行业、各标准组织、各信息系统的编码与标识标准不一，Handle 可以通过恰当的标识和解析机制，在满足各种标识需求的基础上，兼容现有的标识方法和编码机制，实现真正意义上的泛在互联。
- 永久性。Handle 所颁发的 Handle 标识可保证标识解析、利用的永久性。Handle 提供了维持 Handle 码和其对应的实际对象间的指向，当实际对象的内容、位置发生改变时，引用 Handle 码的使用者无须做任何处理即可感知对应的变化。
- 可扩展性。任何本地的命名空间都可以通过向 Handle 申请一个 Handle 前缀来将本地命名空间纳入 Handle。系统间交互时，是针对 Handle、针对元数据标准的。在引入一个新的信息、系统时，只要符合对应的规范、标准，其他系统无须进行任何变更，甚至感知不到体系内系统个数的增加。
- 分布式管理。Handle 是一个全球范围的分布式系统，每个节点各司其职。本系统用户可以通过 Handle 服务器在分布式的环境下使用 Handle。

Handle 定义了一套成熟兼容的编码规则、拥有一套稳定的后台解析系统和一个自主可控的全球分布式管理架构，是一套起源于互联网、以实现信息系统的互联互通为目标的标识注册、解析、管理、安全的技术体系。每个 Handle 标识由两部分组成：全球统一管理的 Handle 前缀，以及跟随其后的在该前缀下唯一的自定义编码。前缀和自定义编码间通过 ASCII 字符"/"（0x2F）来分开。例如，hdl:86.1000.300/60574397，/前面的是 Handle 前缀

（企业的唯一编码），/后面的是自定义编码（由企业根据各自系统的编码自主定义）。

从每个注册的 Handle 编码中均能解析出其由企业用户共享的数据信息，每条数据信息由以下两部分组成。

- 元数据模板。这一部分由企业用户自主定义，如产品信息模板、流通信息模板、库存信息模板等。
- 元数据模板中定义的内容。这一部分可以是系统接口自动上传的数据或用户自定义的内容。

每条 Handle 编码又均可成为另一条 Handle 编码的关联属性信息，这也是 Handle 编码体系最突出的功能。例如，hdl:86.1000.300/6057439 代表徐工的一台整机产品信息，hd2:86.1000.1101/a8073011 代表某供应商的核心部件信息，hd3:86.1000.1102/wl802222291 代表这台整机产品的物流运输信息，通过 Handle 编码关联 hd1(.hd2)(.hd3)，解析 hd1 即可查询出所有关联的信息。

2.3.3 OID

对象标识符（Object Identifier，OID）是由国际标准化组织（ISO）、国际电工委员会（IEC）、国际电信联盟（ITU）共同提出的标识机制，用于对任何类型的对象、概念或事物进行全球统一命名，一经命名，终身有效。OID 制定的初衷是要实现开放系统互连（Open System Interconnection，OSI）中对象的唯一标识。OID 采用分层、树状编码结构，不同层级之间用"."来分隔，即××.××.××.××…，每个层级的长度没有限制，层数也没有限制。这种分层结构可以为不同应用场景提供灵活性和可扩展性。例如，在互联网上，OID 可用于标识各种类型的对象，如网络协议、设备、服务等。同时，OID 还可用于标识和管理企业内部资源，并且可以与其他组织的 OID 相互关联。

OID 的使用广泛存在于众多领域，特别是在开放式网络环境下的分布式计算和通信应用中。例如，在电子邮件系统中，OID 可用于标识电子邮件地址；在数字证书的颁发和验证中，OID 可用于标识证书中的各种信息；在网络管理系统中，OID 可用于标识网络设备、协议和服务等。总之，OID 作为一种全球唯一的标识机制，为各种计算机应用提供了方便、灵活的命名和识别方式。

在我国，经工业和信息化部授权，OID 注册中心于 2007 年设立在工业和信息化部电子工业标准化研究院，负责全球唯一标识符 OID 中国分支 1.2.156 和 2.16.156 的注册、解析、管理以及国际备案工作，负责自主可控地实现各标识管理系统与其他网络通信、管理系统间的互联互通。目前，OID 注册中心已为国内 100 多家政府机关、企事业单位和社会团体分配了顶层 OID 标识符。

OID 的运行机制主要有两种方式，即国家统一管理方式和由民间组织管理的方式。在 OID 树中，国家成员体单元下的 OID 基本上由国家来统一管理 OID 注册，用于各种应用，并且均需要收费。对于根目录下的一些分支（如 1.7.7.1），最初的目的是用于对网络相关的信息 ASN.1、MIB 等信息的注册，现已不限于该目的。这个 OID 分支由互联网数字分配机构（IANA）管理，免费提供。

OID 的技术特点如下所示。

- 符合国际标准规范的全球唯一标识。OID 是 ISO/IEC、ITU 联合推动的标识体系，目前已有 100 多个国家成员注册了本国的 OID，并广泛应用于多个领域。所分配的对象标识能够保证全球唯一性，具有权威性。
- 自主可控性。在实际应用中，ISO/IEC 和 ITU 国际标准化机构维护顶层 OID 标识，各个国家负责该国家分支下的 OID 分配、注册、解析等工作，各行业领域主管机构负责自主管理本行业领域的各组织机构、应用系统、实体对象、虚拟对象等 OID 标识注册与分配工作，保证了 OID 的自主可控性。
- 独特的优势和良好的兼容性。与其他标识机制相比，OID 具有多重优势。
- OID 可以面向多种对象进行命名，包括各类网络设备、协议、服务、应用程序、数据等，而且能够与对象的相关特性信息相关联，使得对这些对象的识别和管理更加精确和高效。
- OID 具有良好的兼容性，可以与现有的 DNS、统一资源标识符（URI）、统一资源名称（URN）等多种标识机制配合使用，从而实现更全面和灵活的标识和命名。
- OID 还采用分层编码结构，具有强大的可扩展性，可以根据实际需求灵活地进行扩展和调整，从而满足不断变化的标识需求。

OID 作为全球唯一的对象标识机制，在信息安全、网络设备管理、自动识别、云计算等相关领域都有着广泛的应用基础，并具有面向多种对象、与对象的相关特性信息相关联、兼容现有的各种标识机制、分层灵活、可扩展性强等特点，能够满足异构系统间集成与互联互通的对象标识需求。

OID 标识体系能够兼容现有的各种标识机制，因此适合作为现有各种应用的元标识机制，成为不同编码机制之间转换的桥梁。

2.3.4 Ecode

随着物联网技术的迅速发展，其在社会民生中的重要性日益凸显。各个国家都意识到，唯一标识是实现物联网各领域信息互联和产业发展的核心要素。建立统一的标识体系成为实现这一目标的前提条件。我国在物联网标识领域也做了积极探索。2011 年，我国提出了具有自主知识产权的国家物联网标识体系 Ecode，并于 2015 年正式颁布首个物联网国家标准《物联网标识体系 物品编码 Ecode》（GB/T 31866—2015），在其中规定了适用于物联网各种对象、可实现一物一码的编码规则，是目前国内应用广泛的物联网统一编码。2023 年，该标准更新为 GB/T 31866—2023。

Ecode 的实施对于推动我国物联网的发展具有重要意义。它为物联网中的各类设备、产品、资产等提供了唯一可辨识的标识,为其与其他对象之间的信息交换和互联创造了基础条件。通过 Ecode 标识,不同设备、系统和平台可以准确地识别和连接,实现多元化的信息共享和协同操作。这样,物联网系统可以更智能化、高效化地运行,为人们的生活和工作带来便利。Ecode 的广泛应用也为我国的产业发展和经济增长带来了新的机遇。通过物联网统一编码的使用,企业可以更好地管理产品和资产,提高供应链的可追溯性和效率。同时,消费者可以通过扫描物品上的 Ecode 标识获取详细的产品信息,确保所购买商品的真实性和质量安全。这不仅有助于建立信任,还可以促进市场的健康发展。

未来,随着我国物联网产业的不断壮大,Ecode 将持续得到应用和普及。同时,随着技术的进步和创新,标识体系可能需要进一步完善和扩展,以满足不断发展的物联网需求。我国将继续加强标准化工作,推动物联网标识领域的研究和应用,为实现物联网的智能化、互联化做出更大的贡献。

Ecode 能够完整地将抽象的实体、虚拟对象以代码的形式表示,将代码化的信息转化成载体可携带的信息后,通过处理标志,可对对象进行辨认,获取各级节点的数字地址,直至指向某一企业节点的某一服务器,最终由服务器自动解析获取标识编码所表示的标识对象具体信息,上述过程同时涉及了网络标识与对象标识。与 OID 和 Handle 编码标准在网络标识方面不同的是,Ecode 支持网络节点位置可变。

Ecode 编码数据结构由版本(Version,V)、编码体系标识(Numbering System Identifier,NSI)和主码(Master Data,MD)构成。其中 V 和 NSI 定义了 MD 的结构和长度,由 Ecode 管理机构统一分配,MD 为标识对象代码,由标识对象管理方分配。Ecode 编码结构如表 2-2 所示。

表 2-2 Ecode 编码结构

物品编码 Ecode			最大总长度	代码字符类型
V	NSI	MD		
$(0000)_2$	8bit	≤244bit	256bit	二进制
1	4 位	≤20 位	25 位	十进制
2	4 位	≤28 位	33 位	十进制
3	5 位	≤39 位	45 位	字母数字型
4	5 位	不定长	不定长	Unicode 编码
$(0101)_2 \sim (1001)_2$	预留			
$(1010)_2 \sim (1111)_2$	禁用			

注 1:以上 5 个版本的 Ecode 依次命名为 Ecode-V0、Ecode-V1、Ecode-V2、Ecode-V3 和 Ecode-V4。
注 2:V 和 NSI 定义了 MD 的结构和长度。
注 3:最大总长度为 V 的长度、NSI 的长度和 MD 的长度之和。

Ecode 具有五大特性,如下所示。

- Ecode 是目前唯一具有我国自主知识产权的标识体系,对于我国社会经济的发展具有重要意义。

- Ecode 的制定，得到了多位业内权威专家的认可，其编码结构具有统一性、科学性、先进性、创新性和实用性，能够满足各个领域的应用需求。
- Ecode 编码的容量足够大，能够实现为物联网中任意对象分配唯一专属的编码，这是实现物物相联的前提条件。
- Ecode 能够兼容现存的各类闭环系统的编码方案，通过赋予行业内部编码唯一标头的方式，实现跨系统的信息互通。
- Ecode 编码可存储于条码、二维码、电子标签等不同载体中，能够快速推广于不同领域的不同应用。

Ecode 采用集中式赋码和管理，已广泛应用于农产品、成品粮、红酒、茶叶、化肥、乳制品、工业装备、原产地认证等领域。企业可以采用 Ecode 码作为单品标识，在产品包装上赋予二维码或 RFID 标签，实现产品追溯查询、防伪验证、产品营销等应用。

2.3.5 VAA

VAA 是在我国工业互联网标识解析体系应用实践基础上发展而来的自主标识体系，也是我国自主研发的标识体系。该标识体系受到国际标准化组织（ISO）、欧洲标准委员会（CEN）、国际自动识别与移动技术协会（AIM）三大国际组织共同认可。

VAA 有许多优点，例如具有全球唯一标识的功能、同时具备注册服务和用户管理等功能，符合工业互联网发展的需要，满足工业互联网标识解析的应用需求。其适用于全球所有 ISO 成员，是当今国际工业生产、产业供应链和物资处置领域普遍采用的新一代唯一标识体系。

2020 年 6 月，国际自动识别与移动技术协会（Association for Automatic Identification and Mobility，AIM）授权中国信通院为"VAA"标识国际发码机构，这标志着我国掌握了全球编码这一核心资源，可以面向全球提供标识编码分配服务。同年 12 月，VAA 标识体系成功加入去中心化身份基金会（Decentralized Identity Foundation，DIF）通用解析器，在发码的基础上实现全球解析功能并对大众提供服务。这一重大成果的实现，不仅标志着我国工业互联网技术已经达到国际领先水平，也为全球工业互联网的发展做出了重大贡献。未来，VAA 标识体系将进一步完善和扩展，以满足不断发展的工业互联网需求。我国将继续加强标准化工作，推动工业互联网标识领域的研究和应用，为实现工业互联网的智能化、互联化做出更大的贡献。

（1）**编码规则**。VAA 作为国际发码机构代码，根据相关要求，其编码应尽量遵从国际标准 ISO/IEC 15459、ISO/IEC 15418 等相关要求，当用于工业互联网领域时，还需要满足《工业互联网标识解析 标识编码规范》等相关要求。具体编码结构说明如表 2-3 所示。

表 2-3 VAA 编码结构

代码段		长度	数据类型	说明
发码机构代码		3 位	VAA（固定）	由 ISO 授权中国信通院，代码为"VAA"
服务机构代码	国家代码	3 位	A~Z, 0~9	原则上采用 3 位定长，不足位时采用前置补 0 方式。国家代码需遵从标识发码机构相关要求，其中 80~89、156 等预留给中国
	行业代码	3 位	A~Z, 0~9	由 VAA 标识注册管理机构分配
	企业代码	≤20 位	A~Z, 0~9	由获得行业代码的机构分配
企业内部编码		不定长	A~Z, a~z, 0~9, *, +, -, ., /, (,), !	由企业自定义

我们来看基于 VAA 基本编码结构的 VAA 编码示例 VAA08810012345678/abc123。其中，"VAA"为发码机构代码，"088"为国家代码，"100"为行业代码，"12345678"为企业代码，"abc123"为企业内部编码。服务机构代码和企业内部编码之间由分隔符"/"分开。行业可以根据实际需要设计企业代码长度，总体编码长度越短越好。

（2）**表现形式**。根据标识应用场景，VAA 标识编码现有 5 种格式，具体如表 2-4 所示。

表 2-4 VAA 标识编码的 5 种格式

编号	形式	应用场景
格式 1	VAA08810012345678/abc123	相对较严格，遵从 ISO/IEC 15459 标准编码格式要求
格式 2	(DI)VAA08810012345678/abc123	遵循 ISO/IEC 15418 编码格式要求
格式 3	二进制形式	VAA 标识编码的二进制形式，适合存储在 RFID 等载体中，VAA 基本编码格式与二进制格式之间的转换需遵从相应载体要求
格式 4	URP://88.100.12345678/abc123	URI 格式，采用 VAA 的 URP 解析机制，可直接存储于二维码中，以条码和 RFID 标签等为载体时，可能需进行变换
格式 5	http://公司网址/88.100.12345678/abc123	URI 格式，采用 DNS 解析机制，可直接存储于二维码中，以条码和 RFID 等为载体时，可能需进行变换

VAA 这 5 种编码形式原则上都可全球使用，相互之间可映射转化。

- 格式 1 为基本编码结构的形式，需相对较严格遵从 ISO/IEC 15459 标准要求。
- 格式 2 中的 DI 是指数据标识符（data identifier），由数据标识符管理委员会（Data Identifier Maintenance Committee，DIMC）维护，主要用于表示标识编码的应用场景，例如"9N"表示欧洲药品编码、"25S"是追溯领域的单品标识、"15N"是工业互联网标识专属数据标识符。建议企业使用"15N"作为 VAA 数据标识符，如需使用其他数据标识符，请参考 ANSMH10.8.2-2016。
- 格式 3 是 VAA 标识编码的二进制形式，适合存储在 RFID 标签等载体中。

- 格式 4 和格式 5 为 URI 编码格式。建议优选格式 4。

（3）**载体存储**。标识载体是指承载标识编码资源的标签。标识载体有一维条码、二维码、RFID 标签等被动载体和芯片、模组、终端等主动标识载体。

（4）**主动标识载体**。主动标识载体包括通用集成电路卡（UICC）、芯片、通信模组和终端等。当 VAA 标识存储在主动标识载体中时，原则上这 5 种格式都可使用，但要与载体的存储能力和支持的存储方式进行适配。

2.4　工业互联网标识

本节将深入探讨标识体系在工业互联网中的广泛应用。

2.4.1　工业互联网标识概述

工业互联网标识是指为了实现工业互联网应用而标识化的一种方式，可以用于标识物理实体、工业设备、传感器、控制器、计算机等，以便它们可以相互通信、交换信息和协同工作。工业互联网标识的主要目的是实现工业设备的自动化、智能化、数字化和可追溯性，提高生产效率、降低生产成本、提高产品质量和安全性。

工业互联网标识的应用范围非常广泛，涵盖制造业、能源、交通运输、农业、物流等各个领域。通过将传感器和设备与互联网连接，工业互联网标识能够实现许多重要的功能，如设备的远程监控、故障诊断、预测性维护等，从而提高生产效率和产品质量。

在制造业领域，工业互联网标识的应用可以实现设备的实时监测和维护，帮助企业实现生产线的稳定性和效率的提升。通过实时监测设备运行状态以及预测性维护，可以避免设备故障对生产造成的不必要停机时间，并及时调整生产计划，提高生产线的稳定性和生产效率。

在能源领域，工业互联网标识的应用可以实现电网的智能化管理和优化能源分配。通过将电力设备与互联网连接，可以实时监测电力系统的运行状态，优化电力供需平衡，提高能源利用效率，并根据实时需求进行灵活调度，以满足用户的需求。

在交通运输领域，工业互联网标识可以实现车辆的远程监控和调度，提高交通运输的效率和安全性。通过将车辆与互联网连接，可以实时获取车辆的位置、状态等信息，进行智能化的调度和路径规划，减少交通拥堵，提高运输效率；同时，通过实时监测车辆的行驶状态，还可以及时发现并解决潜在的安全隐患，提高交通运输的安全性。

在农业领域，工业互联网标识可以实现农田的智能化管理和精准农业。通过将农业设备、传感器和互联网连接，可以实时监测土壤湿度、温度、光照等环境参数，以及作物的生长状态，从而帮助农民进行精确的灌溉、施肥等农事操作，提高农作物的产量和质量，减少资源浪费。

工业互联网标识的核心优势在于数据的实时性、准确性和智能化应用。通过传感器和设备的连接，可以实时采集设备的状态和运行数据，实现设备的实时监测和预测性维护；通过数据的分析和挖掘，可以提取有价值的信息和知识，支持决策和优化；通过智能化的应用，可以实现设备的自动化控制和优化调度。

工业互联网标识还面临着一些其他的挑战和问题。

- 数据质量和可靠性的问题。由于采集的数据来自不同的设备和系统，其质量和精度可能存在差异，同时数据传输过程中也可能会出现数据丢失或损坏的情况，这可能会影响到数据的准确性和可靠性，从而影响到后续的数据分析和应用。
- 人才短缺的问题。工业互联网标识的应用需要相关人员具备多方面的技术能力和专业知识，例如物联网、数据挖掘、人工智能等领域的知识，然而目前市场上的相关人才相对匮乏，这使得企业在实施工业互联网标识时可能会遇到招聘难、培训成本高等问题。
- 数据共享和隐私保护的问题。工业互联网标识的应用需要涉及多个企业和组织之间的数据共享，如何保障数据的安全和隐私是一个重要的问题。
- 工业互联网标识还需要遵守相关的法规和标准，如何确保合规也是一个需要解决的问题。
- 工业互联网标识还需要解决设备更新和升级的问题。由于设备的更新和升级需要消耗一定的时间和资源，因此如何在保证生产正常运行的情况下对设备进行更新和升级，是一个需要解决的难题。同时，不同设备之间的兼容性问题也需要得到解决。

要推动工业互联网标识的发展，应加强标准和规范的制定，促进不同设备和系统的互联互通；加强网络安全保障措施，防止信息泄露和攻击；加大研发和创新力度，提高工业互联网标识的技术水平和应用能力；加强人才培养和培训，提供专业的技术支持和服务。

工业互联网标识是未来工业发展的重要方向，它通过将物理世界和数字世界连接起来，实现设备的智能化和优化控制。这使得工业生产过程更高效、智能化、可持续化，从而提高生产效率、降低成本、改善资源利用效率，推动工业的可持续发展。同时，工业互联网标识也面临诸多挑战。随着数字化程度的加深和物联网技术的普及，工业互联网标识面临信息安全、隐私保护等方面的挑战。

2.4.2 工业互联网标识标准化工作

工业互联网标识解析体系作为工业互联网网络体系的重要组成部分，是 DNS 向工业领域的延伸，其一头连着互联网，另一头连着生产制造。因此，推动相关标准化工作应充分借鉴与使用原有通信、自动识别、物联网、工业自动化等领域的相关标准，在继承的基础上加以优化。国际相关标准化工作主要涉及 ISO/IEC JTC1 SC6 系统间远程通信和信息交换技术委员会、ISO/IEC JTC1 SC31 自动识别与数据采集技术委员会；IEC TC3 电气信息结构、文件编制和图形符号标准化技术委员会、IEC TC65 工业过程测量、控制和自动化技术委员会；ITU SG2 业务提供和电信管理运营工作组、ITU SG17 安全工作组、ITU SG20 智慧城市工作组；万维网联盟（W3C）；因特网工程任务组（IETF）DETNET 确定性网络工作组、IETF LPWAN 低功耗广域网工作组、IETF LISP 定位器/ID 分离协议工作组，IETF NWG 网络工作组。

我国从国家、行业、地方、团体和企业标准 5 个层级开展标准化工作，其中国家标准制修订工作主要集中在全国物品编码标准化技术委员会（SAC/TC287）、全国信息技术标准化技术委员会 （SAC/TC28），全国通信标准化技术委员会（SAC/TC485）、全国信息安全标准化技术委员会（SAC/TC260）、全国物流信息管理标准化技术委员会（SAC/TC267）、全国工业过程测量控制和自动化标准化技术委员会（SAC/TC124）、全国防伪标准化技术委员会 （SAC/TC218）、全国自动化系统与集成标准化技术委员会（SAC/TC159）等委员会。行业和团体标准制修订工作主要集中在中国通信标准化协会（CCSA）。

1. 国际标准化现状

（1）**ISO/IEC**。ISO/IEC JTC1 SC6 主要研究开放信息系统之间信息交换标准化工作，旨在提高系统信息共享程度；ISO/IEC JTC1 SC31 主要负责数据格式、数据语法、数据结构、数据编码、自动识别与采集技术标准化工作，致力于提高数据采集自动化程度。2011 年，ISO/IEC 发布《ISO/IEC 29168-1 信息技术-开放系统互连-第 1 部分: 对象标识符解析系统》。该标准规定了对象标识解析系统的建设要求，包括标识解析系统的组成和整体架构、基于 DNS 的标识解析机制以及标识解析系统客户端操作要求等。2014 年，ISO/IEC 发布《ISO/IEC 15459 信息技术-自动识别和数据捕获技术唯一识别》。该系列标准定义了在物流管理过程中的标识编码规则，以免在全球供应链管理过程中出现编码冲突，深化物流自动化水平，降低人工成本和误差率，进而提高供应链协同效率。

（2）**IEC**。IEC TC3 主要负责文献、图形符号和技术信息表示领域的标准化工作，包括机器感知信息表示的规则、原则和方法，以及人对信息的感性表征的规则、原则和方法。IEC TC65 主要负责研制工业过程测量和控制系统与元件的相关标准，协调影响测量或控制系统匹配的有关元件的标准化工作。2006 年，IEC 发布《IEC 61987-1 工业过程测量和控制处理设备目录中数据结原理-第 1 部分：带模拟和数字输出的测量设备》。该标准适用于产品制造商提供的过程测量设备目录的编制，帮助用户明确其要求，同时作为未来所有与过程测量设备目录有关标准的参考文件。2017 年，IEC 发布《IEC 61360-1 带有相关分类表的标准数据元类型-第 1 部分：定义，原则和方法》。该标准规定了特性和相关属性的定义原则，以及从各领域中建立分类层次结构的原则。

（3）**ITU**。ITU-T SG2 主要负责码号标准的制定。ITU-T SG17 负责网络安全架构、数字身份安全管理、物联网应用等安全标准制定，旨在提高网络安全性。ITU-T SG20 负责物联网和智慧城市标准制定，包括架构、安全、互操作性等，旨在提高城市智能化水平。2013 年 9 月，ITU 发布《ITU-T X.1255 建议书：发现身份管理的信息框架》。该建议书支持提供开放架构框架，包括数字实体模型、数据接口协议、标识注册和解析系统以及元数据注册表等。2017 年 9 月，ITU《发布 ITU-T Y.4805：智慧城市应用中互操作性对标识服务的需求》。该标准规定了智慧城市应用中标识服务的系列需求，以确保应用是可互操作和安全的。标准中的需求也可以作为智慧城市领域开发新标识服务的指导原则，包括服务完整性、数据保密性等特征。2020年1月，ITU发布《ITU-TX.4459建议书：物联网互操作的数字实体架构》。该建议书规定了面向信息的服务体系框架，包括数字对象标识注册、发现、解析和传播机制，旨在促进跨域数据的共享。

（4）**W3C**。W3C是Web技术领域最具权威性和影响力的国际中立性技术标准机构，其下设的分布式标识工作组起草了《分布式标识规范》《分布式标识数据模型和语法》《分布式标识应用案例》等标准，凭证社区工作组起草了《分布式标识符解析规范》《可验证数据凭证模型》等标准，旨在基于区块链技术实现标识的分布式管理和数字身份的安全可控。

（5）**IETF**。下设的IETF DETNET、IETF LPWAN、IETF LISP和IETF NWG开展了工业互联网标识数据查询格式、安全、标识映射、域名映射、数据托管、数据采集、数据标签等方面的标准研制。2003年11月，IETF发布RFC 3650、RFC 3651和RFC 3652，提供了Handle系统概述，包括名称空间、服务体系架构等。2018年，IETF推进工业互联网标识解析相关技术草案的讨论，旨在推动工业互联网标识解析发展。2020年，IETF推进分布式标识在DNS中应用的草案，旨在发展分布式标识在DNS中的应用。

2. 国内标准化现状

（1）**全国通信标准化技术委员会**。其编号为SAC/TC485，主要侧重于通信网络、系统和设备的性能要求、通信基本协议和相关测试方法等方面标准化工作，由工业和信息化部作为业务指导单位，由中国通信标准化协会作为秘书处承担单位。该组织针对编码、智能终端、物联网、信息系统交互等方面制定了相关国家标准。

（2）**全国信息技术标准化技术委员会**。其编号为SAC/TC28，主要侧重于信息采集、表示、处理、传输、交换、表述、管理、组织、存储和检索的系统和工具的规范、设计和研制等领域标准化工作，主要对口ISO/IEC JTC 1。其中，全国信息技术标准化技术委员会物联网分技术委员会（TC28/SC41）主要负责物联网体系架构、术语、数据处理、互操作、传感器网络、测试与评估等物联网基础和共性技术。

（3）**全国物品编码标准化技术委员会**。其编号为SAC/TC287，主要侧重于商品、产品、服务、资产、物资等物品的分类编码、标识编码和属性编码、物品品种编码、单件物品编码及物品编码相关载体等方面标准化工作。该组织针对物品编码、物联网标识、Ecode标识体系的注册、解析等制定了相关国家标准。

（4）**全国信息安全标准化技术委员会**。其编号为SAC/TC260，主要侧重于信息安全标准化工作，对口ISO/IEC/JTC1/SC27。该组织针对域名标识安全制定了《信息安全技术 公共域名服务系统安全要求》(GB/T 33134—2023)、《信息安全 技术安全域名系统实施指南》(GB/T 33562—2017)等国家标准。

（5）**全国物流信息管理标准化技术委员会**。其编号为SAC/TC267，主要侧重物流信息基础、物流信息系统、物流信息安全、物流信息应用等方面标准化工作。当前 TC267 针对标识编码、数据交互模型和交互接口等制定了相关国家标准。

（6）**全国工业过程测量控制和自动化标准化技术委**。其编号为 SAC/TC124，主要侧重于全国工业过程测量和控制（即工业自动化仪表）等专业领域标准化工作，制定了《工业物联网仪表身份标识协议》（GB/T 33901—2017）、《智能制造系统架构》（20173704-T-604）、《智能仪器仪表的数据描述属性数据库通用要求》（20173981-T-604）等标准。

（7）**全国防伪标准化技术委员会**。其编号为 SAC/TC218，主要侧重于全国防伪等专业领域标准化工作，制定了《防伪溯源编码技术条件》（GB/T 34062—2017）、《军民通用资源信息代码的安全转换与防伪技术规范》（GB/T 38566—2020）等标准。

（8）**全国自动化系统与集成标准化技术委员会**。其编号为 SAC/TC159，主要侧重于面向产品设计、采购、制造和运输、支持、维护、销售过程及相关服务的自动化系统与集成领域的标准化工作。该组织针对射频识别、工业系统数据管理制定了《装备检维修过程射频识别技术应用规范》（GB/T 32829—2016）、《装备制造业制造过程射频识别第 1 部分：电子标签技术要求及应用规范》（GB/T 32830.1—2016）、《工业自动化系统与集成工业制造管理数据第 1 部分：综述》（GB/T 19114.1—2003）等标准。

（9）**中国通信标准化协会**（CCSA）。该组织主要侧重于信息通信技术领域行标和国标的制定，下设互联网与应用、网络管理与运营支撑、物联网等标准技术工作委员会、工业互联网等特设任务组以及标准推进工作委员会。该组织针对域名、信息交互、二维码识读、数据搜索、解析服务器等制定了相关行业标准。

2.4.3　工业互联网标识技术

工业互联网标识涉及多项技术，包括二维码、条形码、物联网标识（IoT ID）、低功耗蓝牙通信技术（BLE）、超声波标识技术等。这些技术可以用于不同的工业场景，如生产流程控制、物品追溯、智能物流、智能仓储等。

对于二维码、条形码技术，2.2 节进行了详细描述，这里不再赘述。本节主要对其他几种技术进行简要介绍。

1. 物联网标识技术

物联网标识技术是利用标识来对物体（人和物、终端、设备等）进行唯一编码识别，通过编码标识符解析与寻址技术，实现人与物、物与物的通信和各类应用，以获取相关信息。物联网标识技术是工业互联网建设中的核心技术之一，主要体现形式有物理标识、通信标识和应用标识。

物理标识主要标识工业互联网三类需标识对象中的物理实体和通信硬件实体。基于条形码和 RFID 标签的物体标识主要用于实现对物体的辨别、信息追溯、信息交换和关联操作等，主要适用于非智能物体，如集装箱、食品等。

通信标识主要标识与信息数据传输和交换相关的逻辑实体，主要目的是寻址，实现信息的正确路由和定位。这些逻辑实体包括通信协议、会话、端口等，如 IP 地址、E.164 号码、国际移动用户标志（IMSI）、会话起始协议（SIP）URI 及各类端口号等。

应用标识主要标识工业互联网中的各类应用实体，包括各种服务和信息资源等，如统一资源定位符（Uniform Resource Locator，URL）、内容身份（content ID）等。

2. 低功耗蓝牙通信技术

低功耗蓝牙（Bluetooth Low Energy，BLE）是一种短距离无线通信技术，旨在提供低功耗和简化的通信解决方案。它是蓝牙技术的一种变种，专为物联网设备和传感器等低功耗应用而设计。它采用了一系列低功耗策略，例如快速连接和断开连接、快速数据传输和待机模式下的低功耗等，以延长设备的电池寿命。

低功耗蓝牙通信技术适用于短距离通信，通常在 10m 范围内。这使得它非常适合物联网设备和传感器之间的通信，如智能家居、健康监测和智能穿戴设备等。它还支持快速连接和断开连接。设备可以在很短的时间内建立连接，并在需要时迅速断开连接，从而节省能量。此外，低功耗蓝牙通信技术也支持快速数据传输，可以满足实时通信的要求。

低功耗蓝牙通信技术具备多种安全特性，包括数据加密、身份验证和访问控制等。这些安全机制特性有助于保护通信过程中的数据隐私和完整性，进而确保通信的安全性。它使用了简化的协议栈，以减少功耗和复杂性。它包含物理层、链路层和逻辑链路控制层，使开发和集成低功耗蓝牙设备变得更容易。支持多设备互联的功能，一个中心设备（如手机或计算机）可以同时连接多个低功耗蓝牙设备，这使得低功耗蓝牙在物联网场景中具有较强的扩展性和互操作性。

低功耗蓝牙通信技术的应用非常广泛，在物联网设备、传感器网络、智能家居、健康监测、智能穿戴设备、工业自动化等领域多有应用。它为低功耗要求的应用提供了可靠的无线通信解决方案，并为工业互联网的发展和应用提供了强大支持。

3. 超声波标识技术

超声波标识技术利用超声波进行通信和定位。具体来说，这种技术利用超声波的特性，在物体之间进行唯一标识和识别，并实现数据传输和定位功能。

超声波标识技术利用超声波的传播和接收原理。发送方将数据转换为超声波信号，通过传感器将超声波信号发送到接收方。接收方的传感器接收超声波信号，并将其转换回数字数据，从而实现通信和数据交换。超声波标识技术通常具有低功耗的特点，适用于低能耗设备和应用。它不需要大量的能量来发送和接收超声波信号，因此能够延长设备的电池寿命。此外，超声波在传输过程中不容易被窃听，具有较高的安全性。超声波标识技术同样适用于短距离通信，通常在几米到数十米的范围内。这使得它特别适合近距离的物体识别和交互，例如智能家居中的设备控制和定位。除了通信功能，超声波标识技术还可以用于物体的定位。通过在物体上放置多个超声波传感器，并进行超声波信号的发送和接收，可以实现物体的三维定位和跟踪。这使得超声波标识技术在室内定位和导航等应用中具有潜力。另外，超声波标识技术具有较强的可扩展性和互操作性，可以与其他无线通信技术（如蓝牙、Wi-Fi）结合使用，以实现更复杂的工业互联网解决方案。超声波标识技术还可以应用于不同类型和规模的设备，具有广泛的适用性。

超声波标识技术可以应用于多个领域，包括智能家居、智能办公、零售、安防、工业自动化等。例如，它可以用于智能家居中的设备互联和控制，也可以用于工业自动化中的设备监测和通信。

超声波标识技术在工业互联网领域具有较好的应用前景，它通过超声波的传播和接收实现物体的唯一标识、数据通信和定位功能。它的低功耗、安全性和短距离通信特性使其适用于多种应用场景，可为工业互联网的发展提供创新的解决方案。

第3章 工业互联网标识解析

工业互联网标识解析是确保工业系统中各类实体（如设备、传感器、工艺单元）能够被准确标识和交互的关键环节。这一过程涉及多个方面，其中 DNS 是工业互联网标识解析的基础。通过将用户友好的域名转化为对应的 IP 地址，DNS 实现了互联网资源的访问。

在工业互联网背景下，标识解析的目标是将实体的标识信息转化为可理解和可操作的形式。这涉及标识的编码方式、解析引擎的设计，以及确保标识信息在系统内外的高效传递和集成。在实践中，一些基本原则和规范是需要遵循的，比如唯一性原则、可扩展性、易读性以及符合行业标准。

整个工业互联网标识解析体系由多个组成部分构成，包括标识解析系统、编码规范、解析引擎和数据交换协议等。这些组成部分协同工作，确保了标识信息的准确解析和高效交互。标识解析系统则承担着组织和管理这一过程的任务，其中包括标识管理模块、解析引擎模块和通信模块等。在工业互联网中，标识解析是将设备、传感器等实体的标识信息转化为相关的数据或操作；而在 DNS 中，标识解析是将域名映射为相应的 IP 地址。

总体而言，工业互联网标识解析的目的在于为工业系统的数字化和智能化提供支持。通过确保标识信息的一致性、规范性和可扩展性，工业互联网标识解析可以为系统的高效运行和未来发展提供坚实的基础。

3.1 互联网域名解析

互联网域名解析是将域名转换为与之关联的 IP 地址的过程。这个过程使得人们可以通过易记的域名访问到 Internet 上的各种资源，而无须记住它们的 IP 地址。下面介绍互联网域名解析的相关知识。

3.1.1 域名基础知识

网域名称（domain name），简称域名、网域，是由一串用点分隔的字符组成的互联网上某一台计算机或计算机组的名称，用于在数据传输时标识计算机的电子方位。域名可以说是 IP 地址的代称。人们可以直接访问域名而不用输入 IP 地址，然后 DNS 就会将它转化成便于机器识别的 IP 地址。这样，人们只需要记忆一串带有特殊含义的字符，不需要记忆没有含义的数字。

域名的核心是域名系统（Domain Name System，DNS），域名系统中的任何名称都是域名。在域名系统的层次结构中，各种域名都隶属于域名系统根域的下级。域名的第一级是顶级域，它包括通用顶级域，例如.com、.net 和.org；以及国家和地区顶级域，例如.us 和 cn。顶级域名下一层是二级域名，逐级向下。这些域名向人们提供注册服务，人们可以用它创建公开的互联网资源或运行网站。

1. DNS 的起源

20 世纪 60 年末，美国国防部高级研究计划署（ARPA，后来的 DARPA）资助试验性广域计算机网络，称为 ARPAnet，其初衷是将计算机主机连接起来，共享计算机资源。20 世纪 70 年代，ARPAnet 只是一个拥有几百台主机的小网络，仅需要一个 hosts 文件就可以容纳所需要的主机信息，hosts 提供的是主机名是 IP 地址的映射关系，也就是说可以用主机名进行网络信息的共享，而不需要记住 IP 地址。

hosts.txt 文件是由 SRI 的网络信息中心（Network Information Center，NIC）负责维护，并从一台主机 SRI-NIC 上分发到整个网络。ARPAnet 的管理员一般通过电子邮件通知 NIC，同时定期通过文件传输协议（FTP）到 SRI-NIC 上获得最新的 hosts.txt 文件。但是随着 ARPAnet 的增长，这种方法行不通了。每台主机的变更都会导致 hosts.txt 的变化，导致所有主机需要到 SRI-NIC 上获得更新文件。当 ARPAnet 采用 TCP/IP 后，网络上的主机出现"爆炸式"增长，引发了下面的问题。

- 流量和负载问题：由分发 hosts.txt 文件引起的网络流量和处理器负载使得 SRI-NIC 的线路不堪重负。
- 名字冲突问题：hosts.txt 文件必须保持其中主机名字的唯一性，但是无法限制网络上的主机用了相同的名字，这就破坏了网络上的正常应用服务。
- 一致性问题：在不断扩张的网络上维持 hosts.txt 文件的一致性变得越来越困难。新的文件还没有到达 ARPAnet 的边缘，另一端又添加了新的主机或者主机更改了地址。

ARPAnet 的管理者开始研究新的系统，以取代现有的 hosts.txt 模式。1984 年，保罗·莫卡派乔斯（Paul Mockapetris）发布了 DNS 的管理规范。

2. 域名的概念

域名的命名结构又叫作域名的名字空间，是指定义了所有可能的名字的集合。域名系统的名字空间是层次结构的，类似 Windows 的文件名。它可看作一个树状结构，域名系统不区分树内节点和叶子节点，而统称为节点，不同节点可以使用相同的标记。所有节点的标记只能由三类字符组成：26 个英文字母（a～z）、10 个阿拉伯数字（0～9）和英文连词号（-），并且标记的长度不得超过 22 个字符。一个节点的域名是由从该节点到根的所有节点的标记连接组成的，中间以点分隔。最上层节点的域名称为顶级域名（Top-Level Domain，TLD），第二层节点的域名称为二级域名，以此类推。

根域由互联网网络信息中心（InterNIC）负责管理，用点"."表示，无名称，是域名系统中的最高级别域,标准域名结尾应包含根域".",但实际使用中该根域都是省略的,所以常见的网址末尾并没有"."。

顶级域名是域名最后一部分,可以将其分为两类:一类是国家和地区顶级域(ccTLD),它由两个字母组成,是 ISO 定义的国家和地区、主权国家或附属领土的缩写词;另一类是通用顶级域,包含两个以上字母,并且这些字母不是国家/地区代码的 TLD,例如.com、.org 或.net。

二级域,正式给组织和个人注册使用的唯一名称,如亚马逊、IBM、微软的官方网址中的字眼"amazon""ibm""microsoft"就是这些企业注册的二级域名。

二级域以下的子域,在二级域中的组织机构可以根据需要来进一步划分子域,如销售部门用 sale 子域名,业务部门用 business 子域名等。

3. 域名服务器

域名服务器构成了 DNS 中的分布式网络系统,其功能主要是为内外主机提供域名与 IP 地址的互相解析映射服务。域名服务器分为以下几种类型。

- 根服务器:是全球级别最高、最重要的域名服务器。全世界共有 13 个(IPv4 根服务器,编号为 a 到 m),其中 1 个主根服务器和 9 个辅根服务器在美国;欧洲有 2 个辅根服务器,位于英国和瑞典;亚洲有 1 个辅根服务器,位于日本。根域名服务器只记录其下级顶级域名服务器的域名及其 IP 地址,当低级域名服务器遇到无法解析的域名时,首先会向根域名服务器求助。
- 顶级域名服务器。其级别同顶级域,用于记录注册在该顶级域名服务器上的所有二级域名并提供 DNS 查询服务。
- 权限域名服务器:用于为一个区域的主机提供 DNS 查询服务。如果查询结果为空,则通知发起请求的 DNS 用户应到哪个权限域名服务器进一步查询。
- 本地域名服务器:在域名解析中扮演重要的角色。每个主机发出的 DNS 域名查询请求首先都会发送到本地域名服务器。本地域名服务器又叫作首选 DNS,就是我们计算机网络连接中的首选 DNS,可以设立在家庭、大学、公司等地方。

域名服务器分布在互联网的各子网中,每个域名服务器负责管理连接到本子网的所有主机,并为其提供服务,服务内容如下:客户机应用程序将目标主机域名发送给其所属子网的域名服务器,域名服务器给该客户机返回对应的目标主机 IP 地址;若本子网中的域名服务器无法查询到目标主机域名的 IP 地址,则根据 DNS 的标准 IP 地址解析流程提供进一步的查询服务(该过程的相关内容参见 3.1.3 节)。

3.1.2 域名与 DNS 协议

DNS 作为互联网的核心基础设施,其重要性不言而喻。它通过将人类可读的域名转换为计算机可识别的 IP 地址,极大地简化了用户访问互联网资源的流程。DNS 协议详细定义了这一转换过程中客户端和服务器之间的通信方式和规则,确保了域名解析的准确性和高效性。

1. DNS 协议报文格式

DNS 协议只有两种报文：查询报文和回答报文。这两种报文有着相同的格式，如图 3-1 所示。

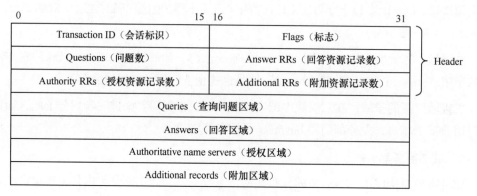

图 3-1 DNS 协议报文格式

DNS 报文的头部为 12 字节，主要分为以下几部分。

- 会话标识：由主机端设置，以唯一标识当前 DNS 报文。
- 标志：16 位的标志字段被划分为若干子字段。具体内容及其表示的内容如图 3-2 和表 3-1 所示。

图 3-2 标志字段

表 3-1 标志字段表示的主要内容

QR（1 位）	查询/响应标志，0 为查询，1 为响应
opcode（4 位）	0 表示标准查询，1 表示反向查询，2 表示服务器状态请求
AA（1 位）	表示授权回答
TC（1 位）	表示可截断的
RD（1 位）	表示期望递归
RA（1 位）	表示可用递归
rcode（4 位）	表示返回码，0 表示没有差错，3 表示名字差错，2 表示服务器错误（Server Failure）

- 随后的 4 个 16 位字段说明了最后 4 个变长字段所包含的条目数。4 个字段分别为 Questions（问题数）、Answer RRs（回答资源记录数）、Authority RRs（授权资源记录数）和 Additional（RRS 附加资源记录数）。RRs 即 Resource Records，资源记录数。这 4 个字段都是 2 字节，分别对应下面的问题、回答资源、授权资源和附加资源部分的数量。一般问题数都为 1，DNS 查询报文中，回答资源记录数、授权资源记录数和

附加资源记录数都为 0。

2．数据区域

（1）**问题区域**。其中包含正在进行的查询信息，例如查询名（被查询主机名字的名字字段）、查询类型（记录类型）、查询类。查询名部分长度不定，一般为要查询的域名（也会有查询 IP 地址的时候，即反向查询）。此部分由一个或者多个标示符序列组成，每个标示符以首字节数的计数值来说明该标示符长度，每个名字以 0 结束。计数字节数必须在 0 和 63 之间。该字段无须填充字节。

查询类型如表 3-2 所示。

表 3-2　查询类型

类型	助记符	说明
1	A	IPv4 地址
2	NS	名字服务器
5	CNAME	规范名称定义主机的正式名字的别名
6	SOA	开始授权标记一个区的开始
11	WKS	熟知服务定义主机提供的网络服务
12	PTR	指针把 IP 地址转化为域名
13	HINFO	主机信息给出主机使用的硬件和操作系统的表述
15	MX	邮件交换把邮件改变路由送到邮件服务器
28	AAAA	IPv6 地址
252	AXFR	传送整个区的请求
255	ANY	对所有记录的请求

（2）**回答区域、权威区域和附加区域**。回答区域包含最初请求名字的资源记录，一个回答报文的回答区域可以包含多条资源记录（因为一个主机名可以对应多个 IP 地址）。权威区域包含其他权威 DNS 服务器的记录。附加区域包含其他一些"有帮助"的记录，例如，对于一个 MX（邮件交换）请求的回答报文，回答区域包含一条资源记录（该记录提供邮件服务器的规范主机名），附加区域可以包含一条类型 A 记录（该记录提供了该邮件服务器的规范主机名的 IP 地址）。

每条资源记录是一个六元组，由域名、记录类型、类别、生存时间、资源数据长度和值构成。

资源记录（resource record）在 DNS 中用于存储特定域名的相关信息。它包括域名、记录类型、类别、生存时间和值构成等信息。资源记录的基本格式如下。

- 域名：资源记录对应的域名，用于标识要查询或操作的主机或服务。
- 记录类型（record type）：表示资源记录的类型，指定记录所包含信息的类型。常见的记录类型如下所示。
    ◇ A：将域名解析为 IPv4 地址。

◇ AAAA：将域名解析为 IPv6 地址。

◇ CNAME：将域名解析为另一个域名。

◇ MX：指定邮件服务器的优先级和域名。

◇ NS：指定域名服务器的域名。

◇ TXT：包含文本信息。

◇ SOA：表示起始授权机构，包含授权信息。

- 类别（class）：表示记录所属的类别，通常为 IN（Internet 类别），表示记录适用于 Internet 环境。
- 生存时间（Time to Live，TTL）：表示记录在缓存中的存活时间，以秒为单位。TTL 决定了记录在 DNS 缓存中的存储时间，过期后需要重新查询 DNS 服务器获取最新的记录。
- 资源数据长度（resource data length）：表示资源数据的长度，以字节为单位。这通常是一个 16 位的无符号整数（c2 字节），用于指示值构成字段的长度。
- 值构成（value composition）：不同类型的记录有不同的值构成。例如，A 记录的值是一个 IPv4 地址，MX 记录的值是一个邮件服务器地址和优先级等。值构成取决于记录类型，它包含记录所存储的具体信息。

举个例子，一条 A 记录的资源记录可能如下所示。

◇ 域名：example.com。

◇ 记录类型：A。

◇ 类别：IN。

◇ TTL：3600。

◇ 资源数据长度：4。

◇ 值构成：192.0.2.1。

这个资源记录表示将域名 example.com 解析为 IPv4 地址 192.0.2.1，TTL 为 3600s，适用于 Internet 环境。资源数据长度字段指示了值构成字段的长度，这里是 4 字节。

3．DNS 协议族

DNS 是一种开放协议，因此整个行业的协作努力确保其在各种系统上的实现不会限制互操作性。监督此类建议的标准机构是 IETF。

DNS 和域名核心标准协议有 18 篇征求意见稿（RFC），建议标准有 102 篇 RFC，整个协议族共 297 篇。

4. EPP

EPP 的英文全称为 Extensible Provisioning Protocol，是因特网域名的注册代理商与域名注册管理机构的域名注册协议，用于管理域名、联系人、主机等对象。EPP 是一个有状态的 XML 文本语言协议，可在多个层上传输，是大小写敏感的，命令必须满足原子原则，XML 解析器可以识别 UTF-8、UTF-16，但在 EPP 中推荐使用 UTF-8。

EPP 由 RFC 5730 规范，其中对协议内容进行了描述，包括协议识别、Greeting 格式、Command 格式、Response 格式、可扩展的框架、对象识别、协议命令、响应码及格式语法等。

3.1.3 DNS 技术架构

域名服务器按照用途主要分为权威解析服务器和递归解析服务器。

1. 权威解析服务器及权威解析服务

前文提到，域名服务器按照层级进行了划分，按架构层次分为根服务器、顶级域名服务器和二级域名服务器。这些域名服务器可归于权威解析服务器，配置着各级域名的权威区数据，采用三级授权，如根权威 DNS 配置着各顶级域的 NS 记录。将一个区交由一个权威解析会遇到一个问题，一旦唯一的解析服务出现故障，就会导致无法取得属于这个区的记录，所以权威解析服务一般采用主辅 DNS。为此，将权威解析服务器分为主域名服务器和辅域名服务器，主域名服务器负责维护一个区域所有域名信息，为特定域名的所有信息的权威来源，可以修改信息；当主域名服务器出现故障、关机或负载过重等情况，辅域名服务器作为备份服务器来提供域名解析服务，辅域名服务器是从另一台远程域名服务器下载的所有域名信息，域名信息不具有修改权限。上述两种域名服务器对外平等接收该区的查询，起到负载均衡和容灾备份的双重作用。

目前，少数国家通过管控 13 个根服务器和 IP 地址等关键资源，形成全球互联网单边治理格局。根服务器由少数机构集中管理，透明性不高，且大部分注册在美国并受美国法律管辖，存在影响特定顶级域的申请授权、停止特定顶级域全球解析、阻止对特定国家提供解析服务等风险。为解决根服务器少的问题，全球在加紧部署根镜像服务器。根镜像服务器通过传播技术在不同地区广播同一个 IP 地址，将单个根服务器备份并部署到全球多点（镜像），所有根镜像服务器之间数据是完全同步的，其地位和作用与根服务器相同。截至 2023 年 2 月 11 日，全球已经部署了 1195 个根镜像服务器。目前，我国已有 12 个根镜像服务器获得工信部的批复，已经完成武汉 L 根、广州 K 根、河南 L 根、青海 F 根的部署。根镜像服务器可有效提升域名的解析效率和安全性，但并没有解决不受控的问题。

2. 递归解析服务器及递归解析服务

如果每次访问任何一个网站，都要从根区开始查询一遍，那么这个系统将是不可用的。对此，又该如何提高 DNS 性能？

答案就是采用递归解析服务器。对于递归解析服务器，其并没有配置任何域名的权威区数据，缓存的数据均来自对权威 DNS 的查询，可减轻用户直接向根查询的压力，有助于解决多次查询问题，提供最近的解析服务器。递归解析服务器的主要功能；帮助用户做递归查询；缓存上次查询的结果，当相同的查询到来时直接返回；通过某种机制使得缓存过期，保证权威服务器更新的数据能被用户查询到。

递归解析服务器按功能分为缓存域名服务器和迭代域名服务器，这两者可以在同一个递归服务器上实现，现在运营商将其在物理上予以了分离。缓存域名服务器是当从远程域名服务器获得域名解析信息后，将其缓存到高速缓存中，当下次需要请求相同的域名解析时，直接从本地缓存中读取，缓存域名信息不具有权威性。迭代域名服务器用来请求不在本地域名服务器上的信息，当收到域名请求服务时，先在本地缓存中查取，如果查询不到，即依次向指定的域名服务器发出请求，直至查到所需信息并返回结果，否则返回无法映射的信息。

3. 域名解析过程

域名解析过程涉及本地域名服务器、权限域名服务器、顶级域名服务器以及根服务器。以用户访问今日头条网站为例，从用户输入网址到获取 IP 地址的大致过程如下。

（1）用户打开计算机，在浏览器地址栏中输入今日头条网址，随后由计算机将向本地 DNS 服务器发起域名解析请求。本地 DNS 服务器通常由互联网服务提供商（ISP）提供。

（2）本地 DNS 服务器接收到用户的 DNS 请求后，首先查询其自身缓存记录中是否存在与今日头条域名对应的 IP 地址，如果存在，则直接将该 IP 地址回传给用户计算机，否则将进一步向根服务器发起请求。

（3）由于根服务器只会记录其下级的 13 个顶级域名服务器，并不会直接记录域名与 IP 地址的映射关系，因此在接收到本地域名服务器的解析请求时，根服务器将告知本地服务器 "你所请求的域名由.com 顶级域名服务器管理，其 IP 地址为×××"。

（4）本地 DNS 服务器进一步向.com 顶级域名服务器发起域名解析请求，.com 域名服务器也不会记录域名与 IP 地址的映射关系，而是告知请求者去该域名所属的域服务器上查询，并给出其 IP 地址。

（5）本地 DNS 服务器继续向域服务器发起今日头条域名解析请求，便会得到今日头条域名对应的 IP 地址，这时本地 DNS 服务器不仅会向用户计算机返回 IP 地址，同时会在其自身缓存中增加今日头条域名与其 IP 地址的记录，从而加快其他计算机获取今日头条域名对应 IP 地址的解析速度。

域名解析过程涉及如下两种查询。

- 递归查询：本机向本地域名服务器发出一次查询请求，然后静待最终的结果，如果本地域名服务器无法解析，自己会以 DNS 客户机的身份向其他域名服务器查询，直至得到最终的 IP 地址并返给本机。

- 迭代查询：本地域名服务器向根服务器查询，而根服务器会告诉它下一步到哪里去查询，随后本地域名服务器会再去查询，每次它都以客户机的身份去各个服务器查询。

3.1.4 域名安全

域名安全是指确保域名在互联网上的安全和可靠性，防止域名被恶意篡改、劫持或滥用。域名安全涉及多个方面，包括域名注册、域名解析、域名管理和域名使用等。

1. 历年 DNS 导致断网事件

（1）**DNS 劫持**。2008 年 11 月 6 日晚，VeryCD 发布公告称其遭到劫持，部分北京网通（联通）用户访问会直接跳转到百度首页，同样遭遇上述情形的还有射手、btchina 等 P2P 资源分享网站。

（2）**519 断网事件**。2009 年 5 月 19 日 19 点左右，江苏、安徽、浙江、广西、海南、甘肃 6 省出现严重网络故障。很多用户在登录互联网时发现，新浪、搜狐、网易等各大门户网站均不能访问。同年 5 月 20 日，广东省也出现类似故障。

（3）**百度官方域名被劫持**。2010 年 1 月 12 日上午，中国最大的搜索引擎百度遭到黑客组织入侵，百度域名的 WHOIS 传输协议被更改，权威 DNS 服务器被更换至雅虎属下的两个域名服务器，百度域名被指向海外服务器，导致用户无法正常登录百度网站达 8 小时之久。这是自百度成立以来最严重的服务器故障事件，给百度造成的直接经济损失超过 700 万元人民币。

（4）**新浪 DNS 服务器出现域名无法解析故障**。2012 年 1 月 30 日，新浪网遭遇访问故障，出现部分地区无法访问新浪网的情况，对联通用户影响尤为严重。根据新浪官方声明，正是由 DNS 服务器出现域名无法解析故障所致。

（5）**某知名 CDN 服务商，DNS 故障致多家知名网站断线时间超 1 小时**。2013 年 1 月 27 日，某知名 CDN 服务商因 DNS 故障导致不少大客户断线时间超过 1 小时，包括 163、腾讯、凤凰网、百度、多玩、m1905 以及 12306 在内的多个网站在部分地区的访问受到影响。

（6）**CN 域名"遭攻击"致大面积瘫痪**。2013 年 8 月 25 日，.cn 域名解析节点受到拒绝服务攻击，受到影响的包括新浪微博客户端及一些 .cn 网站。根据 DNSPod 的监控显示，CN 的根域授权 DNS 全线故障，所有 CN 域名均无法解析。

（7）**COM 等域名"遭攻击"致大面积瘫痪**。2014 年 1 月 21 日，我国境内所有通用顶级域（.com、.net、.org 等）遭 DNS 劫持，所有域名均被指向一个位于美国的 IP 地址。根据网络上资料显示，该 IP 地址属于美国 Sophidea 公司所有。

这些都是历年来 DNS 遭受的攻击劫持，不管是国家层面还是企业等层面，DNS 都存在系统性风险。根服务器异常会导致无法为中国用户提供服务，国内顶级域、二级域被攻击、自然灾难等也会带来无法解析风险,在最严重情况下可导致全国域名无法访问,所以域名安全十分重要。

2. DNS 系统性风险应对措施

基于 DNS 系统性风险,我国也采取了一些防范措施。

- 部署假根、部署镜像根、根区副本、国内有根服务器的工业互联网解析根。
- 进行数据备份。对于服务器一般都要求主、辅服务器,对数据进行备份处理,当主服务器发生故障时,启用辅服务器。
- 提供应急权威服务,对于紧急情况提供紧急处理。

引入根镜像服务器,对我国具有重要意义。

- 有助于提高我国 DNS 解析性能。由于根镜像服务器部署在境内,在进行域名解析时,依据就近原则,直接向国内根镜像服务器进行查询,大大减少了第一跳的解析时延,同时降低了基础电信企业访问境外镜像节点的使用频率,缩减了解析时延。
- 根服务器都部署在国外,我国无法掌控互联网域名管理的主动权,引入根镜像服务器不但能够完善我国网络基础设施的建设,增强顶级节点作为基础设施的作用,而且能够掌握主动权,摆脱依赖境外根服务器的窘境。
- 部署根镜像服务器,可减少根服务器的查询流量,对其进行分流,增强 DNS 的抗击打能力,有效缓解互联网上对根服务器的分布式拒绝服务(DDoS)攻击,还可以提高紧急响应能力,降低国际链路的开销,为我国互联网的安全提供保障。
- 能够缩短网络递归 DNS 服务器与根之间的访问速度,改善互联网性能与提升用户体验。

随着数字经济的发展,我国正在大力部署根镜像服务器,让解析不出境是未来的趋势。

3.2 工业互联网标识解析概述

如果网络体系是工业互联网的基础,标识解析就是基础的基础。工业互联网标识赋予每个物理对象或虚拟资源唯一的"身份证",工业互联网标识解析让不同对象相互识别,以实现跨地区、跨行业、跨企业的信息共享与互通。工业互联网标识解析是工业互联网的重要组成部分,通过给每个对象(机器、产品、零部件等;算法、工艺等)赋予标识,借助标识解析系统,实现异构、异主、异地的信息查询、交互和共享。

工业互联网的核心是基于全面互联而形成数据驱动的智能,标识解析体系作为工业互联网的关键神经系统,是实现工业系统互联和工业数据传输交换的支撑基础。利用标识解析系统,企业可以构建人、机、物全面互联的基础设施,从而实现工业设计、研发、生产、销售、服务等产业要素的全面互联,提升协作效率,对促进工业数据的开放流动与聚合、推动工业资源的优化集成与自由调度、支撑工业集成创新应用具有重要意义。

3.3 工业互联网标识解析体系内容

工业互联网标识解析体系主要由标识编码、标识载体、标识解析系统和标识数据服务四部分组成,如图 3-3 所示。

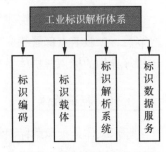

图 3-3 工业标识解析体系

3.3.1 标识编码

标识编码是能够唯一识别机器、产品等物理资源和算法、工序等虚拟资源的身份符号。工业互联网通过标识编码将万物互联,通过联网对象的协作交互实现全要素、全产业链、全价值链的互联互通,有效提高生产效率。随着工业互联网建设的不断深入,采用公有标识对各类资源进行标准化编码成为实现信息共享、推进工业智能化的基础。能够唯一识别不同联网对象的标识编码技术是实现工业互联网应用服务的前提。

目前,标识编码存在规则不统一、混乱零散等问题,且工业应用场景复杂多样,工业产品形态众多,给标识编码工作带来严峻挑战。国内外存在的多种标识体系,总体上可分为如下两类。

- 可跨行业广泛应用的 EPC、Handle、OID、Ecode 等公有标识,目前多用于流通环节的供应链管理、产品溯源等场景。
- 在行业内部或中小企业内部大量使用的自定义私有标识,例如电厂标识、汽车零部件标识等。

不同领域、不同行业对资源的编码存在差异,标识编码间的不兼容造成信息共享障碍,例如供应链的参与者、电商等主体难以对产品进行全程定位、识别、跟踪和管理。标识编码缺乏顶层设计,企业上下游供应商之间难以有效联动,行业监管与企业行为难以有效对接,地方政府对行业企业难以统一管理。

为支撑工业互联网战略的实施,有必要从国家层面构建统一、兼容的工业互联网标识编码体系。统一标识编码应遵循以下五大原则。

- 兼容性原则。既要兼容 Handle、OID、Ecode 等现有标识系统,也要支持未来可能出现的各类标识系统;既要兼容已经分配的标识,也要兼容统一规则后分配的标识。
- 语义原则。编码总体体现一定的语义特征(例如国家、地区、行业等含义表征),在行业企业的内部编码中,不明确规定是否包含语义特征。例如,若待标识对象达到海量级别,则最好采用连续标识,反之则可以使用带有语义的标识。
- 匹配性原则。通过分层分段设计,实现标识编码与国内工业互联网标识解析体系相匹配,由根管理机构负责分配和解析顶级标识,注册管理机构负责分配二级标识。
- 扩展性原则。标识编码体系需具备可扩展性,以满足标识量快速增长、标识体系不断扩展和增加字段等要求。

- 安全性原则。标识编码常采用循环冗余校验（CRC），引入签名和证书等安全机制，保证标识的完整和真实性。

通过遵循上述原则构建统一、完备的工业互联网标识编码体系，在我国境内的国家顶级节点、二级节点部署相应的解析系统；同时，通过在国家顶级节点与 Handle、Ecode、OID 等异构的标识解析体系相对接，实现全球化的带有不同标识编码万物互联效果。

3.3.2 标识载体

标识载体是指承载标识编码资源的标签或存储装置，是物理世界中可存储标识编码的实体。可以通过分别对工业设备、设备运营维护人员和设备所产生的数据打上标签，实现底层标识数据采集和信息系统间数据共享，并通过对数据进行全生命周期分析，挖掘数据价值，提供数据增值服务。

根据标识载体是否能够主动与标识数据读写设备、标识解析服务节点、标识数据应用平台等发生通信交互，标识载体可以分为被动标识载体和主动标识载体两类。

被动标识载体主要包括条形码标签、RFID 标签、NFC 标签等需要设备识读的标识载体。这一类标识载体的主要特点如下。

- 载体附在设备表面，信息易被窃取。
- 需借助读写器被动读取。
- 安全能力较弱，缺乏证书。
- 在网络中没有地址，难以被找到。
- 非实时联网。
- 适用于工业单品标识。

主动标识载体一般可以嵌入工业设备内部，承载工业互联网标识编码及其必要的安全证书、算法和密钥，具备联网通信功能，能够主动向标识解析服务节点或标识数据应用平台等发起连接，而无须借助标识读写设备来触发。主动标识载体主要包括 UICC、芯片、模组、设备终端等能够主动向解析节点、应用平台发起连接的标识载体。这一类标识载体的主要特点如下。

- 嵌入设备内部，信息不容易被盗取。
- 可自动读取。
- 安全能力强，具有安全区域存储证书、算法和密钥等。
- 在网络中有地址，容易被找到。
- 可以实时联网。
- 适用于高价值工业设备标识。

主动标识载体由于具备联网通信能力，能够主动向解析节点、应用平台发起连接，进而提升工业互联网数据融合能力，实现不同行业企业标识体系的互联互通，突破"信息孤岛"，具有巨大的应用空间。

3.3 工业互联网标识解析体系内容

1. 被动标识载体技术

在工业互联网中,被动标识载体技术是指将被动式标识标签集成到产品或物品上,以便在工业互联网环境中对它们进行追踪和管理,在需要时可以被读取并与相应的数据相关联。被动标识载体技术可以使用各种标识载体,如一维条形码、二维码、RFID、传感器网络和NFC等。

(1) **一维条形码**。一维条形码是一种较早期的被动标识技术。它是由一组规则排列的"条""空"以及对应的字符组成的标记,"条"指对光线反射率较低的部分,"空"指对光线反射率较高的部分,这些条和空组成的数据表达一定的信息,并能够用特定的设备识读,转换成与计算机兼容的二进制和十进制信息。通常对于每一种物品,它的编码是唯一的,对普通的一维条形码来说,还要通过数据库建立条形码与商品信息的对应关系,当条形码的数据传到计算机上时,由计算机上的应用程序对数据进行操作和处理。因此,普通的一维条形码在使用过程中仅作为识别信息,它的意义是通过在计算机系统的数据库中提取相应的信息而实现的。

一维条形码的数据量有限,通常只能存储数字符号,只能存储有限的信息,如产品代码和价格等,因此常用于商品的扫描和管理。一维条形码制作简单,编码码制较容易被不法分子获得并伪造。一维条形码几乎不可能表示汉字和图像信息。一维条形码的优点是成本低,易于制作和使用。然而,由于其数据量有限,无法满足复杂应用的需求。

(2) **二维码**。二维码是一种更为复杂的被动标识技术,它可以存储更多的数据,如文字、数字、图像等,并可以通过手机等设备进行读取。二维码是一种由黑白相间的方块组成的图形。通过扫描仪或手机扫描二维码,即可获取其代表的信息。二维码通常用于电子支付、物流追踪和广告宣传等方面。二维码的优点是数据量大,易于读取和处理,编码范围广,容错能力强,具有纠错功能。但其尺寸较大,制作成本较高。

(3) **RFID**。RFID是一种通过射频信号进行无线通信的技术,通过无线电信号实现物品的自动识别和实时跟踪,可以分为低频、高频、超高频和特高频等类型。RFID系统通常由两部分组成:标签和读写器,如图3-4所示。标签是存储信息的被动装置,读写器则负责读取标签的信息并与后台数据库进行交互。RFID可以实现对物品的非接触式跟踪,适用于需要快速识别大量物品的应用场景,如物流追踪、资产管理等。RFID的优点是可实时更新资料,存储信息量大,使用寿命长,工作效率高,设有密码保护,不易被伪造,安全性较高。其缺点是技术标准不统一,技术成熟度不够,并且使用成本较高,因此适用范围较窄。

(4) **传感器网络**。传感器是工业互联网的基础和核心,是自动化智能设备的关键部件,

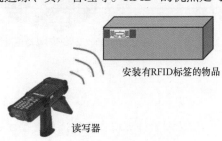

图3-4 RFID系统

工业互联网的蓬勃发展，将给传感器企业带来巨大的机会。

工业互联网可分成如下3个阶段。

- 工业互联网1.0：通过建设以IP技术为基础的网络连接体系，实现工厂IT网络与OT网络的连接，工厂外部企业与上下游、智能产品、用户的网络联通。
- 工业互联网2.0：通过工业标识数据采集技术，实现产品、设备、原材料、产业链等详细数据的上传和汇聚，为工业互联网平台和工业App打下基础。
- 工业互联网3.0：通过人工智能、边缘计算技术，实现物理世界与数字世界的智能无缝连接。

我国大部分工业企业尚处于工业互联网1.0或向其迈进的阶段，少部分领先性企业在探索实践工业互联网2.0，个别企业开始布局工业互联网3.0。工业互联网发展的不同阶段对传感器要求差别亦不同，传感器及传感系统产业企业同样需要准确定位，不仅要看到工业互联网发展给传感器产业发展带来的蓝海，更要挖掘有效市场，实现最终的产值和利润。

工业互联网一方面给传感器企业带来了机会，另一方面也对传感器提出了新的要求，主要体现为对灵敏度、稳定性、鲁棒性等方面的要求会更高。同时，工业互联网的普及使得传感器无处不在，对传感器提出轻量化、低功耗、低成本的要求，也对网络化、集成化、智能化的要求更高。此外，工业互联网传感器应用涉及的面更广，对传感器的数量及产业化的需求更大，国内传感器产业目前还存在企业规模小、创新能力不足的问题，完全满足工业互联网的需求还有不小差距。

传感器网络是由许多分布在空间上的自动装置组成的一种计算机网络，这些装置使用传感器协作性地监控不同位置的物理或环境状况（如温度、声音、振动、压力、运动或污染物），可实现局域网内多种信号的实时采集与检测，如图3-5所示。

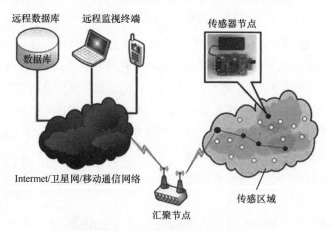

图3-5 传感器网络示意

传感器、计算机、无线通信及微机电等技术的发展和相互融合，促进了无线传感器网络（Wireless Sensor Network，WSN）技术的发展。无线传感器网络技术与当今主流无线网络技术使用同一个标准——802.15.14，它是一种新型的信息获取和处理技术，是继互联网之后将对人类社会的生产、生活方式产生重大影响的一项重要技术。无线传感网络综合使用了嵌入式计算技术、传感器技术、分布式信息处理技术以及通信技术，能够协作地实时监测、感知和采集网络分布区域内的不同监测对象的信息。

（5）NFC 是一种基于近场通信技术的被动标识技术，它可以实现短距离的无线数据传输，适用于对物品进行实时跟踪和交互，是由非接触式 RFID 及互联互通技术整合演变而来的，通过在单一芯片上集成感应式读卡器、感应式卡片和点对点通信的功能。

目前的近距离无线通信技术包括 RFID、蓝牙、红外线技术等，NFC 是一种短距离的高频无线通信技术，电子设备之间允许进行非接触式点对点数据传输。NFC 标签通常嵌在物品中，通过 NFC 读写器或手机等设备进行读取。NFC 通常应用于支付、门禁管理和智能家居等领域。NFC 的优点包括安全性高、传输速度快、互动性强等。NFC 传输的数据可以进行加密，防止被非法获取和篡改，因此适用于支付和身份认证等敏感场景。NFC 的传输速度通常比蓝牙传输更快，且可以在短距离内进行实时交互，这使得 NFC 技术在智能家居、物流追踪等领域有着广泛的应用前景。此外，NFC 技术支持读写器和标签之间的互动，可以实现双向通信和交互，有利于提高用户体验和数据采集的效率。

NFC 和 RFID 的不同如下所示。

- 工作模式不同。NFC 将点对点通信功能、读写器功能和非接触卡功能集成到一颗芯片中，而 RFID 则由阅读器和标签两部分组成。NFC 既可以读取也可以写入，而 RFID 只能实现信息的读取以及判定。
- 传输距离不同。NFC 的传输距离比 RFID 小得多，只有 10cm 左右，而 RFID 的传输距离可以达到几米甚至几十米。NFC 是一种近距离的私密通信方式，相对于 RFID 来说，NFC 具有距离近、带宽高、能耗低、安全性高等特点。
- 应用领域不同。NFC 更多应用于消费类电子领域，在门禁、公交、手机支付等领域发挥着巨大的作用；RFID 则更擅长于相对较远距离识别，更多应用在生产、物流、跟踪、资产管理上。

2. 主动标识载体技术

在工业互联网中，主动标识载体技术是指通过内置芯片和相关设备，主动地向互联网传输数据和信息的技术。这些技术可以实现对物品、设备、生产线等信息的实时感知和监测，有利于提高工业生产的效率、安全性和智能化程度。下面我们将详细介绍 UICC、芯片技术、模组技术和设备终端这几种工业互联网主动标识载体技术。

（1）**UICC**。UICC 是一种集成电路卡，具有多种功能，如存储、身份验证、加密等，并能与通信网络进行交互。UICC 既可以应用于智能手机、物联网等领域，也可以用于工业互联网中的设备智能化和互联化。

UICC 主要由芯片、封装和接口组成。芯片是 UICC 的核心部分，包括存储器、处理器、安全模块等，可以实现各种功能。封装是指将芯片封装在塑料卡片中，以便携带和使用。接口是连接 UICC 和设备的接口，通常采用用户识别模块（SIM）卡插槽、通用串行总线（USB）接口等形式。

在工业互联网中，UICC 可以用于设备身份验证、数据加密、数据存储等方面。使用 UICC，可以确保设备的身份安全、数据的机密性和完整性。此外，UICC 还可以用于设备间的通信和协调，促进工业设备的互联化和智能化。

（2）**芯片**。芯片技术可以实现对电子元器件、电路、系统等的集成和微型化。在工业互联网领域，芯片技术主要应用于工业设备的智能化和远程控制。通过将芯片嵌入工业设备，可以实现设备的智能化、数据采集和远程控制。此外，芯片技术还可以实现设备间的通信和协调，促进工业设备的互联化和智能化。未来，芯片技术将继续发展和创新，为工业互联网的智能制造和智能物流等领域提供更多的技术支持和应用方案。

（3）**模组**。模组是由多个电子元器件、电路和系统集成在一起，形成的一个完整的模块化设备。在工业互联网领域，模组主要用于工业设备的远程控制和数据采集。通过将模块化设备嵌入工业设备，可以实现设备的远程控制、数据采集和传输。此外，模组还可以实现设备间的通信和协调，促进工业设备的互联化和智能化。

按照功能的不同，模组分为通信模组和定位模组。通信模组是工业互联网设备实现网络信息传输的重要部件，可以分为非蜂窝模组和蜂窝模组。常见的非蜂窝模组包括 Wi-Fi、蓝牙、ZigBee，以及第三方厂商的 LoRa、SigFox、ZETA 等；常见的蜂窝模组包括 2/3/4/5G、NB-IoT 和基于 LTE 技术的 Cat1、eMTC 等。通信模组设备以主芯片和射频为主，可以实现最基础的数据传输功能。通信模组设备还可以整合天线、多点控制器（MCU）、传感器、全球导航卫星系统（GNSS）定位芯片、SIM/USIM 等单元，可满足用户多元化的需求，实现通信模组设备在细分领域的应用。定位模组是以卫星定位为主的通信模块，负责卫星信号采集和数据传输。

5G 模组是承载终端接入网络的关键部件。5G 工业互联网模组的诞生，将加速工业互联网的普及，有助于推动制造业的高质量发展。

（4）**设备终端**。设备终端是由集成电路、传感器、通信模块等集成在一起，形成一个完整的工业设备终端。设备终端是工业互联网的重要组成部分，可以实现设备的实时监测、远程控制和数据传输，还可以实现设备间的通信和协调，促进工业设备的互联化和智能化。

设备终端标识是将工业互联网标识赋予设备终端，作为其唯一数字身份，通过终端自身的通信能力，自动向标识解析体系发起标识解析请求，完成终端寻址、身份验证、指令下发、数据上报等操作，实现同一主体和多个主体终端数据访问及数据共享，是推动工业互联网标识解析体系发展的重要基础和保障。基于设备终端标识开放连接、跨行业数据采集共享、终端安全监管访问等能力，其应用模式持续增加，例如基于设备终端标识的设备资产管理、仪表远程校准与核验、设备运行监测、危险品监管、设备远程运维、数据双向安全监控等。图 3-6 展示了设备终端标识的工作原理。

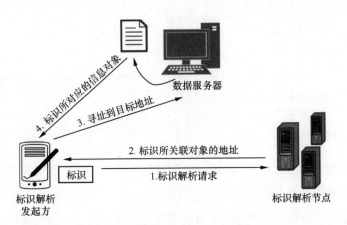

图 3-6 设备终端标识的工作原理

3.3.3 标识解析系统

随着万物互联和新一轮信息技术革命的爆发及"互联网+"国家战略的深入推进,互联网和各领域的加速融合已是大势所趋,各行各业对网络基础设施及技术的要求也日益提高。标识解析系统的推出,为各行业提供标识和域名、地址管理及解析等服务。

标识解析系统利用标识对机器和物品进行唯一性定位和信息查询,是实现全球供应链系统和企业生产系统的精准对接、产品的全生命周期管理和智能化服务的前提和基础。图 3-7 展示了标识解析系统与骨干网络的关系。

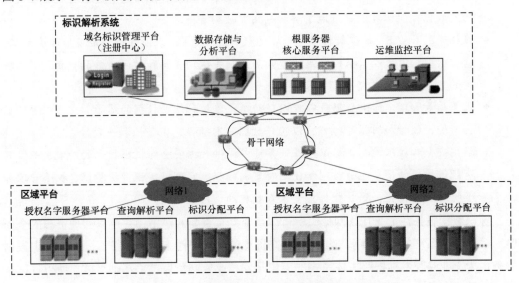

图 3-7 标识解析系统与骨干网络的关系

通过标识解析系统,相关企业和部门可以提供安全可靠的一系列互联网服务,如下所示。

- 自主可控的互联网基础设施服务。提供安全可控的互联网域名安全解析服务。
- 行业命名、地址管理、溯源服务。适应不同行业需求,对生产设备等提供定制化的命名标识及解析服务,实现端到端的地址管理及全生命周期溯源。

- 网络加速和稳定性提升服务。利用广泛部署的根集群节点，向行业用户提供网络加速和稳定性提升服务。
- 为大数据分析提供支撑服务。基于设备终端和用户的网络行为进行数据挖掘，为大数据分析提供数据来源及支撑。

3.3.4 标识数据服务

借助标识编码资源和标识解析系统，可开展标识数据服务，实现跨企业、跨行业、跨地区、跨国家的数据共享共用。

标识数据服务通过标识解析体系，在标识符与实际资源之间建立映射关系，并提供相应的数据查询和服务。这些服务可以包括根据标识符获取资源的基本信息、状态信息、历史数据、传感器数据等。通过标识数据服务，用户可以方便地通过标识符来访问和管理工业互联网中的各种资源。标识数据服务的主要目标是识别和描述数据的特征、属性和内容，以便更好地理解和使用数据。这种服务通常包括以下功能。

- 数据标准化和分类。标识数据服务可以对数据进行标准化处理，确保数据符合特定的标准和规范。同时，它还可以对数据进行分类，将其归类到预定义的类别或标签中，以方便后续的管理和检索。
- 数据元数据管理。标识数据服务可以管理数据的元数据，即描述数据的数据。元数据包括数据的来源、结构、格式、质量以及其他相关属性信息。通过有效管理数据的元数据，组织可以更好地了解和利用其数据资源。
- 数据索引和检索。标识数据服务可以为数据建立索引，以便快速和准确地检索数据。通过索引，用户可以根据特定的搜索条件或关键词查找和访问所需的数据，提高数据的可用性和可发现性。
- 数据质量管理。标识数据服务可以帮助组织监控和维护数据的质量。它可以进行数据清洗、校验和纠错等操作，以确保数据的准确性、完整性和一致性。
- 数据安全和权限控制。标识数据服务可以提供数据安全和权限控制的功能，确保只有经过授权的用户能够访问和使用特定的数据。它可以实施身份验证、权限管理和数据加密等措施，保护数据免受未经授权的访问或滥用。

标识数据服务在工业互联网标识解析体系中具有重要的作用，它可以实现资源的全局唯一标识和跨系统的数据共享与集成，提高资源的可管理性和可追溯性。同时，标识数据服务也为工业互联网标识解析体系中的应用开发和业务创新提供了基础支撑，使得各种系统和应用可以通过标识来进行交互和集成。

3.3.5 工业互联网标识解析工作流程

工业互联网标识解析工作流程主要涉及三方面内容：标识读写、标识解析和信息获取。这三方面内容涉及工业互联网标识解析体系的四大部分，通过工业互联网标识解析体系，完成标识解析工作。图 3-8 所示为工业互联网标识解析工作流程示意。

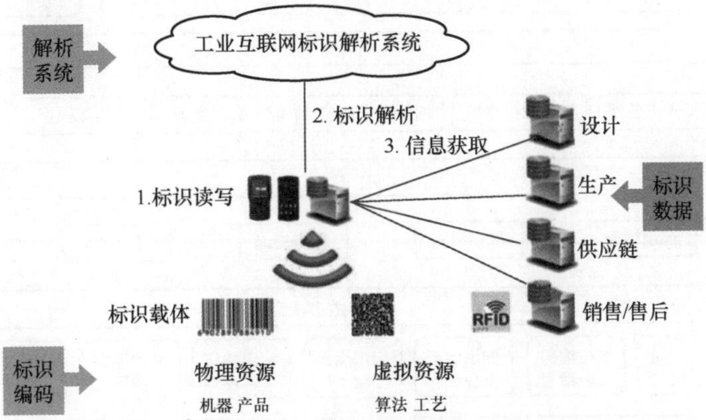

图 3-8　工业互联网标识解析工作流程示意

通过标识编码，能够唯一识别机器、产品等物理资源和数据、算法等虚拟资源的身份。不同的编码制度下有不同的编码规则，因此标识编码能够唯一识别对象。标识编码往往通过标识载体的形式呈现，形成标识码，如条形码、二维码及 RFID 标签等。标识读写就是通过标识读写设备扫描读取标识码内容，不同标识码采用不同的标识设备进行读取。

将采集到的标识信息上传至解析系统，通过解析系统，根据标识编码查询目标对象网络位置或相关信息的系统装置，对机器和产品进行唯一性定位和信息查询。最后，通过标识数据，借助标识编码资源和标识解析系统开展工业标识数据管理和产业链价值链数据流通，提供数据增值服务。

3.4　工业互联网标识解析体系功能视图与整体架构

工业互联网标识解析体系主要用于管理和解析工业互联网设备和资源标识。本节主要介绍其功能视图与整体架构。

3.4.1　功能视图

工业互联网标识解析体系是工业互联网网络架构的重要组成部分，是维护全球工业互联网稳定运行的重要基础设施和服务，其作用类似于互联网领域的 DNS。从功能视图的角度来看，工业互联网标识解析相对互联网域名系统而言，对象范围不同、对象粒度细化、解析功能更丰富。工业互联网标识解析体系的功能视图自下而上分别为标识编码层、标识解析层、标识数据层和标识应用层，如图 3-9 所示。

1. 标识编码层

标识编码层旨在定义工业制造中各类对象进行数字化标识的技术手段和相关管理规范，为每个对象赋予唯一的身份标识，包括命名空间规划、标识编码申请、标识编码分配、标识编码赋予、标识载体管理、标识编码读写、读写设备管理和标识编码回收。

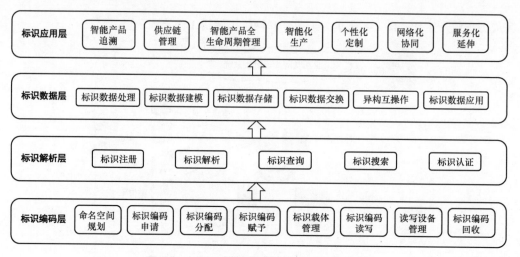

图 3-9　工业互联网标识解析体系功能视图

- 命名空间规划：指标识编码管理者针对标识编码资源制定全面、长远的发展计划，是对标识编码命名空间整体性、长期性、基本性问题进行思考和考量而设计的整套行动方案。
- 标识编码申请：是指标识使用者向标识管理者申请唯一身份标识。
- 标识编码分配：是指标识编码管理者根据标识编码规则向标识编码申请者分配标识编码。
- 标识编码赋予：是指利用可赋码标识设备对能载带标识的介质进行赋码。
- 标识载体管理：是指应用科学的手段对能载带标识的介质进行管理。
- 标识编码读写：是指利用标识读写设备对标识或者可写入标识的对象进行信息读取或者信息写入。
- 读写设备管理：是指应用科学的手段对可以读写标识编码的设备进行管理。
- 标识编码回收：是指从已分配的标识编码中分离出过期或者失效的标识编码，使其成为可以再次分配的标识编码。

2．标识解析层

标识解析层旨在定义根据标识编码查询对象网络位置或者相关信息的服务，实现标识对象精准、安全的寻址、定位以及查询，包括标识注册、标识解析、标识查询、标识搜索和标识认证。

- 标识注册：是指申请标识编码，并将标识与产品信息（或存储产品信息的位置）关联记录存储在特定地点。
- 标识解析：是指通过产品标识查询存储产品信息的服务器地址，或者直接查询产品信息以及相关服务。
- 标识查询：是指通过标识检索相应产品的历史信息和状态信息及相关服务。
- 标识搜索：是指通过产品标识查询多个不同来源的产品信息。
- 标识认证：是指通过安装条形码、二维码、RFID 标签等外部身份标识，或在其芯片、操作系统内嵌入 SIM 卡等内部身份标识，通过产品制造商、产品拥有者、产品本身的三方身份标识关联，实现对智能产品的有效认证。

3．标识数据层

标识数据层旨在定义标识数据的识读、处理以及和单元（组织、企业、工厂）内部与单元之间的信息传递及交互机制，包括标识数据处理、标识数据建模、标识数据存储、标识数据交换、异构互操作和标识数据应用。

- 标识数据处理：是指基于标识解析层提供的各种标识识读方式，对获取的标识数据进行组织和加工，以达到标识建模、交换和应用的目的。
- 标识数据建模：是指对标识数据的存储方式、表现方式、传输手段、转换手段进行系统分析后抽象出概念模型，并将概念模型转化为物理模型。
- 标识数据存储：是指在存储介质中记录标识信息。
- 标识数据交换：是指将在源模式下构建的标识数据转换为在目标模式下可应用的标识数据的过程，以便源标识数据能够在目标模式下准确表示和应用。
- 异构互操作：是指在工业互联网中对 GS1、Handle、OID、Ecode 及其他具有不同数据定义、数据结构、交互协议的标识体系进行跨系统互操作，包括交互协议、数据互认等。
- 标识数据应用：是指使用标识的具体场景。

4．标识应用层

标识应用层旨在定义标识服务的具体应用场景，包括智能产品追溯、供应链管理、智能产品全生命周期管理、智能化生产、个性化定制、网络化协同和服务化延伸。这里仅简要介绍其中 3 种应用场景。

（1）**智能产品追溯**。智能产品追溯是指利用标识解析手段对产品的生产、流通和消费等环节进行全程跟踪和记录，以实现对产品的追溯。其目的是保障产品质量和安全，提高消费者对产品的信任度，同时帮助企业管理和监控产品生命周期的各个环节。

对生产环节进行追溯，标识记录产品的生产过程、原材料来源、生产批次等信息，通过标识解析追踪产品的制造商、生产地点、生产时间等相关信息，以及生产过程中的质量控制和合规性检查等。对流通环节进行追溯，通过标识对产品的流通环节进行跟踪记录，包括产品的运输、仓储、配送等环节，追踪产品的运输路径、物流信息、销售渠道等。对销售环节进行追溯，通过标识记录产品的销售信息，包括销售渠道、销售时间、销售地点等，追溯产品的销售过程和销售情况。对消费环节进行追溯，通过标识记录产品的消费者信息和使用情况，追踪产品的使用情况、投诉反馈等，帮助企业了解产品在市场中的表现和用户满意度等。

（2）**供应链管理**。供应链管理是指对产品从原材料采购到最终消费者之间的整个供应链网络进行计划、协调和控制，涉及从供应商到制造商、分销商、零售商以及最终客户的物流、生产、库存和信息流等各个环节。供应链管理的目标是实现高效、可靠、灵活和成本有效的供应链运作，以满足客户需求并提升企业竞争力。

通过标识及其相关技术，企业可以实现供应链管理。具体来说，利用条形码和二维码技术，通过在产品上附加独特的条码或二维码，在供应链的各个环节扫描和记录产品信息，例如生产日期、批次号、物料来源等。RFID 利用无线电信号实现对产品的自动识别和跟踪。通过在产品或包装中嵌入 RFID 标签，实现对产品在供应链中的实时监控和追踪。RFID 能够提供更高的自动化程度和数据采集效率。NFC 可以让两个设备在非接触的情况下进行短距离通信。通过在产品或包装中嵌入 NFC 芯片，实现对产品的身份验证、溯源和信息传递。NFC 通常用于高价值产品的防伪和追溯。通过在区块链上记录产品的生产、流通和交易信息，实现对产品全程的可信追溯。区块链技术可以提高供应链的透明度、安全性和可信度。

（3）**智能产品全生命周期管理**。智能产品全生命周期管理是指利用智能技术和信息化手段，对产品从设计、生产、物流到使用、回收处理等各个环节进行全面管理和追踪，以实现产品全生命周期的优化和可持续发展。

智能产品全生命周期管理的好处包括提高产品质量和安全性、降低成本和风险、增强客户满意度、实现可持续发展等。通过全生命周期管理，企业可以更好地把握产品的各个环节，优化资源利用，提升竞争力，进而实现可持续发展。

3.4.2　整体架构

工业互联网标识解析体系的整体架构采用分层、分级模式构建，面向各行业、各类工业企业提供标识解析公共服务，如图 3-10 所示。我国工业互联网标识解析体系由根节点、国家顶级节点、二级节点、企业节点、公共递归节点等要素组成。

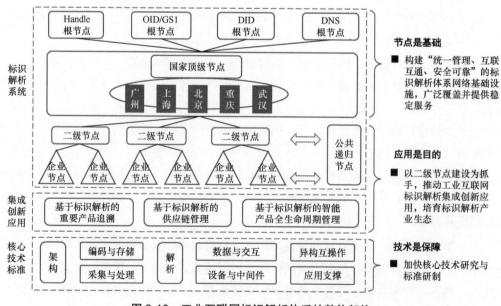

图 3-10　工业互联网标识解析体系的整体架构

1．根节点

根节点是标识管理体系中最高等级的国际性标识服务节点，提供面向全球范围或者若干国家/地区的、公共的、根级别的标识服务。根节点是标识解析体系的顶层节点，也因此被称为顶级节点。工业互联网标识解析体系的根节点与互联网的根节点相似，是标识解析体系的核心组件之一。根节点负责管理和分发域名解析请求，确保工业互联网的域名解析过程能够正常进行。

工业互联网标识解析体系的根节点起到与互联网的根节点类似的功能。它们存储和管理顶级域名服务器的信息，并提供域名解析的起始点。根节点负责向下级节点分发域名解析请求，并维护整个解析体系的稳定性和可靠性。

为了提供全球范围内的域名解析服务，工业互联网标识解析体系的根节点通常分布在不同地理位置。这样做的目的是降低网络延迟并增强系统的韧性。根节点的全球分布可以确保即使某个节点发生故障或不可用，仍有其他节点可以接管解析请求。

工业互联网标识解析体系的根节点被设计为高可靠性和冗余的架构。在全球多个位置部署根节点，这样可以提供冗余备份，确保即使部分节点不可用整个系统仍能正常工作。根节点的维护和更新是保证工业互联网标识解析体系正常运行的重要前提。管理者负责监控和维护根节点的运行状态，同时及时更新域名服务器的信息，以适应域名系统的发展和变化。

根节点在工业互联网标识解析体系中扮演着至关重要的角色。它为整个标识解析过程提供了起点和指引，帮助解析请求到达正确的顶级节点服务器，并维护解析体系的信任和安全性。根节点的稳定运行和高可靠性对于工业互联网的正常运作至关重要。

2．国家顶级节点

国家顶级节点是一个国家或地区内部顶级的标识服务节点，能够面向全国/全地区范围提供标识注册分配、标识解析、审核认证及数据托管等服务，并为行业节点和企业节点提供查询指引。国家顶级节点向上与支持各类标识体系的国际根节点保持连通，向下与国内/地区内各行业（或企业）二级节点保持连通。

在工业互联网标识解析体系中，国家顶级节点是我国工业互联网重要的基础服务设施，也是标识解析体系的核心枢纽。2022年11月，我国正式建成5+2国家顶级节点架构，即武汉、广州、重庆、上海、北京五大顶级节点，以及南京、成都两个备灾节点。我国前期建设国家顶级节点应遵循的基本原则如下。

- 覆盖全国绝大部分地区：东部（上海）、西部（重庆）、南部（广州）、北部（北京）、中部（武汉）。
- 覆盖全国重要的经济带：京津冀经济圈、珠江三角洲经济带、长江三角洲经济带，以及国家中部及西部。

国家顶级节点主要用于为工业互联网标识解析体系提供顶层解析服务，将实体经济与数字经济相融合，促进我国工业互联网发展。此外，国家顶级节点部署在我国完全自主可控，可根据实际情况和需求进行调整，且其建设内容相对统一集中。我国国家顶级节点的建设遵循以下两个基本原则。

- 国家顶级节点的建设向工业发达且业务需求多的省市倾斜。
- 国家顶级节点的建设向网络保障能力强的网络运营单位倾斜。

国家顶级节点在整个工业互联网标识解析体系中起着重要的功能。以下是顶级节点的一些常见功能。

- 标识分配和管理：顶级节点负责分配和管理工业互联网中的顶级标识符。它负责确保每个标识符在全球范围内的唯一性，并对标识的分配和回收进行管理。顶级节点可以根据需求为不同的行业、领域或组织分配专门的顶级标识符，实现更精细的标识管理。
- 标识解析和转发：顶级节点承担着标识解析和转发的功能。当用户或系统通过标识访问某个资源时，顶级节点负责解析标识并将请求转发到相应的节点或系统。它通过维护一张全局的标识解析表或路由表，将标识与对应的资源或服务进行映射，从而实现标识的解析和转发功能。
- 安全与权限管理：顶级节点对标识解析体系中的安全与权限管理起着重要的作用。它可以对标识的访问进行权限验证和控制，确保只有经过授权的用户或系统才能使用特定的标识访问相应的资源。顶级节点还可以提供身份认证和访问控制等安全机制，以保证工业互联网中的资源和数据的安全。
- 标识数据服务：顶级节点可以提供标识数据服务，为用户或系统提供标识相关的数据查询和服务。通过顶级节点，用户可以获取与标识相关的信息，如资源的属性、状态、历史数据等。顶级节点可以提供标准化的接口和协议，以便用户方便地获取和利用标识数据。

顶级节点在工业互联网标识解析体系中扮演着重要角色。它是整个标识解析体系的核心组成部分，为工业互联网的资源管理、数据交换和应用集成提供了基础支撑。

3. 二级节点

二级节点是面向特定行业平台、通用性平台或大型企业平台提供标识服务的公共节点，可以根据行业具体需求定义灵活的行业性标识数据格式。二级节点向上连接国家顶级节点，向下为工业企业分配标识资源，提供标识注册、解析、公共查询等数据服务，同时满足稳定性、安全性和可扩展性等多方面的要求。二级节点是推动工业互联网标识产业规模化发展和应用的重要抓手，对于树立有价值的行业标识应用标杆、开创可持续发展的业务模式至关重要。

工业互联网标识解析体系是实现工业数字化转型的关键支撑，二级节点在其中发挥着重要的使能作用。

- 为丰富数据要素资源供给提供新手段。二级节点将推动标识使用扩展标识对象，通过为工业各要素赋予全球唯一标识，并写入二维码、RFID 标签、智能终端等各种载体，借助自动识读技术，可以极大扩展网络服务主体范围、提升数据采集效率，最大限度地挖掘数据潜在价值。
- 为提升数据流动和信息共享提供新基础。目前绝大多数企业使用私有标识，无法为外部企业所识读和应用，导致信息获取效率降低，造成信息传递壁垒。二级节点采用公共标识，通过与国家顶级节点对接，可实现全球范围信息定位查询，加速信息流转速度。
- 为拓展工业互联网应用价值开辟新蓝海。二级节点提供标识应用支撑和服务，以便企业、政府等可以基于对标识对象信息的分析、关联、挖掘，实现各种智慧化应用，包括关键产品的全生命周期管理、产品追溯等，同时助力政府和行业的监管。

对于二级节点的功能体系，即二级节点提供标识服务的基础系统功能，主要包括标识注册、标识解析、标识查询、业务管理、数据管理和运行监测。

- 标识注册：包括工业互联网标识编码申请与分配、使用情况反馈、生命周期管理、标识有效性管理、标识分配使用情况信息收集以及标识关联信息采集等功能。此外，标识注册还提供标识注册变更、删除、实名审核、数据查询、运营统计等服务功能。二级节点应向标识注册管理机构提交注册申请，获取二级节点标识前缀，同时应与国家顶级节点运行机构同步标识注册数据。企业节点应向二级节点提交注册，获取企业节点标识前缀，二级节点应将企业节点注册信息按要求同步至国家顶级节点。
- 标识解析：主要为标识体系分配的标识提供公共解析服务。由二级节点分配的标识编码，二级节点负责对其唯一性定位和标识基础应用信息查询服务进行响应。二级节点存储有企业节点的解析记录数据，可根据标识记录数据解析定位企业节点、企业信息系统。二级节点标识解析应支持接入认证，保证解析过程安全可信。
- 标识查询：查询已注册的标识信息，如对注册的企业节点信息进行查询。二级节点支持标识查询，包括精准查询和模糊查询。标识查询支持权限控制管理，根据不同角色用户设置标识数据查询权限。
- 业务管理：主要是指工业互联网标识注册、标识解析相关的用户管理、审核、计费、统计等功能。其中，用户管理包括对平台管理员、企业用户、审核员等的管理；审核主要包括企业节点相关法人资质核验、自然人身份核验、企业节点或自然人网络接入资源（如 IP 地址、域名）合规核验和标识名称合规核验，二级节点根据国家有关要求推进构建主动标识核验能力；计费主要用于对标识注册、解析过程中产生的费用进行记录和结算；统计包含企业节点统计量、标识注册量、标识解析量等信息统计及信息展示等功能。
- 数据管理：指二级节点对标识注册信息、标识分配信息、标识解析日志、标识注册或解析统计量等数据进行管理的功能。此外，二级节点的标识数据管理还包括围绕业务实现的标识元数据、标识主数据、标识应用数据、统计分析、数据挖掘以及数据同步等功能。
- 运行监测：指对节点运行状态的监测，主要包括两方面，一是二级节点接受国家顶级节点的监测，同时将运行监测状态、安全状态、异常情况等信息上报国家顶级节点；二是二级节点应监测其下所有企业节点的运行状况，并要求所有企业节点接受国家顶级节点监测。同时，二级节点应要求其下所有企业节点上报运行监测状态和安全状态、异常情况等信息，并将收到的企业节点运行信息上报国家顶级节点。

二级节点是标识解析体系的关键组成部分，为工业互联网的资源管理、数据交换和应用集成提供了具体的支持。

4. 企业节点

企业节点是面向工业企业内部的标识服务节点，可以面向特定企业提供标识内部注册、分配和标识解析服务，可以独立部署，也可以作为企业信息系统的一部分。企业可以根据自身规模灵活定义内部标识解析系统组网形式以及内部标识数据格式。企业节点的标识编码与标识解析服务不限定技术方案，可与国家顶级节点实现不同标识解析体系之间的互联互通。

企业节点属于企业信息系统，不仅要与二级节点对接，还要与企业内部系统对接，同时需要遵循企业相关规定以及二级节点的编码规范、技术标准、管理规范、运营规范等管理体系要求。由于企业规模、大小不同，企业可以根据自身需求在标识注册、解析等功能基础上，选用合适的管理方式和应用服务。

企业节点与工业软件和工业设备交互，实现标识注册、标识解析、业务管理、数据管理、运行监测等功能。企业节点可以根据自身需要建设业务管理功能。企业节点的管理体系、应用体系和安全保障体系可以根据企业的实际需求构建。企业节点需要与二级节点和公共递归节点对接，并满足相应的接口规范等要求。

- 标识注册。企业节点的标识注册是指将产品、设备等各类对象的信息与标识编码进行关联，并将其存储在相应的服务器中。同时对注册的标识进行管理，包括标识的注册、变更、删除、数据查询、运营统计等。
- 标识解析。企业节点的标识解析是指解析出存储标识关联信息系统网络地址等。企业节点通常需要与工业软件对接，以根据需要提供标识注册、标识解析等。通过企业节点提供的标识解析，可最终查询到标识所关联的地址或信息，实现数据交互。
- 业务管理。企业节点根据自身需要可以建设业务管理功能，可由企业节点根据自身业务扩展，或在企业信息系统中实现。
- 数据管理。数据管理是指企业节点对标识注册信息、标识解析日志、解析统计量等数据进行管理，同时围绕业务开展企业节点数据管理，以及支持标识元数据管理、标识主数据上报等功能。
- 运行监测。运行监测是对节点运行状态的监测，是指企业节点接受国家顶级节点和二级节点的监测，同时需将解析运行日志、运行状态、安全状态、异常情况等信息上报二级节点。

企业节点面向特定企业提供标识注册解析、标识数据服务等功能，是标识解析体系的重要组成部分，为工业互联网的资源管理、数据交换和应用集成提供了基础支撑。

5. 公共递归节点

公共递归节点是标识解析体系的关键入口设施，可代替用户进行复杂的迭代查询。利用缓存技术，公共递归节点也可以将查询结果直接返回给用户，提升整体解析服务性能。当收到客户端的标识解析请求时，公共递归节点首先会在本地缓存进行查询，若没有命中查询结果，则会查询标识解析服务器，按照其返回的应答查询路径进行查询，直至查询到标识对应的地址和关联信息，将其返回给用户，并对查询响应结果进行缓存。

3.5 工业互联网标识解析相关标准

工业互联网标识解析相关标准主要有编码与存储标准、标识数据采集标准、解析标准、数据交互标准、设备与中间件标准、异构标识互操作标准等。

- 编码与存储标准：主要规范工业互联网的编码方案，包括编码规则、注册操作规程、节点管理等标准，以及标识编码在条码、二维码、RFID 标签存储方式等。
- 标识数据采集标准：主要规范工业互联网标识数据的采集方法，包括各类涉及标识数据采集实体间的通信协议以及接口要求等。
- 解析标准：主要规范工业互联网标识解析的分层模型、实现流程、解析查询数据报文格式、响应数据报文格式和通信协议等。
- 数据交互标准：主要规范设备对标识数据的过滤、去重等处理方法以及标识服务所涉及的标识间映射记录数据格式和产品信息元数据格式等。
- 设备与中间件标准：主要规范工业互联网标识解析服务设备所涉及的功能、接口、协议、同步等。
- 异构标识互操作标准：主要规范不同工业互联网标识解析服务之间的互操作，包括实现方式、交互协议、数据互认等。

3.6 工业互联网标识解析十大趋势

工业互联网是第四次工业革命的重要基石，是数字经济与实体经济深度融合的关键底座，是新型工业化的战略性基础设施。工业互联网标识解析体系有助于促进产业链上下游数据互通、信息共享，已成为工业互联网的重要纽带和神经系统，为提升产业链/供应链韧性和安全水平提供新的路径。

预测工业互联网标识解析领域即将发生的变革对产业发展具有指导性意义。在 2023 年工业互联网标识大会（江苏）上，工业互联网产业联盟标识工作组主席、中国信息通信研究院工业互联网与物联网研究所副总工程师刘阳宣读了工业互联网标识解析十大趋势

（2023年）。该趋势从标识解析体系的定位、运行、标准、设施、产品、技术、拓展、应用、生态和政策这10个角度，关注已在产业链上下游形成强大生态的技术，着眼于前沿技术的探索与实践验证，以洞察标识解析技术在新型工业化中的角色转换、产业创新和应用场景的演变。具体的十大趋势如下。

- 趋势1：五位一体全面协同发展，标识赋能新型工业化四类场景。
- 趋势2：各级节点网络稳定运行，注册解析规模保持稳定增长。
- 趋势3：标识数据质量引发关注，元数据标准形成两种研制模式。
- 趋势4：建设数据标识服务网络，打造基础设施原生性数据服务。
- 趋势5：认证类业务场景占比大，主动标识载体解决方案需优化。
- 趋势6：双轮驱动标识技术创新，实现权利和信任的网络化传递。
- 趋势7：算力标识探索逐步增多，支持算力网络资源调度与对接。
- 趋势8：产品数字护照正式起航，引领全环节标识数据深度整合。
- 趋势9：应用成效评估全面启动，鼓励跨企业深层次化标识应用。
- 趋势10：标识应用向全行业贯通，助力产业链供应链融通化发展。

3.6.1 趋势1：五位一体全面协同发展，标识赋能新型工业化四类场景

党的二十大做出了推进新型工业化，加快建设制造强国、质量强国、网络强国、数字中国的战略部署。新型工业化站在全局的高度对工业制造模式、创新体系、要素配置、产业治理等多个方面提出了要求，是推进中国式现代化的关键任务。工业互联网聚焦网络是基础、平台是中枢、安全是保障、数据是核心、标识是纽带等五大体系，五位一体全面协同发展，夯实工业互联网作为新型工业化的战略性基础设施的作用。其中，标识面向先进制造业"智改数转"、提升产业链/供应链韧性、推动大中小企业融通创新和推动工业高端化绿色化等四大典型模式，发挥标识的核心纽带作用，赋能新型工业化发展。图3-11展示了标识赋能新型工业化的四类场景。

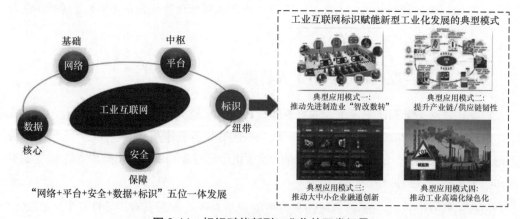

图 3-11 标识赋能新型工业化的四类场景

3.6.2 趋势2：各级节点网络稳定运行，注册解析规模保持稳定增长

经过数年的建设，我国已全面建成工业互联网标识解析体系，为推进新型工业化打造了坚实的数字底座。工业互联网标识解析体系"5+2"国家顶级节点建成，实现31个省（自治区、直辖市）全面覆盖。从2022年10月至2023年10月，仅1年时间，工业互联网标识注册量就从2000亿增至4000多亿；平均每个二级节点，接入了不少于1000家企业；平均一个企业节点，注册了不少于120万个标识。标识解析体系服务企业超31万家，注册解析规模保持稳定性增长，覆盖仪器仪表制造业、汽车制造业等43个国民经济行业，已全面融入工业企业研发、采购、生产、仓储、物流、销售环节，全面赋能工业企业数字化、网络化、智能化、绿色化发展。图3-12展示了2022年10月—2023年10月标识注册和解析量统计情况。

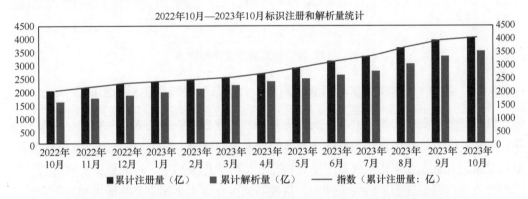

- 平均每一个二级节点，接入了不少于1000家企业（包括制造业企业、信息服务企业等）
- 平均每一个企业节点，注册了不少于120万个标识（包括机器、产品、零部件等）

图3-12　2022年10月—2023年10月标识注册和解析量统计情况

3.6.3 趋势3：标识数据质量引发关注，元数据标准形成两种研制模式

标识数据高质量连接是增强标识解析基础设施的服务能力和推动工业数据要素融通发展的关键，在推动标识解析逐步覆盖不同企业、不同环节、不同系统的过程中，标识数据仍面临抽样化、自由化的发展挑战，也引发了产业界的关注。为加速提升标识数据质量，中国信息通信研究院联合产业各方建立了标识数据"五个一"标准化推进路径，即为每一个行业打造一系列标准、一本应用指南、一项元数据标准、一组数据工具和一套数据字典，特别是围绕垂直行业和共性场景两条路径，当前已在17个重点行业、5个典型场景形成了一批成果。图3-13所示为标识数据高质量连接示意。

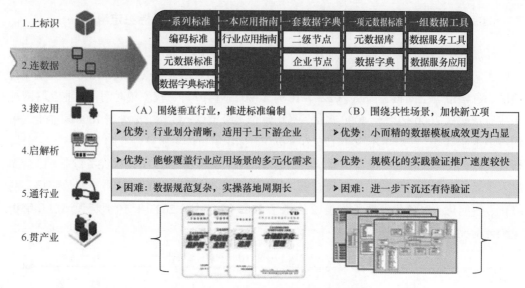

图 3-13 标识数据高质量连接示意

3.6.4 趋势 4：建设数据标识服务网络，打造基础设施原生性数据服务

以赋能数据要素流通、共享、交易为目标，构建以标识为切入点的数据标识服务网络（见图 3-14），是我国新型数据基础设施的重要组成部分。企业应重点围绕数据标识化、数据对象化和数据要素化三大技术路径构建数据标识服务网络，提高数据要素的利用效率和价值，同时保证数据的安全性和可信度。当前全球多个国家都在推进相关研究，着重在技术方案落地、国际标准制定等方面发力，但在如何实现数据标识的高性能处理、如何定义数据对象的存储结构和资源管理方式、如何建立数据要素化的认证体系等方面仍面临挑战。

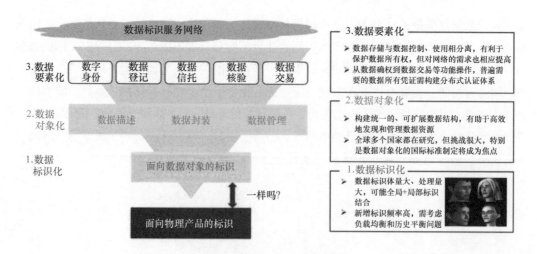

图 3-14 数据标识服务网络

产品：认证类业务场景占比大，主动标识载体解决方案需优化。

3.6.5 趋势5：认证类业务场景占比大，主动标识载体解决方案需优化

截至2023年11月上旬，全国累计部署主动标识载体2875万枚。为丰富标识产品类型，拓展载体应用范围，依托工业互联网产业联盟发起的"繁星计划"——寻找工业互联网好产品活动于2023年9月完成第一批标识产品与设备评选，总计30款产品入选"繁星计划"第一批优秀产品名录，为主动标识载体应用提供了重要参考。但是，当前主动标识载体多以UICC形态为主，且规模化发展尚未达到预期目标，亟须丰富主动标识载体的类型和形态，持续开展"繁星计划"评选活动，加快推进产品评估认证工作，加强轻量级、自管理、分布式的认证体系建设。图3-15展示了标识的一些业务场景。

截至2023年11月上旬，全国累计部署主动标识载体2875万枚，规模化发展尚未达到预期目标。

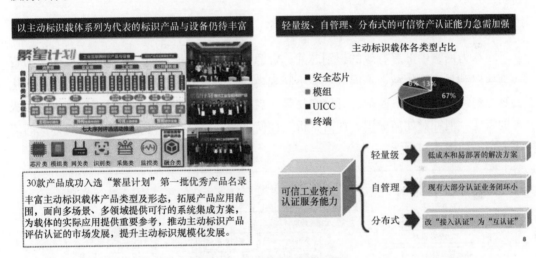

图3-15 标识的一些业务场景

3.6.6 趋势6：双轮驱动标识技术创新，实现权利和信任的网络化传递

在数据要素价值化及跨境数据流通双轮需求驱动下，分布式标识实现权利和信任的网络化传递，有效支持数据流通。基于分布式标识（DID）和可验证凭证（VC）等技术，企业可以为预先未知伙伴建立信任网络，让数据和数据使用权得到有选择性的传递。例如，西门子使用分布式标识与区块链等技术，推出碳足迹可信计算与追溯解决方案，推动企业出海绿色低碳服务，可以在保护供应链信息情况下，实现碳数据可信流转和验证，如图3-16所示。

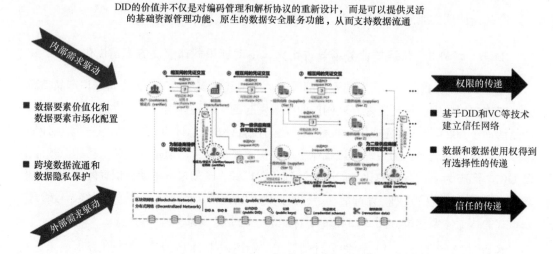

图 3-16 西门子碳足迹追溯解决方案

3.6.7 趋势 7：算力标识探索逐步增多，支持算力网络资源调度与对接

在算力网络中部署有效的识别芯片、资源、函数、功能和应用等不同维度的算力资源，构建满足不同领域、不同区域、不同规模的智能算力服务网络，有助于实现更优化的算力资源调度、供需匹配、可信交易等。当前产业界高度关注算力标识对算力网络服务的赋能，但针对如何标识、如何解析、如何可信三大重点问题，需细化算力标识的解决方案，如图 3-17 所示。

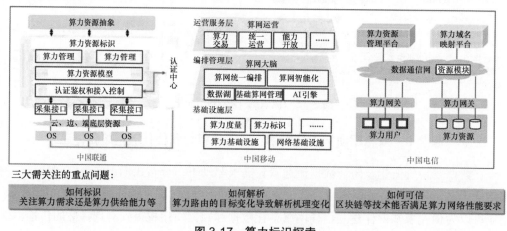

图 3-17 算力标识探索

3.6.8 趋势 8：产品数字护照正式起航，引领全环节标识数据深度整合

欧盟立足产品数字化绿色化协同发展需求，提出"产品数字护照"（Digital Product Passport，DPP）强制性要求，力求推动建立特定于产品、具备唯一标识符的绿色可持续数据集，通过数据载体实现产业链数据的整合。DPP 在技术、应用、管理等方面与国家

工业互联网标识解析体系天然耦合，可充分发挥现有数字基础设施作用，推动重点行业、重点产品的数字护照技术实现标准化、规模化发展，如图3-18所示。

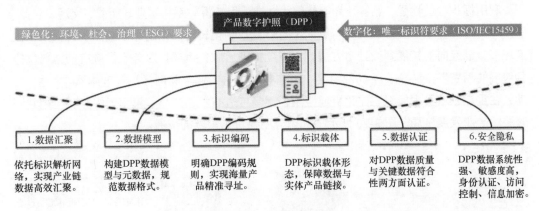

图 3-18 产品数字护照

3.6.9 趋势9：应用成效评估全面启动，鼓励跨企业深层次化标识应用

发展规模化、深度嵌入、高质量的标识应用是培育标识产业生态的核心，也是衡量标识解析体系基础设施的关键。为推动产业界及时发现标识应用问题、挖掘优秀应用标杆、探索标识应用趋势、引导标识应用发展，中国信通院联合产业界、学术界开展标识应用成效评估工作。现阶段我国标识应用从基础设施规模化建设迈入企业应用成效深入探索时期，标识规模与工业要素规模相当、标识软硬件与企业传统信息化基本接轨、标识应用与降本增效成效直接挂钩，但规模化发展仍需持续推进，应用仍有较大发展空间。图3-19所示为企业级标识生态。

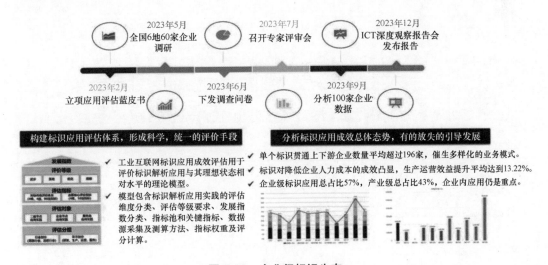

图 3-19 企业级标识生态

3.6.10 趋势10：标识应用向全行业贯通，助力产业链供应链融通化发展

利用标识渗透性强、兼容性高等优势，推进标识解析体系在工业、能源、交通、农业、医疗等实体经济领域的贯通应用，赋能千行百业数字化转型。当前标识应用不再局限于生产环节，已经向上扩展到设计与方法，向下延伸到后服务市场，服务于供应链的原料供应到终端的消费者全链条。自 2022 年起，各省持续推进工业互联网标识解析体系"贯通"行动，在重点领域实现标识一体化贯通应用，逐步打造技术、产品、设施、服务和应用共同繁荣的产业发展格局。图 3-20 展示了标识应用在重点领域的贯通。

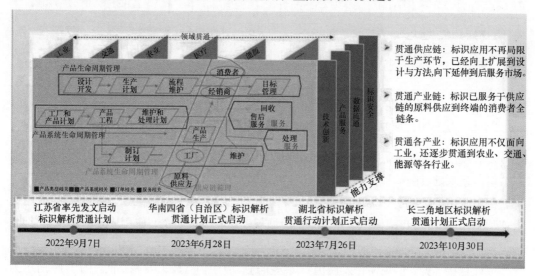

图 3-20　标识应用在重点领域的贯通

第4章　智能工厂中的工业互联网标识

4.1　智能工厂的概念和发展现状

智能工厂是指利用先进的信息技术（如物联网、人工智能、大数据分析等）和数字化技术（如数字化设计、数字化制造、数字化管理等）来实现生产过程的智能化、自动化和高效化的工厂。其核心目标是通过整合各种智能化技术和系统，提升工厂的生产效率、灵活性、质量和可持续性，从而实现智能制造和智能管理。

4.1.1　概念

智能工厂是在数字化工厂的基础上，利用物联网、大数据、人工智能等新一代信息技术加强信息管理以及合理计划排程，同时综合运用智能手段和智能系统等新兴技术，构建高效的服务，提高生产过程可控性、减少生产线人工干预，打造节能、绿色、环保、舒适的人性化工厂。

智能工厂利用 IoT 技术和监控技术，加强信息管理服务，使得生产过程得到极大的控制性，并合理规划和调度；同时，建设高效、节能、绿色、环保、舒适的人文化工厂，将原有的智能手段与智能系统等新兴技术相结合。

智能工厂具备自主收集、分析、判断和计划的能力。通过整合可视化技术进行推理和预测，利用仿真和多媒体技术，将扩展现实世界中的显示设计和制造过程。系统的每个组成部分都可以自行构成最佳的系统结构，具有协同性、重组性和扩展性的特点。系统具有自学习和自维护能力。综上所述，智能工厂实现了人与机器的协调与协作，其本质是人机交互。

智能工厂由网络空间中的虚拟数字工厂和物理系统中的实体工厂组成。其中，实体工厂部署了大量的车间、生产线、加工设备等，为制造过程提供硬件基础设施和制造资源，也是实际制造过程的最终载体；虚拟数字工厂是基于这些制造资源和制造过程的数字化模型，而非生产的实体工厂。在此之前，对整个制造过程进行了全面的建模和验证。为了实现物理工厂与虚拟数字工厂的通信与集成，实体工厂的制造单元还配备了大量的智能部件，用于状态传感和制造数据采集。在虚拟制造过程中，智能决策与管理系统对制造过程进行迭代优化，以优化制造过程。在实际制造过程中，智能决策与管理系统实时监控和调整制造过程，使制造过程体现出自适应、自优化的智能性。

由此可见，智能工厂的基本框架包括智能决策与管理系统、企业虚拟制造平台、智能制造车间等关键部件。

我们参考德国工业 4.0 中"智能工厂"的定义，重点研究了智能化生产系统和过程，以及网络化分布式生产设施的实现。"智能生产系统与过程"不仅包括智能机床、机器人等生产设施，还包括对生产过程的智能控制。从信息技术的角度来看，它是一个智能化的 MES。"实现网络化分布式生产设施"是指生产设施的互联和智能化管理，实现信息系统和物理系统的深度集成。目前，许多企业实施的 DNC/MDC（设备联网、设备监控系统）是其重要的基础。

根据工业 4.0 战略的描述，智能制造的理想状态是一种高度自动化、高度信息化、高度网络化的生产模式。在这种生产模式下，工厂内的人、机、料三者相互协作，协同运转。在工厂之间，通过端到端的整合和横向的整合，价值链可以实现共享、协同和有效，并让费率、成本、质量、个性化都有质的飞跃。

对于中国制造企业来说，现在是"三个重叠"的艰难时期。如何向工业 4.0 的发展目标靠拢，同时力求保证投资少、见效快、成功率高，是一个非常现实和重要的问题。

在这场智能制造革命中，企业必须"立足当前，着眼长远"。我们既要遵循工业 4.0 的概念，体现工业 4.0 的主要特点，又要务实地实施工业 4.0 战略。企业不是突破智能制造关键技术的研究单位，而是基于创造效益的根本目的，需要统筹规划、分步实施，以效率驱动，确保成功率。在自动化的基础上，实现信息化、网络化，挖掘管理潜力，充分发挥人的作用，构建数字化、网络化、高效化、个性化、适度智能化的智能化生产模式，从而达到明显的"质量改进和效率提高"，并以量化为指标，循序渐进，全面提升企业的竞争力。

企业在建设智能工厂时，必须考虑全局，构建全面系统的智能工厂管理体系，从各个方面优化和挖掘潜力，最大限度地提高企业的生产效率和管理水平。

4.1.2 发展现状

工业互联网标识在智能工厂的发展中扮演着关键角色。数字化转型是当前智能工厂发展的核心动力，制造企业正积极采用物联网、大数据分析和人工智能等先进技术，将传统工厂转变为数字化智能工厂。这包括使用数字孪生技术创建实体工厂的数字副本，以模拟和优化生产流程，提高效率和质量。

在智能工厂中，物联网的广泛应用使得设备、传感器和机器能够实现实时的数据采集和互联互通。这为生产过程提供了更高程度的实时监测和反馈，使得工厂能够更灵活地应对变化和优化生产。

工业大数据和分析在智能工厂中发挥着关键作用。通过收集和分析大量数据，智能工厂支持着各个层面的决策，包括预测性维护、生产优化和供应链管理。自动化和智能制造也是智能工厂的显著特征，自动化技术的广泛应用减少了人为干预，而机器学习和人工智能则进一步优化了生产计划和质量控制。

智能工厂与供应链的数字化整合推动了供应链的可见性和管理能力的提升，有助于降低库存、降低成本并提高交付效率。与此同时，人机协作也在智能工厂中成为重要发展趋势，协作机器人的引入以及可穿戴技术的应用使工人能更高效地与智能设备和系统进行交互。

在智能工厂的发展中，网络安全和标准化问题变得日益突出。随着智能工厂规模的扩大和复杂性的增加，对网络安全的关注度不断提高，制定并遵循相关的网络安全标准成为确保工业互联网系统安全性的重要任务。同时，各方努力制定和推动工业互联网的标准，以确保设备和系统的互操作性和安全性。最后，智能工厂的设计也越来越注重可持续性，例如提升资源利用效率、降低能源消耗、减少废物排放等。

4.2 智能工厂对工业互联网标识的需求

智能工厂对工业互联网标识的需求包括数据需求和自动化需求。

4.2.1 智能工厂的数据需求

智能工厂的数据需求主要涉及以下四方面内容。

1. 实时数据采集和监测

智能工厂需要实时采集生产设备、工艺和物流等方面的数据，以实现对生产过程的实时监测。工业互联网标识提供唯一的标识，支持实时数据的采集，为智能工厂提供即时反馈和控制。

2. 数据分析和优化

工业互联网标识数据对于数据分析和优化至关重要。智能工厂通过分析设备标识、生产流程和产品标识等数据，能够识别生产过程中的潜在问题，并实现生产计划、资源利用和质量控制的优化。

3. 产品追溯和质量控制

智能工厂需要对产品进行追溯，并实现精细化的质量控制。工业互联网标识数据为每个产品提供唯一标识，帮助智能工厂实现对产品的溯源，追踪产品的制造过程，确保产品质量符合标准。

4. 供应链可视性和管理

工业互联网标识数据在供应链中发挥重要作用。智能工厂通过标识化的数据，实现对供应链的实时可视性，优化库存管理、供应链协同和交付效率。

4.2.2 智能工厂的自动化需求

智能工厂的自动化需求主要涉及以下四方面内容。

1. 自动化生产流程

智能工厂需要实现生产流程的高度自动化。工业互联网标识数据支持设备之间的自动交互和协同,提高生产线的自动化程度,减少人为干预,从而提高生产效率。

2. 设备智能维护

智能工厂借助工业互联网标识数据实现对设备的智能维护。通过实时监测设备标识的数据,智能工厂可以预测设备可能的故障,并进行及时维护,缩短停机时间,提高设备可用性。

3. 自适应生产计划

工业互联网标识数据支持智能工厂实现自适应生产计划。通过实时监测生产数据,智能工厂可以根据需求变化和资源状况自动调整生产计划,实现更灵活的生产调度。

4. 人机协作和工人支持

工业互联网标识数据为智能工厂实现人机协作提供基础。自动化系统通过与工人的协同,提高了生产线的灵活性和效率,同时工业互联网标识数据支持工人使用智能设备,提升工人的生产效率以及改善其工作体验。

智能工厂对工业互联网标识的数据需求体现在实时监测、数据分析、产品追溯、自动化生产等多个方面,这些需求共同推动着智能工厂的数字化和智能化发展。

4.3 智能工厂建设的重点与趋势

智能工厂建设的重点与趋势将推动智能工厂向数字化、智能化、柔性化和可持续发展的方向迈进。

4.3.1 智能工厂建设的重点

1. 智能厂房与产线

(1) **智能厂房的设计**。智能厂房的设计需要引入建筑信息模型(Building Information Modeling,BIM),通过三维设计软件进行建筑设计,尤其是水、电、气、网络等管线的设计。同时,智能厂房要规划智能视频监控系统、智能采光与照明系统、通风与空调系统、智能安防报警系统、智能门禁一卡通系统、智能火灾报警系统等。采用智能视频监控系统,通过人脸识别技术以及其他图像处理技术,可以过滤掉视频画面中无用的或干扰信息、自动识别不同物体和人员,分析抽取视频源中关键有用信息,判断监控画面中的异常情况,并以最快和最佳的方式发出警报或触发其他动作。整个厂房的工作(加工、装配、检验、进货、出货、仓储等)分区应根据工业工程的原理进行分析,可以使用数字化制造仿真软件对设备布局、产线布置、车间物流进行仿真。在厂房设计时,还应当思考如何降低噪声、如何能够便于设备灵活调整布局、多层厂房如何进行物流输送等问题。

（2）**工厂智能物流**。对于推进智能工厂建设，生产现场的智能物流十分重要，尤其是对于离散制造企业。在进行智能工厂规划时，要尽量减少无效的物料搬运。很多优秀的制造企业在装配车间建立了集中拣货区，根据每个客户订单集中配货，并通过数字化拣货系统（Digital Picking System，DPS）进行快速拣货，配送到装配线，取消了线边仓。离散制造企业在两道机械工序之间可以采用带有导轨的工业机器人、桁架式机械手等来传递物料，还可以采用自动导引车（AGV）、有轨导引车（RGV）或者悬挂式输送链等传递物料，在车间现场还需要根据前后道工序之间产能的差异设立生产缓冲区。立体仓库和辊道系统的应用，也是企业在规划智能工厂时需要进行系统分析的问题。

（3）**智能产线的规划**。智能产线是智能工厂规划的核心环节，企业需要根据生产线要生产的产品族、产能和生产节拍，采用价值流图等方法来合理规划智能产线。智能产线的特点如下：

- 在生产和装配过程中，能够通过传感器、数控系统或 RFID 技术自动进行生产、质量、能耗、设备综合效率等数据采集，并通过电子看板显示实时的生产状态，能够防呆防错。
- 通过安灯系统实现工序之间的协作。
- 生产线能够实现快速换模，实现柔性自动化。
- 能够支持多种相似产品的混线生产和装配，灵活调整工艺，适应小批量、多品种的生产模式。
- 具有一定冗余，如果生产线上有设备出现故障，能够调整到其他设备生产。
- 针对人工操作的工位，能够给予智能的提示，并充分利用人机协作。

智能产线的规则需要考虑如何节约空间、如何减少人员的移动、如何进行自动检测，以提高生产效率和生产质量。企业建立智能工厂非常强调"少人化"，因此要分析哪些工位应用自动化设备及机器人、哪些工位采用人工操作。对于重复性强、变化少的工位，尽可能采用自动化设备，反之则采用人工操作。

2. 智能制造工业与设备

（1）**制造工艺的分析与优化**。在建设新工厂时，企业首先需要根据其在产业链的定位，拟生产的主要产品、生产类型（单件、小批量多品种、大批量少品种等）、生产模式（离散、流程及混合制造）、核心工艺（例如机械制造行业的热加工、冷加工、热处理等），以及生产纲领，对加工、装配、包装、检测等工艺进行分析与优化。企业需要充分考虑智能装备、智能产线、新材料和新工艺的应用对制造工艺所能带来的优化效果。同时，企业也应当基于绿色制造和循环经济的理念，通过工艺改进节能降耗、减少污染排放；还可以应用工艺仿真软件，对制造工艺进行分析与优化。

（2）**设备联网**。实现智能工厂乃至工业 4.0，推进工业互联网建设，实现 MES 应用，最重要的基础就是要实现 M2M，也就是设备与设备之间的互联，建立工厂网络并制定统一的标准。在此基础上，企业可以实现对设备的远程监控。设备联网和数据采集是企业建设工业互联网的基础。

（3）**智能设备的应用**。企业在规划智能工厂时，必须高度关注智能装备的最新发展。机床设备正在从数控化走向智能化，实现边测量、边加工，对热变形、刀具磨损产生的误差进行补偿。企业也开始应用车铣复合加工中心，很多企业在设备上下料时采用了工业机器人。未来的工厂中，金属增材制造设备将与切削加工（减材）、成形加工（等材）等设备组合起来，极大地提高材料利用率。除了六轴的工业机器人，还应该考虑平面关节型机器人和并联机器人的应用，以及将协作机器人应用于生产线，配合工人提高作业效率。

3. 智能系统

（1）**制造执行系统**。MES 是智能工厂规划落地的着力点，它是面向车间执行层的生产信息化管理系统，上接 ERP 系统，下接现场的 PLC 程控器、数据采集器、条形码、检测仪器等设备。MES 旨在加强 MRP 计划的执行功能，贯彻落实生产策划，执行生产调度，实时反馈生产进展；面向生产一线工人，明确指令做什么、怎么做、满足什么标准、什么时候开工、什么时候完工、使用什么工具等；记录"人、机、料、法、环、测"等生产数据，建立可用于产品追溯的数据链；反馈进展、反馈问题、申请支援、拉动配合等；面向班组发挥基层班组长的管理效能，例如班组任务管理和派工；面向一线生产保障人员，确保生产现场的各项需求，如料、工装刀量具的配送，工件的周转等。为提高产品准时交付率、提升设备效能、减少等待时间，MES 需导入生产作业排程功能，为生产计划安排和生产调度提供辅助工具，以提升计划的准确性。在获取产品制造的实际工时、制造物料清单（Bill of Materials, BOM）信息的基础上，企业可以应用高级计划与排程（Advanced Planning and Scheduling, APS）软件进行排产，以提高设备资源的利用率和生产排程的效率。

（2）**生产监控与指挥系统**。流程行业企业的生产线配置了分布式控制系统（Distributed Control System, DCS）或 PLC，通过组态软件即可查看生产线上各个设备和仪表的状态，但绝大多数离散制造企业还没有建立生产监控与指挥系统。实际上，离散制造企业也非常需要建设集中的生产监控与指挥系统，在系统中呈现关键的设备状态、生产状态、质量数据，以及各种实时的分析图表。在一些国际厂商的 MES 软件中，设置了加工集成与智能（Manufacturing Integration and Intelligence, MII）模块，其核心功能就是可视化工厂的 KPI 数据和图表，以辅助决策。

4. 智能管理

（1）**设备管理**。设备是生产要素，发挥设备综合效率（Overall Equipment Effectiveness, OEE）是智能工厂生产管理的基本要求，OEE 的提升标志着产能的提高和成本的降低。生产管理信息系统需设置设备管理模块，使设备释放出最高的产能，通过生产的合理安排，使设备尤其是关键、瓶颈设备减少等待时间；在设备管理模块中，要建立各类设备数据库，设置编码，及时对设备进行维保；通过实时采集设备状态数据，为生产排产提供设备的能力数据；企业应建立设备的健康管理档案，根据积累的设备运行数据建立故障预测模型，进行预测性维护，最大限度地减少设备的非计划性停机；要进行设备的备品备件管理。

（2）**生产质量管理**。在智能工厂规划过程中，生产质量管理是核心的业务流程。质量保证体系和质量控制必须在生产管理信息系统建设时统一规划、同步实施，贯彻质量是设计、生产出来而非检验出来的理念。质量控制在信息系统中需嵌入生产主流程，如检验、试验在生产订单中作为工序或工步来处理；质量审理以检验表单为依据启动流程开展活动；质量控制的流程、表单、数据与生产订单相互关联、穿透；按结构化数据存储质量记录，为产品单机档案提供基本的质量数据，为质量追溯提供依据；构建质量管理的基本工作路线——质量控制设置—检测—记录—评判—分析—持续改进；质量控制点需根据生产工艺特点科学设置，质量控制点太多影响效率，太少则会致使质量风险增大；检验作为质量控制的活动之一，可分为自检、互检、专检，也可分为过程检验和终检；质量管理还应关注质量损失，以便从成本的角度促进质量的持续改进。对于采集的质量数据，企业可以利用统计过程控制（SPC）系统进行分析。制造企业应当提升对质量管理信息系统（QIS）的重视程度。

（3）**能源管理**。为了降低智能工厂的综合能耗，提高劳动生产率，特别是对于高能耗的工厂，进行能源管理是非常有必要的。采集监测点（变配电、照明、空调、电梯、给排水、热水机组和重点设备）的能耗和运行信息，实现能耗的分类、分项、分区域统计分析，可以对能源进行统一调度、优化能源介质平衡，达到优化能源使用的目的。同时，通过采集重点设备的实时能耗，企业可以准确知道设备的运行状态（关机、开机还是在加工），从而自动计算OEE；通过感知设备能耗的突发波动，还可以预测刀具和设备故障。此外，企业也可以考虑在工厂的屋顶部署光伏系统，提供部分能源。

（4）**数据管理**。数据是智能工厂建设的血液，在各应用系统之间流动。在智能工厂运转过程中，会产生设计、工艺、制造、仓储、物流、质量、人员等业务数据。这些数据可能分别来自ERP、MES、APS、WMS、QIS等应用系统。因此，在智能工厂的建设过程中，企业需要用一套统一的标准体系来规范数据管理的全过程，建立数据命名、数据编码和数据安全等一系列数据管理规范，保证数据的一致性和准确性。另外，必要时，还应当建立专门的数据管理部门，明确数据管理的原则和构建方法，确立数据管理流程与制度，协调执行中存在的问题，并定期检查落实优化数据管理的技术标准、流程和执行情况。企业需要规划边缘计算、雾计算、云计算的平台，确定哪些数据在设备端进行处理，哪些数据需要在工厂范围内处理，哪些数据要上传到企业的云平台进行处理。

（5）**劳动力管理**。在智能工厂规划中，还应当重视整体人员绩效的提升。设备管理有OEE，人员管理同样有整体劳动力效能（Overall Labor Effectiveness，OLE）。通过对整体劳动效能指标的分析，可以清楚了解劳动力绩效，找出人员绩效改进的方向和办法，而分析劳动绩效的基础是及时、完整、真实的数据。通过考勤机、排班管理软件、MES等实时收集的考勤、工时和车间生产的基础数据，用数据分析的手段，可以衡量人工与资源（如库存或机器）在可用性、绩效和质量方面的相互关系。让决策层对工厂的劳动生产率和人工安排具备实时的可视性,通过及时准确地考勤数据分析评估劳动力成本和服务水平,从而实现整个工厂真正的人力资本最优化和整体劳动效能的提高。

5. 智能生产与安全

(1) **生产无纸化**。生产过程中工件配有图纸、工艺卡、生产过程记录卡、更改单等纸质文件作为生产依据。随着信息化技术的提高和智能终端成本的降低,在智能工厂规划可以普及信息化终端到每个工位,结合轻量化三维模型和MES,操作工人将可在终端接收工作指令,接收图纸、工单等生产数据,可以灵活地适应生产计划变更、图纸变更和工艺变更。很多厂商提供了工业平板显示器,甚至可以用智能手机作为终端,完成生产信息查询和报工等工作。

(2) **精益生产**。精益生产的核心思想是消除一切浪费,确保工人以最高效的方式进行协作。很多制造企业采取按订单生产或按订单设计,满足小批量、多品种的生产模式。智能工厂需要实现零部件和原材料的准时配送,及时按照订单的交货期生产成品和半成品,建立生产现场的电子看板,通过拉动方式组织生产,采用安东系统及时发现和解决生产过程中出现的异常问题;同时,推进可视化、快速换模。很多企业采用了U形的生产线和组装线,建立了智能制造单元。推进精益生产是一个持续改善的长期过程,要与信息化和自动化的推进紧密结合。

(3) **人工智能技术应用**。人工智能技术正在被不断应用到图像识别、语音识别、智能机器人、故障诊断与预测性维护、质量监控等各个领域,涉及研发创新、生产管理、质量控制、故障诊断等多个方面。在智能工厂的建设过程中,应当充分应用人工智能技术。例如,可以利用机器学习技术,挖掘产品缺陷与历史数据之间的关系,形成控制规则,并通过增强学习技术和实时反馈,控制生产过程,以减少产品缺陷。同时,还应集成专家经验,不断改进学习结果。利用机器视觉代替人眼,提高生产柔性和自动化程度,提升产品质检效率和可靠性。

(4) **工业安全**。企业在进行新工厂规划时,需要充分考虑各种安全隐患,包括机电设备的安全、员工的安全防护,设立安全报警装置等安防设施和消防设备。同时,随着企业应用越来越多的智能装备和控制系统,并实现设备联网、建立整个工厂的智能工厂系统,随之而来的安全隐患和风险也会迅速增加和提高,现在已出现了专门攻击工业自动化系统的病毒。因此,企业在做智能工厂规划时,也必须将工业安全作为一个专门的领域进行规划。

4.3.2 智能工厂建设的发展趋势

智能工厂建设呈现数据驱动、虚实融合、柔性敏捷、全局协同等发展趋势。

1. 数据驱动——数据成为智能应用关键使能

传统生产要素逐步数字化,数控机床、工业机器人等广泛应用和深度互联,大量工业数据随之产生,同时研发、运营等制造业务逐渐向数字空间转移,进一步加速了工业数据的积累。加之大数据、人工智能等技术突破与融合应用,为海量工业数据挖掘分析提供了有效手段。构建"采集、建模、分析、决策"的数据优化闭环,应用"数据+模型"对物理世界进行状态描述、规律洞察和预测优化,已成为智能化实现的关键路径,在工厂各个领域展现出巨大赋能潜力。

- 数据驱动的增强研发范式。数据与研发创新全流程相结合,应用数据模型、智能算法和工业知识,提升超越传统认识边界的创新能力,推动研发创新范式从实物试验验证转向虚拟仿真优化,进而迈向基于数据的设计空间探索、创新方案发现和敏捷迭代开发。如宁德时代结合材料机理、大数据分析和人工智能算法探索各种材料基因的结合点,加快了电解液、正极、包覆等电池材料的开发速度,将研发周期缩短30%,研发成本降低30%。

- 基于数据的生产过程智能优化。基于海量制造数据采集、汇聚、挖掘与分析,融合工业机理,构建具有感知分析和洞察解析复杂制造过程的数字模型系统,通过对工艺流程、参数的闭环优化与动态调整,实现自决策和自优化生产制造过程。如宝武鄂城钢铁,基于"数据+机理"构建转炉工艺过程模型,破解转炉炼钢过程"黑箱",动态优化和实时控制氧枪、副枪及加料等操作参数,将炼制效率提升了23%,炼制能耗降低15%。

- 基于数据的精准管控与智能决策。通过对工厂中人、机、料、法、环等全要素的深度互联与动态感知,打通生产过程的数据流,通过数据自动流动化解复杂制造系统管控的不确定性,实现精准感知、动态配置和智能决策的生产运营管理。例如,潍柴动力构建了智能管理与决策分析平台,汇聚生产数据,基于大数据分析结合人工智能算法,开展动态资源调度、设备预测维护、能耗智能优化等数据应用,将生产效率提升30%,生产成本降低15%。

- 数据加速模式业态创新与价值链重构。通过数字技术连接各类终端、产品、设备等,基于数据分析开展远程运维、分时租赁、产融结合等新服务与新业态,进而推动价值链高价值环节的产生或转移以及价值网络的全面重构。例如,帕菲特机械构建售后增值服务运维平台,基于产品数据分析开展租赁、运输、金融等增值服务,将服务效益提升30%;山河智能装备基于数据实时监控装备状态,探索工程机械融资租赁服务,于2022年4月通过融资租赁方式推动工程机械出口《区域全面经济伙伴关系协定》(RCEP)参与国,首期合同资金1000万元。

2. 虚实融合——在数字空间中超越实际生产

数字传感、物联网、云计算、系统建模、信息融合、虚拟现实等技术的推广应用,推动了物理系统和数字空间的全面互联与深度协同,以及在此过程中的智能分析与决策优化,使得企业能够在数字空间中对现实生产过程进行高精度刻画和实时映射,以数字比特代替物理原子更高效和近乎零成本地开展验证分析和预测优化,进而以获得的较优结果或决策来控制和驱动现实生产过程。数字孪生是在数字空间中对物理世界的等价映射,能够以实时性、高保真性、高集成性地在虚拟空间模拟物理实体的状态，已成为在工业领域虚实融合实现的关键纽带。

- 基于数字孪生样机的仿真分析与优化。通过建立集成多学科、多物理量、多尺度的，可复现物理样机的设计状态，且可实现实时仿真的虚拟样机，在数字空间中完成设计方案的仿真分析，功能、性能测试验证，多学科设计优化以及可制造性分析等，加速设计迭代。例如，莱克电气应用结构、电子、电磁等 CAD 工具，基于设计资源库，构建电机产品多学科虚拟样机，并开展机械、电磁、热等多学科联合仿真分析与优化，将产品研制周期缩短 55%。

- 基于生产数字孪生的制造过程监控与优化。依托装备、产线、车间、工厂等不同层级的工厂数字孪生模型，通过生产数据采集和分析，在数字空间中实时映射真实生产制造过程，进而实现仿真分析、虚拟调试、可视监控、资源调度、过程优化以及诊断预测等。例如，一汽红旗采用三维可视化和资产建模技术，实时接入车间生产数据和业务系统数据，建立了整车制造工厂数字孪生模型，从全局/产线/细节等不同角度实时洞察生产状态，对故障/异常状况进行实时识别、精准定位和追踪还原分析，将生产异常处理效率提升 30%，工厂产能提升 5%。

- 基于产品运行数字孪生的智能运维与运行优化。基于产品机械、电子、气液压等多领域的系统性、全面性和真实性描述，通过采集产品运行与工况数据，构建能够实时映射物理产品运行状态，以及功能、性能衰减分析的运维数字孪生模型，从而对产品状态监控、效能分析、寿命预测、故障诊断等提供分析决策支持。如陕鼓动力依托设备智能运维工业互联网平台，通过装备数据采集、识别和分析，结合工业机理，构建透平装备运维数字孪生模型，实现产品健康评估、故障诊断和预测性维护，将维护效率提高 20%以上，维修生产成本降低 8%以上。

3. 柔性敏捷——柔性化制造将成为主导模式

目前，消费方式正逐步由标准化、单调统一向定制化、个性差异转变，例如，服装行业积极落地多种成衣的在线定制，家具行业大力推广全屋家居用品的客户定制，汽车行业加速探索乘用车用户直连制造，钢铁行业小批量订单需求增长等。传统大规模量产的生产模式已无法在可控成本范围内满足个性化需求的敏捷响应和快速交付。工厂亟须通过构建柔性化生产能力，以大批量规模化生产的低成本，实现多品种、变批量和短交期的个性化订单的生产和交付。主要通过以下 4 个方面的协同来实现"柔性"。

- 产品模块化快速开发。基于数字化建模工具和数据管控平台，依托产品模块库、设计知识库和配置规则库等，根据设计需求，选择、配置和组合产品模块，并通过参数化设计快速修改模块设计，进而产生定制化产品的设计方案、工艺方案等。如曲美家居应用三维家居设计工具，依托"1000 余个设计案例库和 5 万余套设计样本库"，通过设计配置规则和参数化设计，快速根据客户选配生成定制产品设计模型和工艺流程，使店面定制家居用品设计效率提高 400%。

- 柔性资源配置与动态调度。泛在连接各类生产资源，实时感知生产要素状态，面向小批量定制工单，精确制定主生产计划、物料需求计划、车间任务排产，柔性配置和组织生产资源，并实时根据订单状态和异常扰动，动态调整计划排程，调度生产资源。例如，老板电器通过生产要素的全面互联感知，构建工业指挥大脑，以小批量定制工单驱动，基于数据模型和智能算法优化生产资源配置，实时进行调度，设备综合效率提升23%，生产效率提升45%。

- 柔性与自适应加工。依托柔性可重构产线、柔性工装夹具和柔性线上物流搬运系统，基于数据对单件或小批量产品进行精准识别、资源匹配和生产全过程的精确控制，进而实现工艺流程不同，作业内容差异的多品种变批量定制产品的柔性生产。例如，TCL 构建基于 5G 的可重构柔性液晶生产线，结合 5G 边缘计算，实现按订单快速调整产线布局、自动更新设备参数等，使转产时间缩短93%，产能提升10%。

- 柔性供应链系统。打通产业链/供应链，建立面向研发、生产、运营等业务的供应链协同机制，基于跨企业的数据共享和实时反馈增强供应链资源柔性配置、业务动态协同和变化快速适应能力，进而实现供应链对定制需求的敏捷响应和快速交付。例如，广汽埃安构建供应商协同平台，打通多级供应商数据渠道，推动"客户、生产、供应、物流"各个环节紧密协同，建立定制订单联动的柔性供应链体系，能够准确传递定制订单的供货需求，快速组织生产和交付采购订单，使定制化能力提升35%。

4. 全局协同——单点优化迈向全局协同变革

随着5G、物联网等网络技术的全面应用，泛在互联、万物互联已成为数字时代的典型特征。网络使得制造系统可以不断超越时空的限制进行更广泛的连接，将人、设备、系统和产品等要素连接起来，打通全要素、全价值链和全产业链的"信息孤岛"，使数据能够在不同系统、不同业务和不同企业之间高效流动，进而基于数据协同，通过网络化方式进行资源要素的共享、调度，企业内、外业务的集成打通，推动从数字化设计、智能化生产等局部业务优化，向网络化协同、共享制造等全局资源协同优化迈进。

- 生产全流程集成控制与协同优化。基于设备、控制、管控和运营多层次制造系统和信息系统集成，通过数据协同开展计划排程、资源调度、生产作业和运营管控的集成联动，进而实现全生产流程各环节的统筹调度、资源组织、集中控制、高效衔接和动态优化。例如，中国宝武武钢集团有限公司依托工业互联网平台打通炼钢、连铸和轧钢三大工艺流程，整合传统分布式操作室，构建集控中心，实现炼钢、连铸、轧钢全流程一体化排程、调度、控制、监视和运维，将生产效率提升12%。

- 全供应链一体化集成与协同。依托跨企业信息系统集成或构建供应链协同平台，打造供应链协作入口，连接采购、库存、物流、销售等前后端的供应链环节，实现数据联动的供应链集成优化，提升内外部整体协作效能。例如，蓝思科技构建供应商管理协同平台，向上游供应商提供云协作门户，集成供应商的生产、仓储、运输管理等系统，实时传递订单、计划等信息，同时采集供应商生产、物流信息，实现可视化管控与资源调度,将采购成本降低8%。
- 生产端与消费端打通与协同优化。打通生产系统和消费互联网,以消费者精准洞察、需求敏捷响应和全生命周期体验交付为核心,重构生产模式、运营方式和商业模式,优化全链条资源配置与协作效率,进而快速创新产品服务来满足个性化需求,挖掘长尾市场,推动规模经济向范围经济转变,进而构建新竞争优势。例如,酷特智能基于工业互联网打通成衣消费端和生产端,用户可在线定制服装、自动匹配版型和服装设计,依托高度柔性化智能生产系统实现"一人一单"定制生产与直接交付,推动收入增长16%。
- 基于网络化协同的产业资源配置与全局优化。通过打造产业级平台,泛在连接全产业资源要素,构建全局资源共享平台,在更大范围、更广领域内组织、配置和协同制造资源,并基于资源状态实时感知,应用智能算法和大数据分析,动态优化资源配置,实现全局资源效率提升。例如,博创智能构建注塑行业的工业互联网平台——塑云平台,推动企业注塑机上云上平台,基于实时感知设备运行状态,租赁闲置设备产能,提高行业资源配置效率,并在此基础上创新预测性维护等增值服务,创造新收益。

5. 绿色安全——资源效率与社会效益相统一

安全生产和绿色环保是工厂经营发展的生命线,是构建和谐社会的重要保障,是保证国民经济可持续发展的重大问题。在开展智能工厂建设和数字化转型的同时,以数字技术赋能节能环保安全技术创新,应用人工智能、大数据、5G、工业互联网等提升工厂能耗、排放、污染、安全等管控能力,逐步迈向绿色制造、绿色工厂和绿色供应链,加快制造业绿色化转型,创造良好的经济效益和社会效益。

- 能耗监控分析与能源效率优化。基于数字传感、智能电表、5G等实时采集多能源介质的消耗数据,构建多介质能耗分析模型,预测多种能源介质的消耗需求,分析影响能源效率的相关因素,进而可视化展示能耗数据,开展能源计划优化、平衡调度和高能耗设备能效优化等。例如,长城汽车通过实时采集室内外温度和制冷机系统负荷,利用校核系统模型实时决策制冷运行的最佳效率点,动态控制制冷机并联回路压力平衡和水泵运行频率,降低制冷站整体能耗,节能率达到16%以上。
- 安全监控预警与联动应急响应。针对主要危险源进行实时监控,基于采集数据分析自动识别安全风险隐患并实时预警;广泛连接各类安全应急资源,构建应急预案库,自动定位安全事故,推荐应急响应预案,并实时联动调度应急资源,快速处置安全事故。例如,万华化学建设应急智慧系统,集成视频、报警、气象仪器等数据源,构建应急预案库,实现事故定位、预案启动、应急响应、出警通知以及相关设备和资源自动化联动,能够高效处置安全事故,降低损失。
- 全过程环境监测与污染优化。依托污染物监测仪表,采集生产全过程多种污染物排放数据,建立多维度环保质量分析和评价模型,实现排放数据可视化监控、污染物超限排放预警与控制、污染物溯源分析,以及环保控制策略优化等。例如,南京钢铁通过对220个总悬浮微粒无组织排放监控点的实时数据采集,构建和应用智慧环保模型,实现环保排放的预测预警与环保控制策略优化,使由生产异常导致的超标排放风险大幅降低,加热炉排口硫超标现象多有减少。

- 全链条碳资产管理。通过采集和汇聚原料、能源、物流、生产、供应链等全价值链条的碳排放数据,依托全生命周期环境负荷评价模型,实现全流程碳排放分布可视比较、碳排放趋势分析、管控优化以及碳足迹追踪等。例如,中石化镇海炼化构建碳排放管理系统,在线计算各环节碳排放、碳资产数据,实现碳资源采集、计算、盘查和交易全过程管控,按照单台装置每月减少碳资产计算工作量1人/日测算,全年降低成本130多万元。

4.4 工业互联网标识在智能工厂中的应用

工业互联网标识与智能工厂之间有密切的关系。工业互联网标识通过为实体赋予唯一标识,提供了实时、准确的数据,为智能工厂的数字化转型提供了基础。这一标识化的数据不仅支持实时监测和控制生产设备、物流流程和产品状态,还促进了智能决策和自动化。通过对设备的标识化数据交换,智能工厂实现了设备的自动协同和智能维护,提高了生产过程的智能化和高效性。此外,工业互联网标识数据还支持智能工厂进行生产过程的优化,灵活调整生产计划以适应市场需求变化。产品质量得到了提高,每个产品都能够通过唯一标识实现监测和追溯。在供应链管理中,工业互联网标识数据帮助智能工厂实现了实时可视性、协同和优化。智能工厂通过充分利用工业互联网标识的数据,提高了人机协作效率,优化了工人的工作体验。

4.4.1 工业互联网标识数据处理在生产流程中的作用

工业互联网标识数据处理在生产流程中发挥着关键作用,通过实时的数据采集、分析和应用,为生产提供了更智能、高效和灵活的解决方案。以下是其在生产流程中的主要作用。

- 实时监测与控制:工业互联网标识数据处理允许生产系统实时监测生产过程中的各个环节。传感器、设备和其他标识实体的数据被采集并即时传输到数据处理系统中。这使得生产经理和操作人员能够实时监测生产状态,迅速识别并解决潜在问题,从而提高生产效率。
- 数据分析和优化:通过对采集的数据进行深度分析,工业互联网标识数据处理揭示了生产流程中的模式、趋势和潜在的改进点。这种数据驱动的分析可以帮助企业优化生产计划、提高设备利用率、降低生产成本,并提高产品质量。
- 预测性维护:工业互联网标识数据处理使得设备的运行状态能够被实时监测,并通过数据分析预测设备可能的故障和维护需求。这种预测性维护有助于减少生产中的停机时间,提高设备的可靠性和寿命。

- 资源优化：通过对生产过程中各种资源的使用情况进行监测和分析，工业互联网标识数据处理帮助企业实现资源的最优化利用。这包括原材料、能源、人力等方面的优化，从而降低成本并提高生产效率。
- 实现灵活生产：工业互联网标识数据处理使得生产系统更灵活适应变化。通过实时数据的分析，生产计划和流程可以根据市场需求和供应链变化进行调整，实现生产过程的快速调整和定制化生产。
- 质量控制：通过对生产过程中的关键参数进行监测和分析，工业互联网标识数据处理有助于实现严格的质量控制。任何可能影响产品质量的异常情况都能够及时被检测并纠正，确保产品达到预定的质量标准。
- 数据安全和合规性：在数据处理中，确保数据的安全性和合规性是至关重要的。采用安全的标识体系和数据加密技术，以及遵循相关法规和标准，工业互联网标识数据处理保障了生产数据的安全性和合规性。

综合而言，工业互联网标识数据处理通过提供实时监测、深度分析和智能决策支持，为生产流程注入了更多智能化和高效化的元素，对于提升生产效率和质量起到了至关重要的作用。

4.4.2　工业互联网标识安全在设备监测中的作用

工业互联网标识安全在设备监测中扮演着至关重要的角色，通过确保设备标识的安全性，有效防范潜在的威胁和攻击，从而维护整个设备监测系统的稳定性和可信度。

- 身份验证与授权：工业互联网标识安全确保设备在网络中的身份验证和授权过程。每个设备都被赋予唯一标识，通过安全的身份验证机制，系统能够确认设备的真实性，防范未经授权的设备接入。
- 数据加密和隐私保护：工业互联网标识安全采用数据加密技术，确保设备监测中传输的数据在网络中的安全性。这有效防止了敏感信息被未授权方获取，维护了设备监测数据的隐私保护。
- 防篡改和数据完整性：安全的标识解析体系可以防止设备标识信息被篡改。通过数字签名等技术，确保设备标识的完整性，防止在监测过程中对设备信息被未经授权修改。
- 实时威胁检测和响应：工业互联网标识安全系统能够实时监测设备标识的活动，及时发现异常行为和潜在威胁。一旦检测到异常，系统能够迅速响应，隔离受威胁的设备，防止威胁的扩散。
- 网络隔离和权限控制：安全的设备标识管理可以实现网络隔离和权限控制。对于不同的设备，系统可以根据其标识和安全级别进行划分，限制其访问和操作权限，提高网络的整体安全性。
- 更新和漏洞修复：安全的标识解析体系有助于及时进行设备标识信息的更新和漏洞修复。通过及时的安全更新，系统能够防范由于设备标识漏洞导致的潜在安全风险，确保系统的可靠性和稳定性。

- 合规性与标准遵循：工业互联网标识安全确保设备监测系统符合相关的安全合规性标准。这有助于规范系统的安全实践，提高整个设备监测生态系统的安全性和稳定性。

工业互联网标识安全在设备监测中的作用不仅体现在对设备标识的安全管理，而且是一套全面的安全机制，涵盖身份验证、数据加密、威胁检测、权限控制等多个方面，以确保设备监测系统的鲁棒性和安全性。

4.4.3 工业互联网在标识解析中的作用

工业互联网在标识解析中发挥着关键作用，通过标识解析实现了设备、传感器、产品等实体的唯一标识和管理。以下是工业互联网在标识解析中的主要作用。

- 唯一标识和识别：工业互联网通过标识解析为每个实体分配唯一标识，确保了在工业生产环境中的设备、传感器、产品等都能够被唯一标识和识别。这为实体的监测、控制和管理提供了可靠的基础。
- 实时监测和控制：工业互联网标识解析使得实时监测和控制成为可能。通过标识解析，系统能够识别并获取每个实体的实时状态，从而实现对生产过程的实时监测和迅速的反馈控制。
- 设备智能化管理：工业互联网标识解析支持设备的智能化管理。通过唯一标识，系统可以对每个设备进行个性化的管理，包括实时监测设备状态、执行智能维护和调度等操作，提高设备的利用率和效能。
- 生产流程优化：标识解析为工业互联网提供了实体的标识信息，使得生产流程可以更精准和灵活。通过对标识信息的解析和分析，系统能够实时调整生产计划，优化生产流程，提高生产效率。
- 产品质量控制和追溯：工业互联网标识解析为产品质量控制和追溯提供了有力支持。每个产品都被赋予唯一标识，通过标识解析，系统可以追踪产品的制造过程，确保产品质量符合标准，同时在需要时进行产品追溯。
- 智能决策支持：工业互联网标识解析提供了数据的标识化，为智能决策提供了基础。通过对标识信息的解析和分析，系统能够生成有意义的数据，支持智能决策的制定，从而更好地应对复杂的生产环境和变化。

工业互联网标识解析通过为实体分配唯一标识，实现了对工业生产中各个实体的智能化管理、协同工作和数据交换，推动了工业领域的数字化转型和智能化发展。

4.5 智能工厂的应用案例

智能工厂是当前工业制造业发展的重要趋势之一，它利用先进的信息技术和数字化技术实现生产过程的智能化、自动化和高效化。智能工厂的应用涉及多个领域，包括汽车制造、电子制造、航空航天、机械制造等，为企业提供了全新的生产方式和管理模式，极大地提升了生产效率和产品质量，推动了工业制造业向智能化和数字化转型的进程。接下来，我们将探索更多不同领域的智能工厂应用，了解智能工厂在不同行业中的具体实践和应用效果，以期为企业的智能化转型和发展提供借鉴和启示。

近年来，为积极响应国家创新发展、绿色发展等高质量发展要求，一些公司大力推进信息化、数字化、智能化建设，在全流程生产设备全面自动化、数字化和工厂管理全面智慧化的基础上，加强网络化建设，充分利用5G、大数据、人工智能（Artificial Intelligence，AI）等新一代信息技术和窄带物联网、超宽带等网络通信技术，构建自身的物联网和工业互联网平台，通过"精益+数字化"实现数据驱动的技术、业务、组织两化融合协同创新，实现了生产管理、质量管理、设备运行、能源管控、物流运输、环境监控等企业运营管控智慧化。

永卓控股旗下的永钢集团冶金尘泥循环利用绿色智能工厂使用5G、工业互联网、大数据等技术改善了传统的大体量、粗放式、弱研发、轻环保的管理模式，实现了生产集控化、安环可视化、作业无人化、点检智能化、协同高效化、管理智慧化，将工厂打造成高度信息化和智能化的"黑灯工厂"。

1. 基于5G和工业互联网的绿色智能工厂的设计意义

设计基于5G和工业互联网的绿色智能工厂的意义体现在以下两个方面。

（1）**建设冶金尘泥循环利用绿色智能工厂，是钢铁行业企业落实政策、合规经营的必经之路**。钢铁冶金工业的发展促进了经济的快速增长，为经济建设提供了物质保障，但冶炼生产所产生的大量废渣、废物等也成了环境污染的主要来源。钢铁厂废渣含有多种硫化物、氧化物等有害物质和污染物，成分复杂。如果未经妥善处理而随意排放，其产生的粉尘和颗粒物会随着空气流动释放到大气环境中，危害人体健康。

随着当前环保治理力度的加大，节能减排、绿色生产已成为钢铁企业发展的主题。如何把钢铁生产过程中产生的钢渣、富锌含铁除尘灰固体废物全面回收利用，实现变废为宝，是企业建设绿色智能工厂必须面对的问题，也是钢铁行业企业落实政策、合规经营的必然选择。

（2）**基于5G和工业互联网建厂的意义重大**。制造业在发展期间，相关人员应不断分析和探索"5G+工业互联网"时代的特点，同时将制造高端装备作为核心，持续优化和创新制造模式，提升高端装备制造质量和效率。冶金尘泥循环利用绿色智能工厂响应国际智能制造与固废处理方针，应用工业互联网一系列技术，结合5G实现整体智能，在钢铁行业内有标杆效应，可在其他地区钢铁企业落地进行推广。

2. 基于5G和工业互联网的绿色智能工厂的技术方案

建设基于5G和工业互联网的绿色智能工厂，可采用的技术方案如下。

（1）**5G CPE规划**。在厂区，5G用户驻地设备（Customer Premises Equipment，CPE）以鼎桥的CPE Ins 2.0为主。该CPE防护等级为IP65，工作温度为−40℃～60℃，可以较好地满足厂区的环境要求。

因为 CPE 在实际部署过程中遇到了信号干扰的问题，通过对比站间挡板和 CPE 缩口屏蔽罩两种抗干扰方案，最终采用缩口屏蔽罩方案，使得邻小区干扰下降 4～5 dBm、本小区干扰下降 2～3 dBm，能量汇集与干扰控制较好，可解决多终端并发带来的小区间干扰问题。

（2）**网络高可用方案**。远程接入路由器（Access Router，AR）采用 1+1 热备方案，一个设备接两个 CPE（Ins 2.0），采用负荷分担；基站基带板 1+1 备份、主控板 1+1 备份；多接入边缘计算池（Multi-access Edge Computing Pool，MEC Pool）组网；利用已经建设好的微波等，实现 5G+微波双链路，提高网络可靠性。

（3）**终端组网**。IP 摄像头和天车控制 PLC 等都采用私网 IP 地址通信，为了局域网二层通信能承载 5G 网络，需要在 5G 网络上叠加一条隧道。关于隧道技术的选择，根据实际情况的分析评估，通用路由封装（Generic Routing Encapsulation，GRE）处理器开销较小，可支持 L2 和 L3 的隧道，因此推荐采用 GRE 隧道技术。

以 5G 远控天车场景为例，5G CPE 工作在桥接模式（二层透传），天车和中控室的 AR 分别从 5G 核心网获取运营商 IP 地址，可以通过动态主机配置协议（Dynamic Host Configuration Protocol，DHCP）每次都获取相同的 IP 地址（需要核心网设置相应策略），也可以由运营商分配好后配置静态 IP 地址。这样就可以在两台 AR 之间建立起 GRE 隧道。由于本方案中还采用了微波备份，可以在微波链路上也同时建立一条 GRE 隧道，并在 GRE 隧道上配置双向转发检查（Bidirectional Forwarding Detection，BFD）连通性检测功能。这样，如果一条隧道连接断开，那么可以快速切换到备用隧道。由于 GRE 隧道的引入，增加了报文的开销，为了保障 IP 摄像头这类大数据包的传输，摄像头的最大传输单元(Maximum Transmission Unit，MTU) 可设置为 1400。

（4）**边缘云方案**。该技术方案的云边协同总体架构如图 4-1 所示。其中，OBS 代表对象存储服务，CPF 是边缘计算平台，ModelArts Pro 是一个用人工智能模型开发和管理的专业平台。

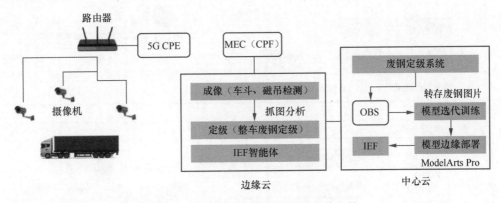

图 4-1 边缘云方案的云边协同总体架构

5G 全连接工厂建设场景主要基于机器视觉 AI 的分析应用、AR 辅助装配等，针对工厂目前的设备、机器、仓储、物流调度等业务需求及后续产业智能化升级规划目标，采用边云协同的解决方案，边缘云采用信息交换模式（Message Exchange Pattern，MEP）方案。

边缘云部署 AI 推理应用，中心云用于模型训练。中心云和边缘云之间通过智能边缘平台（Intelligent Edge Fabric，IEF）解决方案（见图 4-2）实现边云协同。

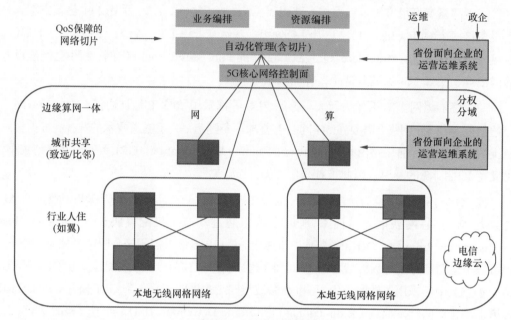

图 4-2　IEF 解决方案

通过边缘云、中心云的协同，实现 5G 定制网络的稳定时延接入能力、可靠性保障能力以及差异化隔离能力，中心云资源将基于 5G 切片/负极-正极-负极（Negative Positive Negative，NPN）晶体管实现多种颗粒度接入控制，避免工厂专属资源被抢占（见图 4-3）。

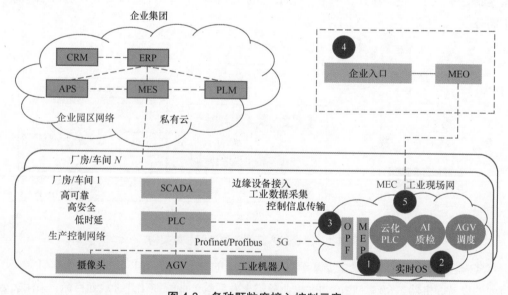

图 4-3　多种颗粒度接入控制示意

基于工业互联网技术，对各排放点、环保设备、固废计量器、气象参数等采用在线自动监控、自动检测、自动报警等智能化控制手段，通过超低排改造，企业可以建设更绿色、安全、可靠的工厂环境。

- 建立全流程自动化流水生产线。全流程提升智能制造应用比率，实施"信息化、智能化替代人工"策略。鼓励从钢铁材料生产工艺设计，到钢铁材料组织性能预测与控制，到钢铁生产智能制造等方面向全流程多层次技术组合的一体化控制方向发展，以便更好地满足客户需求，降低生产成本，提高生产效率和能源效率。
- 通过新增表面质量检测仪和在线技监诊断自动分析系统，让操作工在生产过程中能实时观察到产品表面缺陷，以便及时采取针对性措施规避产品缺陷，降低不良率；同时，实现产品档案的建立和追溯，有效提高售后服务水平。
- 新增在线设备状态监测系统，通过建立信号分析方法库、设备诊断规则库、趋势预警、远程通信等功能模块，实现设备状态综合评价与故障预警、故障诊断分析、远程技术支持，使所有重要设备的运行状态在系统画面上一目了然，实现对设备运行状态的实时监控，做到精准高效地管控设备，使得设备运转率大幅提升。
- 安全管理系统通过采用.NET技术，搭建浏览器/服务器（Browser/Server，B/S）三层安全系统管理平台，建立安全检查及隐患排查治理、风险管理、安全教育培训、特种设备设施管理、外协单位管理、安全预测预警、安全数据统计分析、安全知识库等九大功能模块，实现网络化的现场管理、安全人管理、安全物管理的三级管理制度。
- 基于工业物联网、数据平台技术，并采用钢铁流程能量流网络信息描述模型实施能源监控智能优化平台，实现所有能源介质的在线实时监控，杜绝浪费现象。

3. 基于5G和工业互联网的绿色智能工厂的设计与实施

要建设基于5G和工业互联网的绿色智能工厂，就具体的设计与实施而言，应考虑如下因素。

（1）**工业互联网平台整体规划**。通过研究5G在工业领域中的典型应用场景，对5G在工业应用中的适用性进行分析，给出在典型行业的5G应用解决方案，对于指导和推动5G在工业应用落地具有重要意义。采用工业互联网技术，构建"平台+应用"模式输出数字化和智能化服务。底层借助5G、窄带物联网（Narrow Band Internet of Things，NB-IoT）等技术，使智能设备、仪表及工业控制系统互联，建立企业级私有云IaaS和光纤网络；平台通过统一接口企业服务总线（Enterprise Service Bus，ESB）与企业原有的ERP系统、MES、L2系统对接，在PaaS层实现工业数据采集并集成各类工业模型组件，重点打造出智慧运营App和智能制造App（见图4-4）。

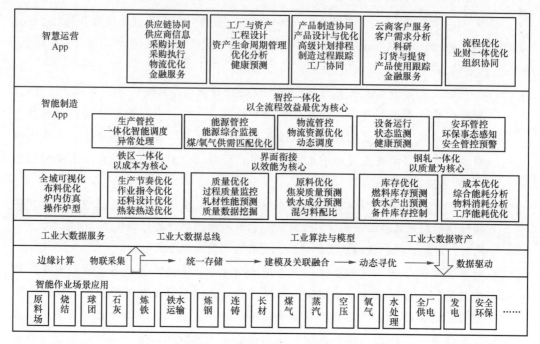

图 4-4 工业互联网平台整体规划

在生产制造现场，通过不同场景化应用的智能装备与平台建立连接，制定上层运管的质量标准、工艺标准及检修管理活动和作业计划。通过平台任务调度指令实时下达给现场各类智能测温、自动喷印机器人等设备，形成信息流、物质流和控制流同步合一，保障产品制造全过程质量稳定和生产高效。

（2）**基于5G和工业互联网的绿色智能工厂技术架构**。5G全连接工厂从系统层级、智能功能和生命周期3个维度出发，考虑基础、安全、管理、监测评价、可靠性能共性要求，使用先进自动化、智能化设备及系统，在搭建数据平台的基础上引入建筑信息模型（Building Information Modeling，BIM）、虚拟现实（Virtual Reality，VR）、5G等新兴技术，开发各类应用来提高生产效率、降低生产成本、提升安全生产水平，并为工厂的下一步发展夯实数据基础。

工厂数据平台主要集成3个方面数据，即基础数据、生产运行数据和管理数据。在集成数据平台的基础上，开发了决策支持、生产管理、设备管理、安全环保、智能物流、视频监控、厂区导览、成本管理等八大功能模块，如表4-1所示。

表4-1 八大功能模块

序号	模块名称	功能说明	集成系统
1	决策支持	领导驾驶舱，大屏展示	MES、安全环保管理系统、点巡检系统
2	生产管理	生产计划管理	MES
		生产实绩管理	

续表

序号	模块名称	功能说明	集成系统
3	设备管理	设备状态实时监控	点巡检系统
		设备异常状态报警	
		设备台账管理可视化	
		设备检修记录查询展示	
		点巡检计划、任务、记录展示	
		一键智能巡检	
4	安全环保	环保监控数据管理	安全环保管理系统
		危险性气体报警数据管理	
		人员安全与定位管理	
		重点管控区域管理	
		门禁系统管理	
5	智能物流	原辅料进厂物流管理	MES
		成品出厂发货物流管理	
6	视频监控	监控位置一键定位	安全环保管理系统
		监控画面实时播放	
		监控设备管理	
7	厂区导览	工厂三维实时展示及轨迹导览	
8	成本管理	成本管理数据展示	

（3）**基于 5G 和工业互联网的绿色智能工厂的核心场景应用**。基于 5G 通信技术的工业互联网的应用，极大地满足了一些场景的应用需求，如高速移动、旋转和网络部署维护，在强化信息传输效率的同时还可以降低成本。

虚拟现场服务 5G 全连接工厂使用 BIM 技术构建全厂的三维模型。传统的三维建模，往往使用 3ds Max 等图形软件，建成的模型仅包含几何性质，只能作展示用，无法将其与其他数据相关联。近年来，智能三维模型软件被越来越多地用于工业三维建模，而 BIM 技术是其中应用较为广泛的。BIM 的核心是通过建立虚拟的三维模型，利用数字化技术，为模型提供完整的、与实际情况一致的信息库。该信息库不仅包含描述建筑物构件的几何信息、专业属性及状态信息，还包含非构件对象（如空间、运动行为）的状态信息。借助生产线的三维模型，可大大提高生产的信息集成化程度，从而将生产打造成一个工程信息交换和共享的平台。BIM 模型中的每一个实体均能够被赋予自定义的属性，并通过这些属性与其他系统进行关联。点击模型中的实体，便可获取各种信息。如点击摄像头打开实时视频，当设备异常或故障报警时，中控工可以通过 BIM 平台快速定位到该设备并采取相应操作。

厂区智能理货 3D 劳动机器化通过对转底炉的岗位梳理与工作职责分析，识别出"3D"岗位，即环境恶劣（Dirty）、困难复杂（Difficult）、危险劳动（Dangerous）岗位，引进上料无人行车、成品料仓自动发货、锌粉自动收集、锌粉包装自动喷码、无人转运小车、智能仓库、自动清料等机器人替代人工劳动,如图 4-5 所示。厂区现有 2000 套设备入网,其中智能装备 136 套。未来,该厂区预计升级改造设备 1500 套,新增智能装备 300 套,打通控制系统 100 套,并新增 500 万个数据点。

图 4-5　3D 岗位机器化

无人智能巡检如图 4-6 所示,利用可视化技术可实现"无人点巡检"。通过创建一名"虚拟员工",在制定巡检路线上实现一键开启智能巡检,代替真人现场巡检。以"虚拟员工"的视角,在制定好的路线中查看相关设备数据。"虚拟员工"点巡检的效率是普通员工的 3 倍左右,在"虚拟员工"巡检过程中,只要有一处设备发生故障,显示大屏上就会发出警报信息,工作人员便能在第一时间发现问题并迅速采取措施。这不仅可以让"虚拟员工"按照设定路线点巡检,还能让身处中控室的普通员工通过 VR 模拟生产的真实环境,只要戴上 VR 眼镜就能实现去任意位置点巡检。这种"足不出户"的点巡检方式,不仅可以让工厂员工在任意时间"亲临"生产现场对设备进行检查,还能在保证安全的前提下,有效降低安全培训成本。

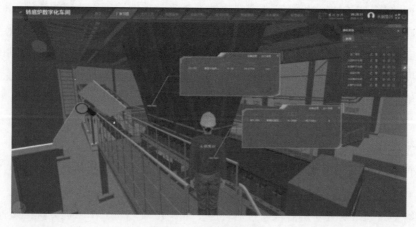

图 4-6　无人智能巡检

生产现场监测如图 4-7 所示，配合定位手环使用，中控室大屏上的红色部分是重点管控区域设置的电子围栏，当员工靠近或者误入此区域时，系统会自动报警提醒员工，可极大降低安全隐患。在一些特定作业时，例如点巡检过程中的人员或作业检修人员进入重点管控区域、超出安全作业时间时，系统也会自动报警并将信息反馈到中控室，中控室数字化工厂的报警系统模块会实时联动报警，第一时间通知管理人员。

图 4-7　生产现场监测

工厂配备高精度人员定位管理系统，结合移动定位技术和 5G 通信技术，为员工配置智能定位手环，除可随时检测人员活动范围外，还可以实时监测人员健康状态。

生产效能管控 5G 和工业互联网在设计之初即构建了专属的能源管理系统，并接入企业级能源管理平台，不仅可实现生产现场内部的能耗数据采集和管理，还能支撑企业级的能源调度和管理要求，通过公司级的能耗管理向下层层追溯，可以做到工序、班组、产品的能源精细化管理，大幅减少能源浪费。智慧能源管理如图 4-8 所示。工厂的能源综合管理系统中建有产耗预测模型，实现了对水、电、氧、气（汽）等消耗的实时监控、指标超预警功能，能耗目标≤190.907 kgce/t；还建有物料消耗的配料计算模型，在满足成品质量要求的前提下，可实现原辅料最低成本配比。

图 4-8　智慧能源管理

利用能源综合管理系统,处理分析转底炉能源消耗的实时监测数据,建立产耗数学模型,并通过可视化技术展现在转底炉中控室。通过数字模型预测生产水、电、气(汽)等能耗,完成数据分析改进、能耗异常监测、指标超预警功能,从而控制转底炉能源消耗,实现资源的优化调度和有效管理。

4. 基于 5G 和工业互联网的绿色智能工厂的关键核心技术

工业互联网依赖高速通信网络技术,分析性能卓越的 5G 通信网络有力地推动互联网应用的快速发展,对工业互联网的应用产生巨大影响。

(1)**5G 组网**。由于工厂车间大多为金属结构,有线方式布线困难,传统无线通信设备无法可靠使用,传统的"Wi-Fi + 有线"方式无法达到数据传输的要求。同时,考虑到私密性及低时延要求,企业采用"5G 专网 + MEC"方案,用来传输各种数据、视频等。其中,MEC 部署在苏州电信机房,作为网络边缘计算平台,和公网演进型分组核心网(Evolved Packet Core,EPC)共用机房资源,专网的控制面和业务面流量均与公网 EPC 隔离。公网用户接入新空口(New Radio,NR),S1 流量正常路由接入 EPC,不经过 MEC 设备。企业专网用户通过专属公共陆地移动网(Public Land Mobile Network,PLMN)接入 MEC 设备,专网用户数据直接通过专网的传输链路到达 MEC 设备,传向企业服务器,专网数据不经过公网核心网。且 MEC 无须对 EPC 做任何的软件和硬件上的改动,仅需要本地修改基站部分路由的数据,如跟踪区域码(Tracking Area Code,TAC)参数。

在运营商提供的基础设施(公有云、行业云、移动互联网、承载网等)下,共 25 个基站,将网络部署在核心机房,再转为厂区范围内的专用网络,最终传输到区域内的各数字终端。

5G 组网数据指标:切片速率方面,单终端极速上行率为 100 Mbit/s,下行率为 1000 Mbit/s;单终端畅联上行速率为 60 Mbit/s,下行率为 500 Mbit/s。时延及抖动方面,最大双向时延小于 40 ms,平均双向时延为 20 ms。5G 覆盖率为 95%,平均参考信号接收功率(Reference Signal Receiving Power,RSRP)为 -95 dbm,平均信号与干扰加噪声比(Signal to Interference plus Noise Ratio,SINR)为 3,误块率(Block Error Rate,BLER)为 15,丢包率为 0.50%,上行平均速率为 80 Mbit/s,下行平均速率为 800 Mbit/s,NR 切换成功率为 98%。

(2)**工厂联网和数据采集**。随着工业互联网的发展,计算机在工业自动化领域发挥着越来越重要的作用。工厂选用了各种智能仪器仪表,这些智能设备的现场运行数据可以通过网络实时地采集到应用系统,从而将设备的运行状态采集到分布在不同地理位置的应用系统中,方便工作人员随时掌握设备的生产信息,并用于状态跟踪、故障诊断等。

在线数据自动采集系统是衔接各个自动化系统与 MES、点巡检系统及安全环保系统之间的桥梁,能够自动在线采集设备状态、故障、报警、能耗、加工步骤等状态信息,接收管理系统的计划、指令,并将这些信息下发到各个自动化及控制系统,同时采集各个自动化及控制系统的操作实绩信息，通过计算汇总之后再反馈至各个管理系统。在线数据自动采集系统采集的数据主要包括能源的数据、原辅料的消耗数据、成品的产出及发出货数据和生产过程实际数据，以供信息资源互通、数据集成与共享。

（3）工厂边缘计算设计。5G 全连接工厂中的边缘计算主要应用在人员定位方案中，考虑到超宽带（UWB）定位数据的私密性及低时延要求，故应采用"5G 专网 + MEC[①] + UWB[②]"方案，如图 4-9 所示。

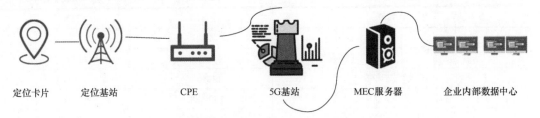

图 4-9 "5G+MEC+UWB" 方案

MEC 部署在苏州电信机房，作为网络边缘计算平台，对定位芯片上传的数据进行处理。MEC 边缘计算结合 5G 网络的组网方案具有超带宽（本地服务，不受核心网带宽限制）、低时延（本地处理，适合工业自动化等重要通信应用）、大连接（本地计算，内容汇整增强，减少传输负荷）、高可靠性（企业业务在本地处理，具有更高的安全性）的特点，可为移动终端提供更好的业务体验。

针对专网用户鉴权原理和实现方式，为确保只有企业内的特定用户才能使用专网业务，MEC 提供了对用户的多重鉴权方式。专网用户只能通过专属 PLMN 和专属接入点名（Access Point Name，APN）接入 MEC 设备。同时，MEC 设备会对想要登录的终端的 SIM 卡的 IMSI 进行鉴别，仅允许在 MEC 中被写入相应信息的终端登录。

5. 基于 5G 和工业互联网的绿色智能工厂的技术创新成果

以 5G 为核心切入制造行业，以大规模数据采集、视频监控、机器视觉、AR 点检及培训等集成应用与工业软件构建智能工厂产品体系和解决方案能力数字化转型是制造业未来发展的必由之路。5G 全连接工厂现已实现生产制造过程的数字化，信息、数据可以在执行层、基础层、管理层间进行交互。工厂中基础层的设备均已具备数字化功能，物料、辅具、人员等生产资源已具备了可数字化识别的能力。通过数字化贯穿执行层中各个管理模块的业务、活动及资产管理，实现生产精益化、透明化。同时，从统筹管理角度出发，能效管理、安全管理、环境管理、办公自动化、项目管理等已与公司级平台对接。

生产设备数字化、智能化、自动化覆盖率为 99%。应用射频识别、二维码等方式对生产资源进行自动、半自动识别，使得工厂的自动化信息、数据采集率达到 95%；运用工业

---

① MEC 即移动边缘计算，其英文全称为 Mobile Edge Computing。
② UWB 即超宽带，其英文全称为 Ultra Wide Band，是一种无线载波通信技术。

物联网、5G 等技术实现工厂内各层级资源之间的信息交互；现有的 MES、质量管理、设备管理等系统已覆盖工厂生产制造全过程；研发的设备状态监控的故障预测、微检修、VR 检修、人员定位健康监控等系统则可以对人和物的安全进行有效的分析、评估、预防、规避，大幅提高安全生产水平。5G 全连接工厂固废成效如表 4-2 所示。

表 4-2　5G 全连接工厂固废成效

指标项		永钢集团固废	传统固废
生产运转率		≥98%	≤72%
直接还原铁（DRI）球团	粉化率	<20%	>25%
	金属化率	70%	65%
员工效率提升率		30%	35%
（含原料）成本（元/吨）		1456.88	952.41
每月收益（元/吨）		1385.14	1132.27
粉尘浓度（mg/m³）		<30	<10
SO_2（mg/m³）		<150	<50
NO_x（mg/m³）		>98%	<200

5G 全连接工厂的绩效指标优化情况如表 4-3 所示，满足《国家智能制造标准化建设体系指南》《江苏省"十三五"智能制造发展规划》的相关绩效要求。

表 4-3　5G 全连接工厂的绩效指标优化情况

指标名称	永钢集团实绩	传统实绩	优化情况
生产效率	98.0%	72.0%	提高 36.1%
运营成本/元/吨	952.41	1456.88	降低 34.6%
产品不良品率	1.8%	3.4%	降低 47.1%
能源利用率	68.0%	52.0%	降低 23.5%

工厂全面 5G 化的应用效果如下。

- 降低布线成本："5G+UWB"方案可以大大减少布线的需求，因为 5G 网络本身采用无线通信技术，可以避免传统的有线布线方式带来的高成本和复杂性问题。同时，UWB 技术具有精确测距和定位的功能，可以在室内和复杂环境中实现高精度定位，而不需要布设大量的传感器和线路。
- 提高上线速度：基于 5G 网络的高速度数据传输能力，无人天车[①]的控制系统可以更快地获取车辆的状态和位置信息，并更快地发送控制指令。这可大幅缩短无人天车的上线时间，提高其工作效率。

---

① 无人天车：这是一种基于机器人和自动驾驶技术的城市物流解决方案，主要由车体、传感器和控制系统三部分组成。——编辑注

- 增强可靠性和稳定性：5G 网络具有更高的可靠性和稳定性，因为其具有更好的通信协议和更强的技术支撑。这可以确保无人天车在运行过程中不会因为通信问题而出现故障或停机。

随着 5G 技术的不断发展和普及，人们可以预见未来无人天车将会更智能化和自动化。例如，通过 5G 网络连接更多的传感器和设备，无人天车可以更好地感知周围环境，更智能地规划和执行任务。同时，通过与云计算和人工智能技术相结合，无人天车可以实现更高级别的自动化，甚至获得自主决策和自我学习的能力。

通过 5G 技术构建工厂的物联网，将车间所有工作人员与设备纳入物联网的管理。工厂车间大多为金属结构，有线方式布线困难，传统无线通信设备无法可靠使用，故可采用"5G 专网＋MEC 边缘计算"方案，用来传输各种数据、视频、信息等。通过打造坚实的 5G 通信底座，相关工厂在自动化、信息化、智能化方面得以大刀阔斧地改革和建设，先后获得省智能制造示范工厂、江苏省 5G 全连接工厂、中国标杆智能工厂、工业互联网赋能绿色低碳发展优秀案例等荣誉称号。

第5章　工业互联网标识数据处理在智能工厂的应用

工业互联网的核心在于数字化、网络化和智能化。数字化是指将物理世界的数据进行数字化转换；网络化是指通过互联网连接不同的设备和系统；智能化则是指在数据和网络的基础上，通过人工智能等技术实现对生产过程的智能控制和优化。在工业互联网中，标识数据处理是一个关键的环节。本章将着重讨论工业互联网标识数据处理在智能工厂的应用。

5.1　标识数据处理的基本内涵

5.1.1　工业互联网中标识和数据处理的关系

在工业互联网中，标识和数据处理是两个不可分割的环节，它们之间存在着紧密的关系。标识可以为设备和物品赋予独一无二的身份，实现对其进行追踪和管理的目的，而数据处理可以对采集到的数据进行处理和分析，实现对生产过程的实时监测和优化控制。

在工业互联网中，标识和数据处理之间的关系主要表现在以下几个方面。

- 标识可以为采集到的数据进行标记和关联，使得数据处理更准确和高效。
- 数据处理可以通过对采集到的数据进行处理和分析，实现对标识对象的实时监测和优化控制。
- 标识和数据处理共同构成工业互联网的智能化核心，实现对生产过程的全方位监测和控制。

标识数据是将标识与数据进行结合，实现对生产过程中设备、物品等的实时监测和管理；可以实现对设备、物品等的追踪和定位，以便于对其进行管理和维护；可以为数据采集和处理提供准确的标记和关联，以便于对数据进行分析和处理；可以为生产过程的优化和智能化控制提供基础支撑，以实现对生产过程的实时监测和优化控制。标识数据需要采用各种技术和算法进行处理和分析，以实现对生产过程的智能化控制和优化。

5.1.2　标识数据处理与标识解析功能视图架构

在工业互联网中，标识数据处理是指对从设备、传感器、数据库等采集的标识数据进行处理和分析的过程，以便于实现生产过程的优化和智能化控制，是实现智能化生产的关键环节。

标识数据在标识解析体系中占据着重要的作用。工业互联网标识解析功能视图架构如图5-1所示。

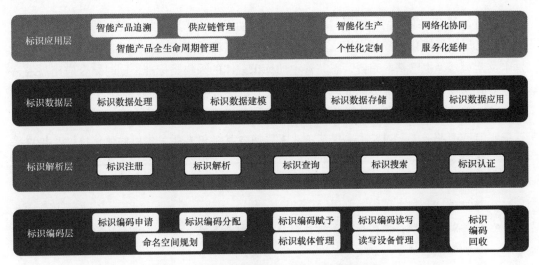

图 5-1　工业互联网标识解析功能视图架构

标识解析功能视图架构主要由 4 层构成，分别是标识编码层、标识解析层、标识数据层和标识应用层。其中，标识数据层主要包括标识数据处理、标识数据建模、标识数据存储和标识数据应用技术。

标识数据层主要提供标识数据服务，标识数据服务是指能够借助标识编码资源和标识解析系统开展工业标识数据管理和跨企业、跨行业、跨地区、跨国家的标识数据共享共用服务。标识数据层进行标识数据处理、建模、存储、交换、异构互操作和标识数据应用，为应用层提供数据支撑，实现产品追溯和全生命周期管理。

标识数据层的主要工作分为标识数据采集与处理、标识数据交互两部分。

1. 标识数据采集与处理

标识数据层要实现的主要工作是标识数据的采集和处理，标识数据采集与处理是指基于采集设备感知和获取对象标识及其相关信息的过程，应具备协议转换、数据过滤清洗、数据关联、语义匹配等能力。采集和处理标识数据可以帮助发现数据中的潜在价值和趋势。通过对数据进行分类、清洗和预处理，可以减少噪声和异常值的影响，提高数据的质量和可信度。对清洗的数据进行进一步分析，可以揭示数据中的规律、趋势和关联性，帮助优化决策和业务过程。标识数据采集与处理的理由包括数据价值挖掘、决策支持、业务优化、资源和成本控制以及增强竞争力。通过科学有效地进行标识数据的采集与处理，可以实现对数据的充分利用和价值挖掘，提升企业的决策能力和市场竞争力。

一维码可用于识别商品的基本信息（如商品名称、价格等），二维码技术可表示各种多媒体信息及多种文字信息，RFID 技术可识别高速运动物体并可同时识别多个标签，传感器网络可实现局域网内的多种信号的实时采集与检测，近场通信技术可实现稳定、安全、低功耗的近距离数据传输，主动标识载体技术能够与运营商的公共网络能力相结合，主动发起与标识相关的服务。

目前，基于一维码、二维码、电子标签等自动识别和采集已具备完善的技术体系，通用产品已形成规模化生产与应用，其他被动采集设备的采集标准如传感器网络、无接触识别卡及读写器等也已基本完备，需完善主动标识载体的采集类标准，同时结合应用需求，建立多应用场景下的采集类标准。对于处理类（如数据过滤、语义匹配等），当前还缺乏相关标准，需要根据企业的具体采集与处理需求加快推进相关标准的立项、研制。

- 标识数据采集标准：主要规范工业互联网各类标识采集实体间的通信协议及接口要求等。
- 标识采集方法：主要规范标识数据采集格式、采集内容、采集数据质量要求、采集接口等。
- 标签载体管理：主要规范多种标识载体的承载容量、性能要求、环境适应性、可靠性、测试方法等。
- 读写设备管理：主要规范一维码、二维码、电子标签等载体的采集设备技术与管理要求，针对采集数据的数据过滤、语义匹配等处理方法。

2. 标识数据交互

标识数据交互是指通过对标识数据过滤、去重、映射以及对标识服务数据建模和语义处理，解决标识对象因行业不同、垂直领域的用途不同造成的数据性质各异和表达形式不同的问题，实现异构数据的处理、关联、整合和描述，促进跨企业、跨行业、跨地区和跨国家的标识数据共享服务。

国际上数据交互涵盖细分领域数据字典的制定，以 IEC、电气电子工程师学会（IEEE）为主导，从工业生产面临的具体问题出发，涉及电子电器、机械等工业标识数据字典的参数和数据库指标、开放系统互联互通等标准，标准对于实现的接口细节一般不做详细规定，具有分层、异构、碎片化特征。国内已有部分领域的数据模型和数据交互类标准，在 IT 侧，侧重于对实体元数据建立接口级别的交互规范；在 OT 侧如运输、电力、仪表等行业均建立了基于行业应用的交互规范，如运输系统数据字典、自动抄表数据交互协议、变电站数据交互规范等。

在工业互联网中，由于工业应用场景复杂多变，与传统互联网相比，增加了标识数据交互的难度。一是智能设备、工业软件、信息化系统的网络协议和操作系统不一致，需制定面向应用的通用性互操作协议；二是制造业不同行业、垂直领域内的数据具有不同性质、不同类型、不同表达形式，数据标准不一致，导致工业标识数据难以实现信息共享和交互，需构建标识数据模型、建立面向工业对象的统一元数据规范。

制定标识数据交互的标准可以促进数据交换和共享，保证数据质量和准确性，提高系统的互操作性，便于数据治理和管理，以及支持创新和发展。通过制定标准，可以消除数据交换过程中的不兼容性和冲突，促进数据共享，实现互联互通。标识数据交互的标准可以统一数据格式、结构和规范，使得不同系统或组织之间的数据交换更便捷和高效。通过制定标准，可以消除数据交换过程中的不兼容性和冲突,促进数据共享,实现互联互通;通过标准的制定和应用,可以实现数据的高效流动和有效利用,推动数字化转型和智能化发展。

- 交互处理标准:主要规范标识数据建模方法和交互服务机制,包括数据模型、语义化描述、产品信息元数据,以及交互协议与接口、数据共享与服务、数据安全等标准。
- 标识数据模型:主要包括标识数据管理、数据建模、数据字典、数据语义化描述等,建立标识解析体系下数据的统一处理、关联、整合和描述。

标识数据模型要求标识符具有唯一性,即每个实体或对象都必须有唯一的标识符。这样可以确保在不同的系统和环境中都能准确地识别和定位数据,避免重复和冲突。同时,标识数据模型要求标识符的格式、结构和命名规则在整个系统中保持一致,这有助于避免出现混乱和歧义,方便数据交流和集成。另外,标识数据模型要求能够支持系统的扩展和演变。即使在系统进行改变和升级的情况下,标识数据模型的核心标识符也能够保持稳定,避免对已有数据和业务造成太大的影响。标识数据模型要求能够确保数据的安全性和隐私保护。通过合理的标识数据模型设计,可以实施数据的访问控制和权限管理,进而保证数据的机密性和完整性。

- 标识元数据:主要包括标识核心元数据、垂直行业元数据等,总结提炼用于标识解析的规范化数据描述方法及关键数据集。标识元数据需要定义和描述数据的属性、特征以及与其他数据之间的关系。元数据应该清晰地说明数据的含义、格式、类型、范围等信息,以便于理解和解释数据。标识元数据需要遵循一定的标准和规范。例如,可以使用特定的元数据模型、词汇表或元数据规范来定义和描述元数据,使得不同系统和环境中的元数据具有一致的格式和结构。标识元数据需要能够关联和描述数据之间的关系。例如,可以使用约束条件、链接关系或关联规则来描述不同数据元素之间的关系,以便于理解和分析数据的相关性和依赖性。标识元数据需要进行文档化和记录。可以编写元数据文档,记录元数据的定义、描述、变更历史等信息,以方便用户了解和使用元数据。
- 交互服务模式:主要包括标识数据同步、数据服务、交互接口、数据安全和隐私要求等,规范标识解析体系各级节点间、各参与方间的信息传递及交互机制。交互服务模式需要明确定义和描述可用的服务类型、功能和操作,包括服务的输入、输出、业务逻辑以及与其他服务之间的关系和依赖。交互服务模式需要遵循一定的接口标准和规范,定义服务的接口协议、数据格式、访问方式等,使得服务可以在不同系统和环境中进行交互和集成。交互服务模式需要进行访问和调用控制,以保证服务的安全性和可用性。可以使用身份认证、权限控制等机制,规定只有合法用户或系统能够访问和调用服务。通过上述要求和标准,交互服务模式能够实现服务的标准化、可扩展性、互操作性和可维护性,提高系统间的集成和交互效率,这有助于促进系统的模块化和解耦,提高系统的灵活性和可重用性。

5.1.3 标识数据处理的实现流程

在工业互联网中，标识数据处理流程涉及标识数据采集、数据预处理、数据传输、数据存储、数据管理、数据建模、数据分析与处理，以及数据应用等环节，如图5-2所示。

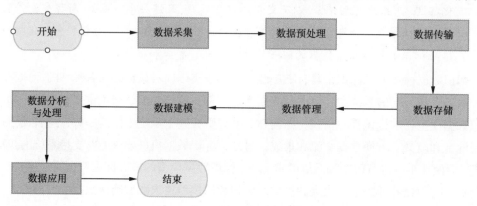

图 5-2　标识数据处理流程

首先，数据采集环节涉及从工业设备、传感器等来源收集数据，例如设备运行状态、传感器测量值等。采集到的原始数据往往包含噪声、异常值、缺失值等可能存在质量问题或格式杂乱无章，为了使数据可用于后续分析，需要进行数据预处理操作。

数据预处理主要包括数据清洗、数据转换和数据集成。数据清洗用于去除噪声和异常值等，数据转换用于将数据转变为特定的格式或单位，数据集成用于将不同数据源的数据进行整合。数据预处理步骤包括数据发现，即确定数据来源和类型；数据验证，确保数据的完整性和准确性；数据结构化，将原始数据转化为适合存储和分析的形式；数据充实，整合不同数据源来丰富数据内容；数据过滤，筛选出符合特定条件的数据；数据清洗，消除数据中的噪声和错误等。

完成数据预处理后，数据需要通过数据传输进行传送，可以通过网络或其他通信方式将数据传输到需要的地方，例如将经过预处理的数据通过网络传输到数据中心或云平台。数据传输可以采用有线或者无线的方式。常用的协议包括MQTT、超文本传送协议（HTTP）、受限应用协议（CoAP）等。数据传输可以采用边缘计算的方式，将数据处理推送到接近设备的边缘服务器，以减少传输延迟和带宽压力。

传输后，数据需要进行有效的存储，选择合适的存储系统，如关系数据库或分布式文件系统，以确保数据的安全和可靠性。数据存储可以采用关系数据库、NoSQL数据库、分布式文件系统等。存储的数据可以根据不同的需求进行持久性存储或者实时缓存。

数据管理涉及数据的组织、管理和维护，包括数据的收集、归档、备份、恢复、权限管理、数据质量管理等。数据管理要确保数据的安全性、完整性、可靠性和可用性。

数据建模是指根据业务需求和分析目标，对数据进行建模和设计，为后续的数据分析与处理做准备。数据建模是对数据进行抽象和描述的过程。建立合适的数据模型，有助于更好地理解和利用数据。常见的数据建模方法包括关系模型、数据仓库模型、图模型等。

数据分析与处理是指使用各种分析工具和算法对存储的数据进行提取、转换、加载和分析，这是工业互联网中重要的环节。通过运用数据挖掘、机器学习、统计分析等方法，对数据进行挖掘、分析和处理，发现数据中的模式、规律和关联。常见的数据分析技术包括聚类、分类、回归、关联规则挖掘、异常检测等。通过探索数据的模式、关联和趋势，生成有价值的洞察和结论。

数据应用则是指将分析结果应用于实际业务场景中，以支持决策制定、优化业务流程、改进产品设计等，实现数据驱动的决策和创新。通过对数据分析的结果，可以将其应用于工业生产过程中，例如优化生产调度、实现预测维护、提高产品质量、降低成本等。数据应用可以通过可视化工具将分析结果直观地展示给管理者和决策者，也可以通过与其他系统的集成实现自动化决策。

5.2 标识数据处理

在工业互联网应用中，采用标识数据处理技术对数据的收集、存储、处理和分析提供有效的支撑，利用数据的力量来推动业务发展、改善决策过程、提升效率和创新能力，从而让企业在竞争激烈的商业环境中获得持续的优势。

5.2.1 标识数据采集

工业互联网场景中的数据来自各种多源异构设备和系统，如何从这些设备和系统中获取数据，是工业互联网面临的第一道门槛。工业互联网中的标识数据采集是指通过传感器、智能设备、网络通信等手段，对工业设备运行状态、生产数据等信息（包括数据类型、数据来源、数据格式等）进行采集。标识数据采集是工业互联网中的一项重要技术，可用于实时、准确地获取工业数据，以支持工业互联网平台的运行和应用。标识数据采集通常涉及传感器与设备连接、数据采集和传输、数据标识和记录、数据质量监测以及实时性和时序性。通过标识数据采集，工业互联网可以获得大量的实时和准确的工业数据，为工业互联网平台提供基础数据支撑，进而支持工业设备监测、数据分析和决策优化等应用。

1. 标识数据采集的范围

标识数据采集利用泛在感知技术对多源异构设备和系统、环境、人员等一切要素信息进行采集，并通过一定的接口与协议对采集到的数据进行解析。信息可能来自加装的物理传感器，也可能来自装备与系统本身。

《智能制造工程实施指南（2016—2020）》将智能传感与控制装备作为关键技术装备研制重点，针对智能制造提出了"体系架构、互联互通和互操作、现场总线和工业以太网融合、工业传感器网络、工业无线、工业网关通信协议和接口等网络标准"，并指出应"针对智能制造感知、控制、决策和执行过程中面临的数据采集、数据集成、数据计算分析等方面存在的问题,开展信息物理系统的顶层设计"。

该指南蕴含两方面信息:一是工业数据采集是实现智能制造和工业物联网的基础和先决条件,后续的数据分析处理依赖于前端的感知;二是只有各种网络标准统一,才能实现设备系统间的互联互通,而多种工业协议并存是目前工业数据采集的现状。

广义上,工业数据采集分为工业现场数据采集和工厂外智能产品/移动设备的数据采集(工业数据采集并不局限于工厂,工厂之外的智慧楼宇、城市管理、物流运输、智能仓储、桥梁隧道和公共交通等都是工业数据采集的应用场景),以及对 ERP、MES、APS 等传统信息系统的数据采集。

如果按传输介质划分,那么工业数据采集可分为有线网络数据采集和无线网络数据采集。

工业互联网标识数据采集的范围通常涵盖以下几个方面。

- 设备数据采集:包括传感器、计量仪表和设备等的实时监测数据,如温度、压力、流量、电流等。
- 运营数据采集:包括生产线上的生产进度、设备运行状态、产品质量数据等,用于监控生产过程和运行效率。
- 能耗数据采集:包括设备、系统和工序等的能耗数据,用于能源管理和节能优化。
- 安全数据采集:包括设备状态、环境参数、人员行为等数据,用于预警、检测和防止安全事故。
- 资产数据采集:包括设备的基本信息、维护记录、保养计划等,用于资产管理和设备维护。
- 历史数据采集:包括设备运行数据、生产数据等的历史记录,用于分析和预测模型的建立。

2. 标识数据采集的特点

标识数据采集具有一些鲜明的特点,在面对具体需求时,不同场景会对技术选型产生影响,例如设备的组网方式、数据传输方式、数据本地化处理、数据汇聚和管理等。

(1)**多种工业协议并存**。工业领域使用的通信协议有很多,如 PROFIBUS、Modbus、CAN、HART、EtherCAT、EthernetIP、Modbus/TCP、PROFINET、OPC UA,以及大量的厂商私有协议。出现这种状况的重要原因之一是工业软硬件系统存在较强的封闭性和复杂性。

由于多种工业协议间的兼容性差,不同的协议之间往往不能直接交互和通信,需要通过网关、协议转换器等设备进行转换和中介。这样不仅增加了设备的复杂性和成本,也影响了数据的实时性和准确性。设想在工业现场,不同厂商生产的设备,采用不同的工业协议,要实现所有设备的互联,需要对各种协议做解析并进行数据转换,这是工业物联网存量改造项目开展时最先遇到的问题——想要实现"万国牌"设备的数据采集,既耗时又费力。

由于多种工业协议采集的标识数据格式不同，数据的整合和处理也变得困难。对于需要跨越不同行业和领域的标识数据采集应用，这样的问题尤为突出。如果是新建设的工厂，应从最开始的规划阶段考虑车间、厂级和跨地域的企业级工业物联网应用要求，在没有"历史包袱"的情况下，通过制定标准，综合评估现场的电磁环境抗干扰要求、数据带宽要求、传输距离、实时性、组网时支持的设备节点数量限制、星形或菊花链网络拓扑、后期扩展性等因素，选择合适的技术路线，并设计好OT与IT互通的接口，这将大大降低数据采集的难度和工作量。

为了应对多种工业协议并存的问题，我们可以通过标准化协议统一不同工业协议的数据格式和通信方式，实现不同设备和系统之间的互联和交互。例如，OPC UA 就是一种跨行业、跨平台的标准化协议，可以实现各种设备和系统之间的数据交换和集成。通过采用网关技术，将不同协议的数据进行转换和中介，使其能够在不同设备和系统之间进行通信和交互。这样虽然会增加一定的设备复杂性和成本，但可以有效解决多种工业协议并存的问题。通过采用云计算技术，将采集的标识数据上传到云端进行存储和处理，可以避免多种工业协议的不兼容和整合困难问题。同时，云计算也可以提供更强的安全保障和数据隐私保护，为标识数据采集提供更可靠和稳定的技术支持。

（2）**时间序列数据**。标识数据采集大多数时候带有时间戳，即可以说明数据是在什么时刻采集的。大量标识数据建模、工业知识组件和算法组件，均以时间序列数据作为输入数据，例如时域分析或频域分析方法，都要求原始数据包含时间维度信息。

工业物联网应用越来越丰富，延伸到了更多的场景，例如室内定位开始在智慧仓储、无人化工厂中探索应用，无论是基于时间还是基于接收功率强度的定位方式，其定位引擎都要求信号带有时间标签才能完成定位计算，保证时空信息的准确性和可追溯性。

在搭建工业物联网平台时，应结合时间序列数据的特点，在数据传输、存储、分析方面做针对性考虑。例如，时序数据库（Time Series DataBase，TSDB）专门从时间维度进行设计和优化，数据按时间顺序组织管理。

简单来说，时间序列数据就是按照时间顺序排列的一系列数据点。每个数据点都与特定的时间点或时间段相关联，可供使用者根据时间戳进行排序和组织。时序性使得时间序列数据在分析和建模中能够捕捉到时间上的趋势、周期性和相关性。时间序列数据通常是连续的，也就是说，相邻的数据点之间存在着密切的联系和关联。

时间序列数据的连续性意味着采集到的数据点之间存在一定的相关性和依赖关系，相邻数据点的取值通常是相似或相近的。时间序列数据通常包含多个变量或指标的取值，这就形成了高维数据集。不同的传感器或监测设备可能会采集不同的参数或指标，如温度、湿度、振动等，这些参数构成了时间序列数据的不同维度。高维度的时间序列数据提供了更全面的信息，可以支持更多的分析和挖掘。某些时间序列数据具有明显的周期性。周期性是指数据在一定时间范围内出现规律性的重复变化，例如气温、股票价格、电力负荷等在一天、一周或一年内常会出现周期性的波动。周期性的时间序列数据可以用于预测和模拟周期性变化的趋势和模式。

时间序列数据中常常存在噪声和异常值。噪声是由传感器测量误差、数据采集和传输过程中的干扰等所导致的随机波动。异常值是指数据中的异常点，与其他数据点明显偏离。噪声和异常值的存在使得时间序列数据在处理和分析过程中需要进行噪声滤除和异常检测。在某些情况下，时间序列数据的采集间隔是不均匀的。这可能是由数据采集设备的特性、采集频率的设置或数据传输和存储的限制等所导致的。不均匀的数据间隔要求在处理和分析中采用适应性的方法，以充分利用数据的信息。

（3）**实时性**。标识数据采集的一个很大特点是实时性，包括数据采集的实时性以及数据处理的实时性。例如，基于传感器的数据采集，其中一个重要指标为采样率，即每秒采集多少个数据点。采样率低的如温湿度采集，采样间隔在分钟级；采样率高一些的如振动信号，每秒钟采集几万个数据点甚至更多，这样方便后续信号分析处理，以获得高阶谐波分量。

有些大的科学装置，例如粒子加速器的束流监测系统，采样率达数兆每秒。采样率越高意味着单位时间数据量越大，如此大的数据量，如果不加处理直接通过网络传输到数据中心或云端，那么对于网络的带宽要求会非常高。在如此大的带宽下，很难保证网络传输的可靠性，可能会产生非常大的传输时延。

部分工业物联网应用，如设备故障诊断、多机器人协作、状态监测等，由于要求在数据采集、分析、决策执行之间完成快速闭环，因此对数据的实时处理有着较高的要求。如果将数据上传到云端、云端分析后再回来指导下一步动作，一来一回产生的时延，在很多时候将变得令人不可接受。

上述业务场景将在靠近数据源头的现场对数据进行即时处理、实时分析并提取特征量，然后基于分析的结果进行本地决策，指导下一步动作，同时将分析结果上传到云端——数据量经过本地处理后大大减小了。

标识数据采集能够实时地获取和记录数据，并且可以按照预定的时间间隔或触发条件进行采集。实时性意味着数据采集可以及时地反映当前的状态和变化，而不是延迟处理或获取。标识数据采集可以实时、连续地监控设备、系统或环境的状态。通过即时采集数据，可以实时监测设备的运行状态、系统的性能指标、环境参数的变化等。实时监控有助于及时发现异常、预警故障，并采取相应的措施进行干预和处理。标识数据采集可以快速获取数据并实时响应。例如，当发生特定事件或达到预设条件时，数据采集系统可以立即响应并采集相关数据。立即响应有助于实时采集和记录事件、状态或指标的变化，为用户提供数据支持和依据。标识数据采集可以通过高速传输通道将采集到的数据迅速传输到后端处理和存储系统。快速传输确保数据可以在较短的时间内到达目的地，保证数据的及时性和有效性，方便后续的数据分析和应用。标识数据采集可以通过实时反馈将采集到的数据返回给用户或相关系统。实时反馈能以可视化的方式展示数据，例如实时监测画面、仪表盘等，使得用户可以及时了解和分析数据，做出实时决策。

实时性特点使得标识数据采集在许多应用场景中具有重要意义。例如，在工业生产中，实时监控和采集设备状态的数据可以帮助及时发现并解决问题，提高生产效率和产品质量；在物流和供应链领域，实时采集并分析物料与库存的数据可以帮助优化物流和库存管理，提高效率和响应能力；在能源和环境监测，实时采集和分析能耗和环境参数的数据可以有效节能和保护环境等。综上所述，实时性是标识数据采集的重要特点，为实时监控、决策和优化提供强有力的支持。

3. 标识数据采集的体系结构

标识数据采集的体系结构涉及设备接入、协议转换和边缘计算。设备接入是标识数据采集建立物理世界和数字世界连接的起点。设备接入利用有线或无线通信方式，实现工业现场和工厂外智能产品/移动装备的泛在连接，将数据上传到云端。工业领域的标识数据采集发展了多年，存在设备接入的复杂性和多样性等问题。

设备接入后，将对数据进行解析、转换，并通过标准应用层协议（如MQTT、HTTP）上传到物联网平台。部分工业物联网应用场景中，在协议转换后，可能先在本地做实时数据分析和预处理，然后上传到云端，这样可以提升实时性并降低网络带宽压力。

近几年来，边缘计算发展迅速，人们日渐意识到数据就近处理的优势，无论是出于时效性还是出于数据安全性、网络可靠性考虑，边缘计算在工业物联网体系中均扮演着重要角色，边云协同也逐渐成了广受认同的方式。

工业互联网标识数据采集的典型体系结构涉及传感器和设备层、通信网关、数据处理和存储层，以及应用与服务层。

位于工厂现场的传感器和设备层是标识数据采集的基础。传感器及设备包括各种类型的传感器和工控设备，如温度传感器、压力传感器、液位传感器、可编程逻辑控制器、机器人等，它们负责感知现场环境、收集设备状态、采集生产数据等。

通信网关位于传感器和设备层与端系统之间，负责将传感器和工控设备采集到的数据传输到后端。通信网关可以是硬件设备（如工业以太网交换机、网关设备等），也可以是软件应用（如边缘网关、工业互联网平台等）。它们通过各种通信协议与传感器和设备通信，并对数据进行格式转换和传输。

数据处理和存储层位于后系统中，负责接收、存储、处理和分析采集到的数据。数据存储在云端或本地服务器中，具备高性能、可靠性和扩展性。在数据处理和存储层，可以对采集到的数据进行清洗、预处理、聚合和分析，以获得有用的信息和洞见，为生产决策和优化提供支持。

应用与服务层是工业互联网标识数据采集的用户界面，提供数据的可视化呈现、报表分析、实时监控等功能。在应用与服务层，用户可以实时地监测设备状态、生产指标和运营情况，进行故障预警、异常处理和效率优化等操作。应用与服务层也可以提供接口，方便企业内部的其他应用进行集成和交互。

4. 标识数据采集

在工业互联网中，常见的标识数据采集包括人工采集和传感器采集。

人工采集是指通过人工巡检、观察和记录等手段，获取工业设备的运行状态和生产数据等信息。在工业环境中，人工采集可能涉及人员观察设备的运行状态、记录仪器读数、填写表格、进行数据输入等。这种方式通常需要工作人员直接接触设备，在生产线或现场进行数据采集。人工采集需要专业的工作人员进行操作，需要花费较多的时间和人力成本，同时存在人为错误和不准确的风险。但在某些特殊情况下，人工采集仍然是有必要的，如某些设备无法接入传感器，就需要人工采集。

传感器采集是指使用各种传感器来测量和采集各种参数。传感器是一种能够实时监测工业设备运行状态、生产数据等信息的装置，可以通过不同的测量方法和传输方式，采集工业设备的各种（如温度、湿度、压力、振动等）数据，并将数据通过通信接口传输到数据采集系统中。这些传感器可以感知和测量各种物理量和环境参数，并将采集到的数据转化为数字信号或模拟信号进行传输。

数据传感器可以实时监测设备的状态、收集生产数据，并通过通信网络将数据传输到后端系统进行处理和分析。数据传感器具有高度的精确性、准确性和稳定性，且不受人为因素的干扰。

同时，数据传感器也能够实现远程数据采集，有助于降低人力成本和风险。常见的数据传感器包括温度传感器、压力传感器、流量传感器、振动传感器等，它们根据所需采集的数据类型和环境需求进行选择和安装。数据传感器具有自动化、高效、实时等特点，可以大幅降低采集成本和提高采集效率，同时减少人工巡检带来的错误。

综上所述，人工采集和传感器采集是两种常见的工业互联网标识数据采集方式。人工采集依赖人员操作和观察，适用于各种类型的设备和场景，但存在主观性和效率较低的问题。传感器采集利用专门的设备感知和采集数据，具有高度的精确性和稳定性，并能够实现远程数据采集。企业可以根据具体的工业应用需求，利用合适的数据采集技术来实现标识数据的采集。

5.2.2 标识数据传输

在工业互联网中，标识数据传输是指将采集到的数据从工业设备传输到数据采集系统或云平台，涉及数据传输方式、数据传输协议等。以下是工业互联网4种常见的标识数据传输技术。

1. 有线传输

有线传输是指通过网线、串口、控制器局域网（CAN）总线等有线通信方式将数据传输到数据采集系统或云平台。这种技术稳定可靠，传输速率较高，但需要建设相应的有线网络基础设施。

常见的有线传输技术有以太网、串行通信、工业总线和 CAN 总线。以太网使用双绞线或光纤作为传输介质，采用 CSMA/CD（带冲突检测的载波监听多路访问）的信道访问控制方法。它将数据分成称为帧的小块进行传输，并通过 MAC 地址来标识设备。发送端将数据帧包装，添加物理地址和校验等信息，通过网线将数据发送到网络中。接收端收到数据后，解析数据帧，提取有效数据。以太网适用于局域网和广域网的数据通信，能够实现高速、稳定的数据传输。

串行通信使用串行口将数据逐位传输。在 RS-232 和 RS-485 等标准中，数据通过电压的高低表示逻辑位。发送端将数据进行串行化，一个接一个地发送，接收端按照相同的规则接收数据并将其恢复成并行信号。实现串口通信的设备通过硬件电路来控制数据的发送和接收，确保数据的传输和解析正确。

工业总线通过定义一种标准化的通信协议和物理层接口来实现设备之间的数据传输。总线主要由总线控制器、设备和通信线构成。总线控制器负责控制数据的发送和接收，设备通过总线控制器进行数据交换，通信线提供了设备之间的物理连接。不同的工业总线协议具有不同的通信机制和帧结构，但都遵循一定的数据传输规范，可以实现稳定和可靠的数据通信。

CAN 总线采用串行异步通信模式，数据通过 CAN 控制器和 CAN 收发器进行传输。CAN 总线使用差分信号传输数据，有较强的抗干扰能力。发送端将数据进行编码后发送到总线上，接收端通过解码还原数据。CAN 总线采用冲突检测和重发机制，确保数据的可靠传输。

2. 无线传输

无线传输是指通过 Wi-Fi、蓝牙、ZigBee、LoRaWAN 等无线通信技术将数据传输到数据采集系统或云平台。无线传输具有灵活性强、部署简便、移动性强等特点，适用于需要移动或无法布设有线网络的场景。

Wi-Fi 使用无线电波将数据传输到接入点（如无线路由器），再通过有线网络将数据传输到目的地。Wi-Fi 采用 CSMA/CA 的信道访问控制方法，以减少信道冲突。发送端将数据进行封装，添加无线网络的控制信息和校验等，通过调制成无线电波发送出去。接收端收到数据后，解调还原数据。Wi-Fi 适用于局域网范围内的数据传输，提供了便利的无线连接，但受限于信号覆盖范围和传输距离。

蓝牙是一种近距离无线通信技术，广泛应用于设备之间的短距离数据交换。蓝牙采用频分多址（FDMA）和时分多址（TDMA）技术，通过在无线电频率范围内划分不同信道，实现多个设备之间的并行通信。蓝牙设备通过配对和建立连接，实现数据的传输。蓝牙通信距离一般为几米到几十米，适用于低功耗、小数据量和快速响应的应用场景。

ZigBee 是一种低功耗、低速率、短距离的无线个人局域网协议，常用于物联网应用。

ZigBee 采用静态分配信道和接力通信的方式，实现了设备之间的低功耗通信。它包括节点（如终端设备）、协调器和路由器，通过构建多层网络结构来实现可靠的数据传输。ZigBee 适用于节点数量较多、通信距离较短、电池寿命要求较长的应用场景。

LoRaWAN 是一种面向物联网的广域无线通信协议。LoRaWAN 利用长距离、低功耗的调制解调技术，在大范围内传输低速率的数据。LoRaWAN 采用星型拓扑结构，通过基站（网关）和终端设备（节点）之间的通信，实现远距离的数据传输。由于其具有广覆盖、低功耗和低成本的特点，LoRaWAN 适用于户外环境下节点密度较低、通信距离较远的应用场景。

以上 4 种无线传输技术都通过无线电波传播数据，实现设备之间的无线通信。每种无线传输技术都有自己的特点和适用范围，可供用户根据实际需求选择合适的技术进行数据传输。

3. 云平台传输

云平台传输是指通过互联网将采集到的数据上传到云端服务器，以实现数据共享、远程监测和分析等功能。云平台传输具有可扩展性强、数据安全性高、操作简单等优点，能够实现多地数据集中管理和共享。

针对工业互联网标识数据传输的云平台传输主要依赖于云计算和网络技术。云计算是基于网络的计算模式，在云平台中，计算资源和存储资源被集中在云端的数据中心，通过网络进行传输和访问。云计算提供了弹性的计算和存储资源，用户可以根据具体的需求灵活调整资源的使用量。云计算的核心原理是将计算任务和数据存储在云端，通过网络将数据传输到云端进行处理和存储，再将结果传回给用户。

云平台使用虚拟化技术将物理资源抽象为虚拟资源，包括虚拟机、虚拟存储和虚拟网络等。虚拟机可以在同一物理服务器上同时运行多个虚拟机，每个虚拟机都具有独立的操作系统和应用程序。虚拟存储将分布在不同物理设备上的存储资源进行统一管理，让用户可以根据需求进行灵活的存储资源分配和扩展。虚拟网络则提供了逻辑上的网络隔离和拓扑定义，实现了灵活配置和管理多个虚拟网络的能力。

云平台通过互联网或专用网络将数据从设备传输到云端，并提供相应的接口和协议，以便用户对数据进行访问和处理。数据传输可以使用各种网络传输协议，如 HTTP、超文本传输安全协议（HTTPS）、MQTT 等。云平台还提供了相应的应用程序接口（API）和软件开发工具包（SDK），使开发者能够方便地与云平台进行数据交互。用户可以根据需要使用云平台的服务，如数据存储、计算、分析等，对传输的数据进行处理和管理。

云平台通过各种安全措施来保护数据的安全和隐私。这些措施包括数据加密、身份认证、权限管理等，以确保数据在传输和存储过程中得到保护。云平台通常采用多层次的安全机制，包括网络安全、主机安全、数据安全等，以保护数据不被未授权的用户访问和篡改。

对于工业互联网标识数据传输，云平台传输依赖于云计算和虚拟化技术，通过网络传输数据到云端，并通过相应的接口和协议使用户能够对数据进行访问和处理。同时，云平台还采取安全措施来保护数据的安全和隐私。这些技术的应用使得工业互联网能够更灵活、高效地进行数据传输和处理。

4．移动网络传输

移动网络传输是指通过移动通信网络将采集到的数据传输到数据采集系统或云平台。这种传输方式具有覆盖范围广、部署方便等特点，适用于需要移动采集和远程监控的场景。

针对工业互联网标识数据传输的移动网络传输主要依赖于移动网络。移动网络是基于无线通信技术的网络，通过移动通信基站和移动设备实现数据的传输。移动网络主要包括蜂窝网络、4G LTE、5G等。移动设备通过与基站建立通信连接，通过无线信道传输数据。移动网络的核心原理是通过多个基站和信道进行数据传输和通信，实现在不同位置和时间的移动设备之间的数据交换。

移动网络使用无线通信技术将数据传输到移动设备。无线通信技术包括调频和多址技术，如码分多址（CDMA）、全球移动通信系统（GSM）、TDMA等。这些技术通过在一定频段内的信号调整和编码，将数据转换为无线电信号进行传输。移动设备接收到信号后，解调还原数据。无线通信技术使得移动设备能够在不受布线限制的情况下进行数据传输和通信。

移动网络使用特定的移动网络协议来进行数据传输。这些协议包括IP、TCP/UDP等。IP负责在网络中进行寻址和路由，将数据包从发送端传输到接收端。TCP/UDP则负责数据包的可靠传输和应用程序之间的通信。移动网络还包括一些特定的协议，如移动IP（MIP），用于支持移动设备在不同网络之间切换时的通信。

移动网络的覆盖范围由一系列移动通信基站构成。每个基站负责一定区域内的无线信号覆盖，实现设备与网络之间的连接。移动设备在移动过程中，会不断与不同的基站建立连接，以保持通信连续性。移动网络的覆盖范围和信号强度对于数据传输的稳定性和速率有重要影响。

综上所述，移动网络传输依赖于移动通信网络和无线通信技术，通过基站和移动设备实现数据的传输。移动网络利用特定的协议进行数据传输和通信，并通过移动设备与基站的连接进行移动性支持。这些技术的应用使得工业互联网能够在移动环境中实现数据传输和通信，为工业设备提供远程监控、数据采集等功能的支持。

5.2.3 标识数据存储和管理

标识数据存储和管理是标识数据处理的重要环节之一，旨在建立相应的数据库或信息系统，对采集到的数据进行存储和管理，以便于后续的处理和分析。数据存储与管理常通过分布式文件系统、NoSQL数据库、关系数据库、时序数据库等不同的数据管理引擎实现海量工业数据的分区选择、存储、编目与索引等。以下是工业互联网中几种常见的标识数据存储和管理技术。

1. 数据库存储

数据库是一种专门用于管理和存储数据的软件系统,可用于存储和管理工业互联网标识数据。数据库存储能够实现对数据的快速检索、高效存储和统计分析,具有可靠性高、数据一致性好、安全性强等优点。在工业生产中,常用的数据库存储主要包括实时数据库、关系数据库和时序数据库。

(1) **实时数据库**。实时数据库是工业领域长期使用的数据存储方式,在工业互联网中,实时数据库一般具备以下特点。

- 高速写入的能力。实时数据库通常会对写入的速度有很高的要求。以流程工业的场景为例,每个环节都会设置传感器,每个传感器的采集频率都很高,所以写入的并发量会特别大,有时甚至会要求每秒上百万的测点。所以除了对软件的要求,也会选用一些高性能的服务器。

- 快速查询的能力。查询的需求分为两部分:一是要响应实时的查询请求,用于及时反映系统的状态;二是历史数据也要能快速被查询,由于历史数据的量非常大,在查询时需要对特定时间段的数据做聚合,需要做到即使是查一整年的数据情况,也能很快做出反应。

- 超强的数据压缩能力。监控数据会被存储很长时间,5年甚至是10年都是常有的事,在存储容量有限的情况下,需要对数据做一定的压缩,通常压缩方式会分成无损压缩和有损压缩,相比而言,有损压缩的压缩比会更大一些,有时甚至会达到 1∶30 到 1∶40,这就需要通过设计合理的算法来保留数据中的细节,使数据在还原后仍能保留重要的特征。

- 积累丰富的工具。传统实时数据库的解决方案一般是从采集开始直到可视化的一整套系统,有多年积累而成的"工具包",比如上百种协议,或者各种场景的数据模型,这些都是工业软件的重要竞争力。

- 追求极致稳定。工业上对软件的稳定性要求特别高,除了用主设备来保证高可用,完全由软件的质量来保证程序的持续运行。

(2) **关系数据库**。关系数据库是建立在关系模型基础上的数据库,借助集合代数等数学概念和方法来处理数据库中的数据。关系模型由关系数据结构、关系操作集合和关系完整性约束三部分组成。

在工业互联网应用中,关系数据库可以存储结构化的数据,如传感器采集的温度、湿度、压力等数据。关系数据库具有数据结构简单、查询效率高、数据安全性好等优点,是工业互联网中常用的数据存储技术之一。

关系数据库中的数据以结构化方式存储,其中每个表代表一个实体,每一行代表一个记录,每一列代表一种属性。关系数据库的常见特点包括数据一致性、数据模型灵活性等。关系数据库遵循 ACID(原子性、一致性、隔离性和持久性)原则,确保数据的一致性和完整性。通过事务的概念,可以对多操作进行原子性提交或回滚,从而保持数据的一致性。

关系数据库支持灵活的数据模型和关系定义。通过表、键、索引等特性，可以定义数据之间的关系和约束，保证数据的完整性、正确性。关系数据库通常使用结构查询语言（SQL）来进行数据操作和查询。SQL 提供了一种统一、灵活的方式来管理和查询数据库中的数据。在数据安全方面，关系数据库提供了丰富的安全机制，包括用户认证、权限管理、数据加密等，可以保障数据的安全性和隐私性。

在工业互联网应用中，关系数据库被广泛用于数据的存储、查询和分析，可用于存储设备传感器数据、生产流程数据、物料信息等，通过复杂的 SQL 查询和分析，可以从数据库中获取有价值的信息和洞察，并用于制定决策、优化生产过程等。同时关系数据库可以与其他系统进行集成，如 ERP 系统、供应链管理系统等，实现数据的共享和流动。

（3）**时间序列数据库**。时间序列数据库主要用于处理带时间标签（按照时间的顺序变化，即时间序列化）的数据，带时间标签的数据也称为时间序列数据。鉴于时间序列数据的特点，关系数据库无法满足对其的有效存储与处理，因此迫切需要一种专门针对时间序列数据来做优化的数据库系统，于是出现了时间序列数据库。

在工业互联网中，时序数据库可以存储时间戳和测量值之间的对应关系，如设备的运行状态和产量等数据。时序数据库具有高效的时间序列数据存储和查询能力，支持大规模数据存储和快速查询分析，适用于大数据环境下的数据存储和管理。

时序数据库具有如下特点：

- 单条数据不会很长，但是数据量很大；
- 数据都带有时间戳，且按顺序生成；
- 数据大部分都是结构化的，用于描述某个参数在某个时间点的特征；
- 写入的频率会比查询的频率高很多；
- 已存储的数据很少有更新的需求；
- 用户会更关心一段时间的数据特征，而不是某一个时间点；
- 数据的查询分析大多基于某一个时间段或者某个数值范围；
- 需要进行统计和可视化的展示。

时间序数据库在工业互联网中可以广泛应用于物联网设备的数据采集和存储、生产数据的分析和优化、设备健康监测、预测维护等场景。通过时间序列数据库，企业可以更好地理解和利用时间序列数据，为决策提供有力支持，提升生产效率和质量。

2．云存储

云存储是指将数据存储在云计算平台上，通过云服务提供商来管理和维护数据。云存储可以实现数据的备份、恢复、共享和同步等功能，具有存储容量大、可靠性高、弹性扩展等优点。在工业生产中，云存储可用于实现设备数据的远程存储和备份，同时支持数据的云端分析和处理。

云存储是一个多设备、多应用、多服务协同工作的集合体，其实现要以多种技术的发展为前提。根据云存储的特点，其关键技术涉及分布式存储、存储虚拟化、数据缩减、数据备份和内容分发网络等，如图 5-3 所示。

图 5-3　云存储的关键技术

云存储架构的底层采用分布式架构和虚拟化技术，具有易于扩展、单点失效不影响整体服务的特点。

云存储在数据管理上不仅提供传统访问方式，还提供海量数据的管理和对外的公众服务支撑，同时采用保护数据安全的策略，采取如分片存储、ACL、证书等多重保护策略和技术，让用户可以灵活配置。

3．边缘存储

边缘存储是将数据存储在设备边缘节点上，与云存储相比，这种方式更接近设备，数据处理也更快速和高效。边缘存储可以将设备数据先进行本地存储和处理，然后再将数据上传到云端，减少数据传输和存储的延迟时间。在工业生产中，边缘存储可以用于实时数据处理和监控，提高设备的响应速度和性能。

边缘存储中数据和服务的查询存储比单纯的云计算更为复杂，尤其面对高吞吐量计算时，高效的存储策略将极大地提高系统效率。

在工业互联网中，边缘存储主要用于在边缘设备上处理和存储数据，以减少对中央云服务器或远程数据中心的依赖。这能够带来以下优势：边缘存储使数据在本地被实时处理和存储，减少了数据从边缘设备到远程服务器的延迟；对于实时控制或反应要求高的应用，能够更快地做出决策和响应；通过将数据在边缘设备上处理和存储，能够降低数据的传输风险；可以在边缘设备上对敏感数据进行加密和处理，降低其被窃取或泄露的风险。边缘存储可以在边缘设备上进行数据的采集或聚合，将重要的数据传输到云端，降低网络带宽的需求，减轻网络负载。边缘存储使得边缘设备可以在断网或网络连接不稳定的情况下继续工作。数据可以在边缘设备上得到存储和处理，并在网络恢复后与云端同步。

边缘存储通常与边缘计算结合起来使用，边缘计算是指在靠近数据源的边缘设备上进行计算和处理；边缘存储则通过将数据存储在边缘设备上，提供更强大的边缘计算能力。例如，在工业设备中，可以在边缘设备上存储传感器数据，并对其进行实时分析和处理，以检测异常和控制设备。

总而言之，边缘存储能够将数据处理与存储功能移到靠近物理系统或传感器的边缘设备上，实现低延迟、数据安全和离线运行等优势。在工业互联网中，边缘存储是提升数据处理效率和保障数据安全的重要技术手段。下面介绍一下边缘分布式存储架构，具体包括如下 3 种分类。

（1）**中心化分布式存储架构**。中心化分布式存储架构通常采取主/从式架构，主节点具备丰富的计算和存储资源，负责存储节点的管理、存储任务的调度、数据布局以及数据的一致性维护等。中心化分布式存储架构可以应用于边缘数据中心。在离散制造业场景下，边缘数据中心类似于云存储数据中心。边缘数据中心在地理位置上离边缘设备更近，节点规模更小。边缘设备中的数据可上传至边缘数据中心进行存储和管理。

（2）**去中心化分布式存储架构**。去中心化分布式存储架构没有中心节点，节点之间具有对等的功能。多个边缘设备之间可以自组织地建立去中心化分布式存储网络。随着边缘设备数量激增，该架构具有很大的潜力。例如，去中心化分布式云存储平台 STORJ，使用点对点网络连接存储设备，用户可以在该平台选择出租闲置存储资源。这种去中心化分布式存储架构能将很多闲置的存储资源充分利用起来，以非常低廉的维护和管理成本为边缘侧提供存储服务。此外，这种架构使数据在边缘端就近存储，更容易满足边缘计算任务的实时性数据处理需求，比传统的云存储服务更经济高效。

（3）**融合中心化和去中心化的分布式存储架构**。边缘数据中心的中心化分布式存储能更好地保证服务质量和数据的一致性，适合需要高可靠性和高协作性的应用任务。边缘设备端自组织的去中心化分布式存储具备造价成本低、可灵活部署等特性。随着边缘侧的更新或迁移，我们可依据两种架构各自的优势，对其予以融合使用，以提高边缘存储网络的可靠性和普适性。两者的融合需要解决中心化存储与去中心化存储的无缝切换问题。

4．对象存储

对象存储是指将数据作为对象存储在分布式文件系统中，是一种以非结构化格式（称为对象）存储和管理数据的技术。在工业互联网中，对象存储可以用于存储非结构化数据，如传感器数据、图像、设备日志和设备故障文件等。我们可以利用这种技术获取一段时间内满足一定条件的所有对象数据，以供后续数据分析使用。

对象存储的主要优势是近乎无限的可扩展性以及为数据湖、云原生应用程序、分析、日志文件和机器学习等使用场景存储大量数据的成本较低，适合存储海量非结构化数据。对象存储还提供更高的数据持久性和弹性，因为它可以在多台设备上、跨多个系统甚至跨多个数据中心和区域存储对象，这可以实现近乎无限的规模，同时提高数据的弹性和可用性。

对象存储将数据以对象的形式存储，使每个对象都有唯一的标识符（通常是哈希值）。对象由数据本身、元数据（如访问权限、创建时间、文件类型）以及自定义的元数据组成。对象存储不关心数据的组织结构，而是将数据作为一个整体进行存储。

在工业互联网中，对象存储方便扩展到大规模数据存储和处理需求。由于对象独立存储且包含自身元数据，因此可以按需创建、删除和管理对象，不受文件系统目录结构的限制。对象存储通常使用冗余存储技术来保证数据的可靠性。对象存储系统会将对象复制到多个节点或数据中心，以应对硬件故障或灾难性事件。对象存储提供了各种数据管理功能，包括数据备份、迁移、归档和删除等。数据的元数据使得对象可以被高效索引和检索，支持元数据的用户自定义扩展，方便应用程序进行数据分析和处理。对象存储对数据具有持久性作用，一般用于长期保存、归档和备份数据。它可以在不同的存储介质上实现，包括硬盘阵列、磁带库、云存储等。

在工业互联网中，对象存储常用于存储传感器数据、图像、视频、日志文件等非结构化数据。它提供了高可扩展性、高性能和高可用性的存储能力，可以满足大数据量、快速增长和多样化数据类型的需求。

5．大数据存储和管理

大数据存储和管理是指针对海量数据进行存储和管理的技术。在工业互联网中，这种技术可以存储和管理各种类型的标识数据，如传感器采集的数据、设备运行日志、报警信息等。大数据存储和管理涉及分布式文件系统、分布式数据库、数据仓库、数据湖等多种技术，能够实现大数据的高效存储和管理。

大数据存储与管理要重点解决复杂结构化、半结构化和非结构化大数据管理与处理问题，主要解决大数据的可存储、可表示、可处理、可靠性及有效传输等关键问题。这就需要开发可靠的分布式文件系统、能效优化的存储、计算融入存储、大数据的去冗余及高效低成本的大数据存储技术；突破分布式非关系型大数据管理与处理技术，异构数据的数据融合技术、数据组织技术，研究大数据建模技术；突破大数据索引技术；突破大数据移动、备份、复制等技术；开发大数据可视化技术。

大数据存储主要解决如何存储海量数据的挑战。工业互联网涉及的数据量通常非常大，传统的数据库和存储系统往往无法应对。对此，大数据存储常常采用分布式存储技术，将数据分散存储在多个节点或数据中心。这样能够提供更高的数据容量和吞吐能力，同时提高数据存取的效率和可靠性。

大数据管理则关注数据的组织和管理，以提高数据的可用性和价值。常见的大数据管理任务包括数据清洗、去重、转换、整合、索引和标注等。这些操作旨在使数据更易于理解、分析和利用。此外，大数据管理还关注数据安全、权限控制、数据备份和恢复等方面，以确保数据的完整性、可靠性和安全性。

在工业互联网中，大数据存储和管理通常与数据分析和挖掘紧密关联。通过有效地存储和管理大数据，企业可以更好地利用数据进行实时分析、预测和优化，让生产过程更智能化和高效化。例如，在制造业中，通过分析大量的传感器数据、生产数据和供应链数据，可以实现故障预测、质量控制和资源优化等目标。

大数据存储和管理的实现，通常会用到分布式存储系统（如 Hadoop 和 HDFS）、列式数据库（如 HBase、Cassandra）和 NoSQL 数据库（如 MongoDB、Elasticsearch）等技术。此外，还可以结合数据湖架构和数据治理流程，建立数据仓库和数据管理平台，提供一站式的数据存储、管理和分析能力。

大数据存储和管理在工业互联网应用中起着重要的作用，它通过分布式存储和灵活的数据管理手段，为企业提供了处理和分析海量数据的基础，帮助企业实现精准决策和智能化生产。

5.2.4 标识数据分析和处理

标识数据分析和处理是指对工业设备采集的数据进行分析和处理，以便于实现生产过程的优化和智能化控制。数据分析和处理需要运用各种算法和模型，例如数学统计、机器学习及新的人工智能算法实现面向历史数据、实时数据、时序数据的聚类、关联和预测分析，以实现对生产过程的实时监测和优化控制。以下是工业互联网中几种常见的标识数据分析和处理技术。

1. 机器学习

机器学习是一种通过算法自动学习数据的方法，可以对数据进行分类、聚类、回归等处理。在工业生产中，机器学习可以通过对标识数据进行训练和优化，提高设备预测能力和准确率。例如，可以利用机器学习对设备的异常行为进行检测和预测，实现对设备故障的快速诊断和预防，提高设备的可靠性和生产效率，可以根据设备的历史数据预测设备的未来状态，如预测设备的寿命、优化设备维护计划等。机器学习包括监督学习、无监督学习、强化学习等多种算法，能够实现高效的数据分析和处理。

在工业互联网中，用于标识数据中的机器学习方法主要对工业设备和过程进行建模、预测和优化。以下是一些常用的机器学习方法。

- 监督学习：用于从已有的标记数据中学习模型，并用于对未知数据进行分类或回归预测。在工业互联网中，可以利用监督学习方法对设备运行状态进行监测、故障诊断和质量控制。常见的监督学习算法包括决策树、支持向量机、随机森林和神经网络等。
- 无监督学习：用于从未标记的数据中发现模式和关联信息。在工业互联网中，无监督学习可以用于对设备数据进行聚类、异常检测和关联规则挖掘等任务。常见的无监督学习算法包括聚类算法、异常检测算法和关联规则挖掘算法等。
- 强化学习：一种通过与环境进行交互来学习最优策略的方法。在工业互联网中，强化学习可以应用于自动控制和优化的场景，例如优化设备参数设置、调整生产调度和资源管理等。
- 迁移学习：一种利用已学习的知识来改善在新任务上的学习性能的方法。在工业互联网中，由于数据量通常有限，迁移学习可以通过利用在其他领域或相似任务上学习到的模型或特征来加速和改进模型训练和预测。迁移学习方法包括特征迁移、模型迁移和参数迁移等。
- 深度学习：一种基于神经网络模型的机器学习方法，通过多层次的神经网络结构，可以进行端到端的特征学习和复杂模式识别。在工业互联网中，深度学习可应用于图像视频分析、自然语言处理、序列数据预测等任务。常见的深度学习模型包括卷积神经网络、循环神经网络、长短时记忆网络和注意力机制等。

2. 数据挖掘

数据挖掘是一种从数据中发现隐藏信息和模式的技术，可以帮助企业发现新的商业机会和提高决策的准确性。数据挖掘包括聚类、分类、回归、关联规则挖掘等多种算法，能够对大规模数据进行有效分析和处理。在工业生产中，数据挖掘可以用于分析设备的运行状况、产品的质量问题等，帮助企业发现生产过程中存在的问题并采取相应的措施。例如，可以通过数据挖掘技术对工业生产过程中的异常行为进行分析，找出造成异常行为的因素和规律，以便及时采取措施进行调整和优化。

在工业互联网中，数据挖掘技术主要从大规模的数据中发现、提取和分析有用的模式和知识。以下是一些常用的数据挖掘技术。

- 关联规则挖掘：用于发现数据中的频繁项集和关联规则。通过分析数据中的项之间的关联关系，可以帮助企业发现潜在的销售策略、市场细分、推荐系统等应用。
- 聚类分析：用于将数据点划分为相似的组群，每个组群内部的数据点彼此相似，而不同组群之间的数据点则相异，可以帮助企业发现数据中的潜在模式、研究市场细分、进行异常检测等。
- 分类分析：一种有监督学习的方法，用于构建一个分类模型，将数据点分配到已知类别中的一个，可以帮助企业进行客户分类、产品推荐、风险评估等任务。常见的分类算法包括决策树、支持向量机、朴素贝叶斯、随机森林等。
- 预测分析：一种利用历史数据来预测未来事件或趋势的技术。通过分析历史数据的模式和规律，可以进行销售预测、设备故障预测、产量预测等任务。预测分析常用的算法包括回归分析、时间序列分析等。
- 异常检测：一种识别数据中与正常模式不一致的异常数据点的技术。通过异常检测，帮助企业发现潜在的故障、欺诈行为、异常事件等。常见的异常检测算法包括局部异常因子（LOF）算法、孤立森林、高斯分布等。
- 文本挖掘：用于从大量的文本数据中提取有用的信息和知识。通过文本挖掘，可以进行情感分析、主题建模、文本分类等任务。常见的文本挖掘技术包括词袋模型、主题模型、情感分析算法等。

在工业互联网中，用于标识数据的这些数据挖掘技术能够帮助企业从海量的数据中提取有价值的信息，还可以帮助企业进行决策、优化和改进。根据具体的应用场景和问题，选择合适的数据挖掘技术进行分析和应用是非常重要的。

3. 模式识别

模式识别是一种从数据中识别出特定模式的技术，可以用于分类、聚类、识别等任务。在工业生产中，模式识别可以用于识别产品的缺陷和质量问题，提高产品的质量和产量。例如，可以通过模式识别技术对产品的图像数据进行分析和识别，找出产品的缺陷和质量问题，帮助企业实现对产品的质量管理和控制。

在工业互联网中，用于标识数据的模式识别技术主要从数据中提取和识别出有意义的模式和特征。以下是一些常用的模式识别技术。

- 图像识别技术：用于从图像数据中识别出特定的目标或者进行图像内容的分类与检测。在工业互联网中，图像识别可以应用于产品质检、设备状态监测、安全监控等任务。常用的图像识别技术包括卷积神经网络（CNN）、目标检测算法（如 Faster R-CNN、YOLO）、图像分类算法（如 ResNet）等。
- 语音识别技术：用于将语音信号转化为可识别的文本信息。在工业互联网中，语音识别可以应用于设备语音控制、语音助手、电话交互等场景。常见的语音识别技术包括基于隐马尔可夫模型的语音识别方法（如 GMM-HMM、DNN-HMM）和基于端到端的序列到序列模型（如 CTC、Transformer）等。
- 时间序列分析：用于对时间承载的数据进行建模与分析。在工业互联网中，时间序列分析可以应用于设备故障预测、生产线优化、销售预测等任务。常见的时间序列分析技术包括自回归移动平均模型（ARMA/ARIMA）、指数平滑方法（如 ESM、ETS）和循环神经网络（RNN）等。
- 文本挖掘技术：用于从文本数据中提取有用的信息和知识。在工业互联网中，文本挖掘可以应用于车载设备日志分析、用户评论情感分析、故障报告自动分类等任务。常用的文本挖掘技术包括文本分类方法（如朴素贝叶斯、支持向量机、深度学习方法）、情感分析算法和文本聚类算法等。
- 行为识别技术：用于从数据中识别出特定的行为模式。在工业互联网中，行为识别可以应用于设备异常检测、操作员行为监测、交通流量识别等任务。常用的行为识别技术包括动态时间规整（DTW）、隐马尔可夫模型（HMM）、条件随机场（CRF）和长短期记忆网络（LSTM）等。

在工业互联网中，用于标识数据的这些模式识别技术能够帮助企业从数据中提取出有用的模式与特征，并进行进一步分析与应用。根据具体的问题和场景，选择合适的模式识别技术进行应用是非常重要的。

4. 数据可视化

数据可视化是指将数据转换为图表、图形等形式，以便用户更好地理解和分析数据。在工业互联网中，数据可视化可以帮助用户实时监测设备状态、分析设备数据趋势等。数据可视化技术包括折线图、柱状图、散点图、热力图等多种形式，能够有效地展示数据并帮助用户做出决策。

在工业互联网中，数据可视化技术用于将标识数据转化为可视化图表、图形或动态可视化展示，以便于人们更直观地理解和分析数据。以下是一些常用的数据可视化技术。

- 折线图和曲线图：以线条的形式显示数据的变化趋势，可以用于展示随时间变化的数据。在工业互联网中，折线图和曲线图可以用于展示设备运行状态、生产数据趋势等。
- 柱状图和条形图：以矩形的形式显示数据的数量或大小关系，可以用于展示不同类别之间的比较。在工业互联网中，柱状图和条形图可以用于展示不同设备的产量、不同工艺的效率等。
- 散点图：以点的方式展示两个变量的关系，可以用于发现变量之间的相关性、离群点等。在工业互联网中，散点图用于展示设备传感器数据的相关性、质量参数之间的关系等。
- 饼图：以扇形的方式展示各个类别的占比关系，常用于显示数据的构成比例。在工业互联网中，饼图可以用于展示不同产品的销售占比、设备故障类型的分布等。
- 热力图：通过颜色的渐变来展示数据的密度分布情况，可以用于展示大规模数据的空间分布。在工业互联网中，热力图可以用于显示温度分布、人流密度等。
- 地理地图：结合地理信息和数据，以地理位置为基准展示数据，可以帮助分析地理相关的数据。在工业互联网中，地理地图可以用于展示分布式传感器的位置、设备故障的地理分布等。
- 仪表盘和指示器：以仪表盘的形式展示数据的指标和状态，常用于显示关键指标的实时情况。在工业互联网中，仪表盘和指示器可以用于展示设备的实时运行状态、生产线的效率等。
- 动态可视化：通过动画、交互等方式展示数据的变化过程，可以帮助人们更好地理解数据。在工业互联网中，动态可视化可以用于展示生产过程、设备状态变化等。

5. 大数据处理

大数据处理是指处理海量数据。在工业互联网中，利用大数据处理技术可以实现实时的数据处理和分析，如实时监测设备状态、预测设备故障等。常见的大数据处理技术包括分布式计算、流计算、图计算等，可用于高效地处理海量数据。

在工业互联网中，用于标识数据的大数据处理技术主要处理大规模、高速的数据流，以提取有价值的信息和洞察。以下是一些常用的大数据处理技术。

- 分布式存储和计算：是处理大数据的基础。它涉及分布式文件系统（如 Hadoop HDFS、Google GFS）和分布式计算框架（如 Apache Hadoop、Apache Spark），通过将数据和计算任务分布到多台计算机上，并利用并行计算的能力来处理海量数据。
- 批处理：用于对大规模数据进行批量处理。常见的批处理框架包括 Apache Hadoop 的 MapReduce，它将数据分成若干个小的批次，分布式地进行处理和计算。
- 流式处理：用于实时处理高速数据流。它能够无缝地处理流式数据并快速反应，以便及时做出决策。
- 内存计算：通过利用内存的高速读写能力来加速数据处理和计算。常见的内存计算框架包括 Apache Spark 和 Apache Ignite，它们能够将数据加载到内存中进行并行计算，提供更快的响应和处理速度。
- 图计算：用于处理具有复杂关系和连接的数据，能够有效地分析网络、社交、领域图等数据结构。
- 分布式数据库：用于存储和管理大规模数据，能够将数据分布在多个节点上，并提供高可用性和可伸缩性。
- 数据挖掘和机器学习：通过对数据进行分析和建模来发现隐藏的模式和趋势，可以用于大规模数据的分类、聚类、预测等任务。

这些大数据处理技术可以协同工作，提供快速而准确的分析和决策支持，帮助工业互联网企业从标识数据中获得有价值的信息和洞见。

6. 边缘数据处理

边缘数据处理是指在边缘层进行数据的预处理和缓存，即广义的"边缘计算"。工业生产过程中的高频数据采集，往往会给网络传输、平台存储与计算处理等带来性能和成本方面的巨大压力，边缘数据处理目前正成为主要平台企业的通用做法。

- 在边缘层进行数据预处理，剔除冗余数据，减轻平台负载压力。
- 利用边缘缓存保留工业现场全量数据，并通过缓存设备直接导入数据中心，降低网络使用成本。

利用边缘数据处理技术，可以将数据处理的能力移动到离数据源较近的边缘设备或节点上，以便更快速地处理和分析数据。在工业互联网中，用于标识数据的边缘处理技术主要将数据处理和分析的任务在边缘设备或节点上完成，从而减少数据传输的延迟及减轻网络负载，并提供即时响应和实时决策的能力。以下是一些常用的边缘数据处理技术。

- 边缘计算：是一种将数据处理和分析能力下沉到离数据源近的边缘设备上的技术。它可以在设备上执行计算任务，以及进行数据过滤、聚合、预处理等操作，减少对云端资源的依赖，提供实时决策和低延迟的响应。
- 边缘存储技术：指在边缘设备上进行数据存储和管理，从而减少将数据传输到云端。边缘存储可以通过在边缘设备上缓存数据、进行本地存储和数据管理等方式来提高数据访问的效率。
- 边缘分析技术：指在边缘设备上进行数据分析和挖掘，从而提供实时的洞察和决策支持。边缘分析可以结合本地算法、模型和规则，快速地从标识数据中提取有价值的信息，并做出响应和控制。
- 边缘智能：指在边缘设备上使用人工智能和机器学习技术，实现智能决策和自适应控制。边缘智能可以将机器学习模型和算法部署到边缘设备上，实现本地分析和智能决策，提高系统的反应速度效率。

- 边缘通信技术：用于在边缘设备之间进行数据的传输和通信。边缘通信可以采用低延迟、高带宽的通信协议和技术实现设备之间的快速数据交流，支持边缘计算和分析通过应用边数据处理技术，工业互联网可以数据处理和分析的能力移动到离数据源近的边缘设备上提供低延迟、实时的数据处理和决策支持，同时减少对云资源的依赖以及减轻网络传输的负载。这对于工业互联网应用场景中的实时监测、预警、响应等任务具有重要意义。

5.3 工业互联网标识数据在智能工厂的应用案例

标识数据对于诸多行业的工业互联网应用发挥了重要作用，在生产过程优化、物流和供应链管理、质量控制和品质管理、智能设备和自动化生产等方面都能起到巨大帮助。本节将以不同应用案例的应用方法及应用成效，展示工业互联网标识数据在智能工厂起到的作用。

5.3.1 案例1：家具制造行业

当前，我国家具行业进入由消费者主导的"新零售"市场，定制化、智能化家具成为行业新趋势，而智能化水平低、标准化覆盖少、人工依赖性高的广东家具传统制造销售模式渐渐落后，"获客难""回头客少"等问题逐渐浮现，数字化转型成为行业突破发展瓶颈的重要抓手、必由之路。

案例场景

为了解决家具制造行业在转型过程中的问题，维尚家具在产品的全生命周期加工过程中引入了标识解析技术。维尚家具工业互联网标识应用示例如图5-4所示。

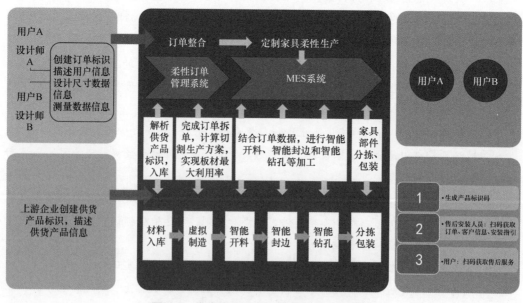

图 5-4　维尚家具工业互联网标识应用示例

客户从下单开始就会形成订单类型的工业互联网标识数据,解析信息包含用户信息、测量数据、设计师方案数据等。该订单类别的标识码流入工厂内部通过柔性订单管理系统 BOM 表拆单后进行采购,供应商产品如果也应用了工业互联网标识则作为供货产品标识码嵌入订单标识解析信息供未来产品溯源使用,然后从材料入库开始进入生产作业流程,完成开料、封边、钻孔、包装等加工环节。该过程与 MES 对接,每个环节通过数据采集将状态信息更新至标识解析信息中,直至最后包装出库。

最终出库产品赋予产品标识码,面向后端其解析信息包括现场安装的指引信息和产品信息,还嵌套了订单标识码作为溯源入口追溯当时生产环节和原材料信息,实现标识的全产业链应用,为维尚的大规模柔性定制生产提供了支撑。

维尚家具基于工业互联网标识解析体系,完成定制家具生产全流程的数字化,同时通过重构装修服务链条,打造从全屋设计仿真→虚拟装配→AI 供应链→柔性化生产与配送→装修施工调度和作业平台等,实现装修全流程数字化、标准化、透明化。

应用成效

应用标识解析技术后,改为按批次做生产,将不同订单拆成一个个部件,把同类属性的板材部件嵌入身份标识和加工码标识,再揉成一个批次进行集约生产。这样一来,材料利用率比传统方式高出 8%以上,而且每个板材部件上的标识还实现了指挥机器做加工,实现了生产过程智能化,显著提升效率。

数字化改造后,维尚家具的生产效率提升 20%以上,相比传统模式提升了 8~10 倍,一天便能完成 1 万个以上不同产品的生产;出错率低于 1%,要远低于行业 5%~8%的平均水平。

5.3.2 案例 2:船舶行业

近年来,中国造船业取得了令人瞩目的成绩。我国造船业的三大指标(造船完工量、新接订单量和手持订单量)均位居世界第一,新接订单量占国际市场份额达到 72.6%,继续保持领先。我国造船业收入超过 1500 亿元,利润率达到 4.1%。船舶行业的蓬勃发展离不开船舶制造质量管理高标准、数字化的保障。

案例场景

为了解决质量检验数据无法追踪溯源等问题,企业开始将工业互联网标识解析技术运用到船舶行业中。质量管理的关键是建立有效的质量追溯体系。中船互联建立以区块链工业互联网平台、标识解析体系为依托,船舶质量检验系统、船用设备质检系统为主要业务支撑的船舶质量溯源体系,利用区块链技术+标识解析技术对船舶制造从物资采购入库到船舶报验的全过程追溯。图 5-5 展示了"船海智云"工业互联网平台。

第5章 工业互联网标识数据处理在智能工厂的应用

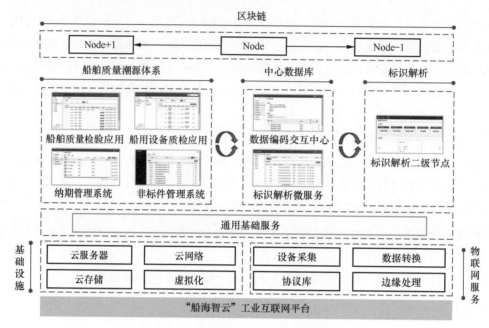

图 5-5 "船海智云"工业互联网平台

在原有业务场景中，船舶修造公司通过纳期管理系统和非标件管理系统，对船厂相关的供应链企业与供应船用设备的纳期计划等相关业务进行管理；纳期物资系统、非标件系统通过调用接口与中心数据库编码中心和标识解析微服务进行对接，并将船用设备数据注册成为工业互联网标识，将标识码回写至原系统；厂内原有分散的材料检验、船舶内外检数据、物料主数据也注册成为工业互联网标识；由标识解析微服务统一将工业标识数据同步到船舶行业标识解析二级节点并生成标识码。

依托原有系统与质检数据，船舶修造公司开展材料检验与船舶内外检的相关业务。基于标识解析的船舶质量检验应用系统与标识解析微服务对接，获取材料检验数据、船舶内外检数据以及物料数据，有效管理和追溯船舶建造过程中所有的物料信息与报验质检流程；基于标识解析的船用设备质量检验系统则从标识解析微服务，获取纳期物资与非标件的信息，对船用设备供应链与报验质检流程进行管理。

基于标识解析的船舶质量检验系统与基于标识解析的船用设备质量检验系统（下称"两套系统"）将报验过程产生的数据由标识解析微服务上传至标识解析二级节点；通过与区块链 CSBC 数据共享平台的前置机对接，进而将数据同步至区块链节点实现质检环节上链。

船级社通过 SSMIS 2018 系统从区块链节点获取船厂上传的报验信息，对船舶及相关的船用设备、物资进行检验后，将检验结果通过区块链节点回传至两套系统供船厂查看，同时信息也会同步至船舶建造数据共享平台（船东版），船东可在系统中查看船舶质检全过程的相关数据。

应用成效

应用利用标识解析技术，将报验质检查验的行业上下游涉及的产品、物资、物料统一汇聚，为开展高质量的船舶报验质检提供有力支撑。船东、船级社、船厂、供应链企业通过工业互联网标识打通，利用区块链技术生成智能合约，工业数据上链确保了多方的数据互信，形成具有船舶行业特色的质量追溯体系。经过抽样统计，项目运营前后，提升船舶检验时效 10%以上，缩短船舶停车待检时间 5%以上，材料废返率降低 5%。

中船互联基于工业互联网船海智云平台基础，结合标识解析体系，构建了船舶质量溯源体系，提供船舶产品全生命周期质量应用服务。同时，结合区块链的分布式存储、共识机制、智能合约技术为数据共享提供安全保障，推进行业数据共享应用，打造了可持续发展的共建、共治、共享、共用的行业数据生态。

作为智能制造和工业 4.0 的重要组成部分，工业互联网标识解析是实现工业智能化的关键一环。随着工业互联网技术的不断发展和应用场景的不断拓展，标识解析体系也会迎来更广阔的发展前景。工业互联网标识数据处理在智能工厂的生产、制造以及质量检查等方面具有重要作用，为企业的智能化、数字化转型提供了有力的支持。标识数据处理的各种行业运用，为更多的传统企业提供了可行的转型道路。

第6章 工业互联网标识安全在智能工厂的应用

从广义的角度来看,整个工业互联网安全涉及六大安全问题,即设备的安全、控制的安全、网络的安全、标识解析的安全、平台的安全和数据的安全。其中,标识解析的安全、平台的安全和数据的安全是新生的安全问题,标识的安全是工业互联网安全的关键。

标识解析是工业互联网的重要网络基础设施,为工业设备、机器等提供编码、注册与解析服务,并通过标识实现对异主、异地、异构信息的智能关联。工业互联网标识的数量数以千亿计,并发解析请求可达到千万量级,对安全保障能力提出了非常高的要求。本章将着重讨论工业互联网中的标识安全。

6.1 标识安全的基本内涵

了解标识安全的基本内涵,需要先了解工业互联网中标识安全的定义。通过分析工业互联网中标识安全的作用,分析标识安全在工业应用中的重要性,进而了解标识安全的基本内涵。

6.1.1 工业互联网中标识安全的定义

标识解析体系安全运行对工业互联网稳定发展至关重要,通过打造标识解析安全底座,向上建设"基于标识解析的创新应用"安全体系,是一种全新的工业互联网安全建设思考角度。安全不能独立于工业场景,一定要结合业务、区域工业企业分布、大型企业的业务架构等,进行区域定制化、行业定制化输出。

工业互联网标识解析体系作为工业互联网网络体系的重要基础设施,标识解析安全也必将会影响工业互联网建设的长足发展。标识解析与工业互联网都承载了大量数字化业务,相应的网络风险就等同于业务风险,探索其动态综合的网络安全防御体系就必须深入理解标识解析的业务、创新应用的全新赋能模式,要充分利用企业的场景资源和数据资源。

工业互联网中的标识安全通常是指确保标识的可靠性、准确性、完整性和保密性等。具体来说,标识安全主要包括以下几个方面。

- 标识识别安全:标识解析系统需要确保标识的识别是准确可靠的,以避免出现误判或误识别等问题。
- 标识传输安全:标识数据在传输过程中需要保证安全可靠,防止被篡改、截获、窃听等。

- 标识存储安全：标识数据在存储过程中需要保证安全可靠，防止数据被盗取、篡改、删除等。
- 标识使用安全：标识解析系统需要确保标识数据的使用是合法的、规范的，防止出现恶意使用、滥用等问题。
- 标识管理安全：标识解析系统需要确保标识数据的管理是安全可靠的，涉及权限管理、数据备份、数据恢复等方面。

在工业互联网应用中，标识安全的保障对于保障工业生产系统的安全稳定具有重要作用。为了确保标识解析系统的安全，需要采取一系列措施，包括加密传输、权限控制、防火墙等技术手段，也需要建立健全的管理制度和安全策略，定期进行安全审查和漏洞扫描，以提高标识系统的安全可靠性。

6.1.2 标识安全的作用

随着工业互联网标识解析的普及应用，在考虑标识解析自身安全的同时，标识的不可篡改、不可伪造、全球唯一的安全属性优势逐渐凸显，其在数据可信采集、统一身份认证、安全接入认证、密码基础设施、恶意行为分析等方面可赋能工业互联网安全保障能力建设。

1. 可信数据采集

数据采集是智能制造和工业互联网的基础，但数据采集传输时存在被破坏、泄露、篡改等安全风险。建立基于工业互联网标识的数据可信采集系统，能增强工业数据从产生到传输贯穿模组生产商、通信服务商、网络运营商、工业企业等多参与方的可信性，为可信数据采集提供保障。可信数据采集的重要性体现在以下几个方面。

- 可信数据采集确保数据的准确性和真实性。通过采用可靠的传感器、设备和数据传输通道，可以避免数据采集过程中的误差、干扰或篡改，保证数据的准确性。
- 可信数据采集保证数据的完整性，防止数据被篡改或中间人攻击。通过使用数字签名和加密技术，可以对数据进行数字签名和加密，确保数据在采集和传输过程中不发生任何篡改。
- 可信数据采集确保数据的可靠性和稳定性。通过使用高可靠性的传感器和设备，以及采用冗余和备份机制，可以避免数据采集中断或故障导致的数据丢失或不可靠。
- 可信数据采集提供实时的数据采集和传输能力，可快速获取和处理最新的工业数据。同时，它也支持时空信息的采集，能够获取到数据的位置、时间等相关信息，用于分析和决策。
- 可信数据采集确保数据在采集和传输过程中的安全性。通过采用身份认证、权限控制、加密传输等安全措施，可以保护数据的机密性和隐私性，防止数据被未经授权的人员访问和窃取。

可信数据采集在工业互联网中起着关键作用，不仅确保了数据的准确性、完整性和可靠性，还保证了数据的安全性和时效性，为工业系统的监控、分析和决策提供了可信的基础数据。

2. 统一身份认证

工业生产、智能制造、能源电力等不同业务场景下应用对设备都存在鉴权需求,针对现有工业互联网应用单独进行身份认证、不能互通、对数据开放共享造成障碍的问题,基于标识的工业互联网应用统一身份认证,能实现多应用身份交叉互信,简化账号管理、身份认证、权限管理和审计过程,加强工业互联网应用的安全防范能力。

统一身份认证系统通过验证用户的身份信息,如用户名、密码、指纹、证书等,确认用户的合法身份,并根据其权限配置对其进行授权管理。这样可以避免未经授权的用户或设备访问系统,保护系统的安全性。

企业通常存在多个应用系统,采用统一身份认证可以实现用户在多个应用系统中的单点登录,用户只需一次登录即可访问多个系统,简化了用户的管理和操作流程。同时,用户也无须记忆多个不同的账号和密码,减轻了密码管理的负担。采用统一身份认证系统的重要性体现在以下几个方面。

- 统一身份认证系统可以采用高安全性的身份验证机制,如多因素身份认证(如指纹、动态口令、硬件令牌等),降低了密码被猜测、盗取或冒用的风险,提高了系统的安全性。
- 统一身份认证系统可以记录和监控用户的登录行为和操作行为,实现对用户的审计和监管。这有助于追踪用户的活动,及时识别异常行为,并采取相应的管理措施,提高对系统的监管能力。
- 采用统一身份认证系统,用户只需一次登录即可访问多个应用系统,可有效提升其使用体验和工作效率。同时,用户可以根据自身需求选择和管理自己的身份认证方式,增加了使用的便利性。

统一身份认证在工业互联网中具有重要作用,它可以保护系统的安全性,简化用户管理,提高用户体验,加强对系统的审计和监管,为工业互联网系统的可信运行提供基础保障。

3. 安全接入认证

工业互联网设备规模巨大、种类众多、质量参差不齐、缺乏统一规范,容易出现固件漏洞、恶意软件感染等问题,为缓解工业互联网设备带来的安全风险。利用标识,结合可信计算和密码技术,能为设备提供安全认证、安全连接、数据加密等端到端的安全接入认证能力。采用安全接入认证的重要性体现在以下几个方面。

- 安全接入认证可以验证设备或用户的身份信息,确保只有经过合法授权的设备或用户才能接入工业互联网系统。这样可以有效防止未经授权的设备或用户接入系统,进而降低攻击者利用未授权接入造成的风险。
- 安全接入认证可以采用加密通信、身份认证等安全机制,确保数据在传输过程中的机密性和完整性。通过认证和授权管理，可以限制接入设备或用户的访问权限，保护工业互联网系统中的关键网络和资源安全。
- 安全接入认证可以记录和监控设备或用户的接入行为，实现对接入行为的审计和追溯。这有助于发现和防范潜在的安全威胁，加强对接入设备或用户的管理和监管。
- 安全接入认证可以作为网络边界的第一道防线，对接入设备或用户进行筛选和验证。通过设立安全接入认证控制点，可以提前发现并阻止恶意攻击或病毒蠕虫等威胁，强化网络边界的防护能力。
- 通过安全接入认证，系统可以准确识别和区分各个接入设备或用户的身份和权限，为不同的接入对象提供个性化的服务。这有助于提高工业互联网系统的运行效率和性能。

安全接入认证在工业互联网中具有重要作用，能够防止未经授权的接入、保护网络和资源安全、提供审计和追溯能力、强化网络边界防护，并提升系统运行效率，为工业互联网系统的安全和可信运行提供有效的保障。

4. 密码基础设施

针对传统公钥基础设施（PKI）密钥体系中数字证书分发、管理和维护需要大量成本，以及在对实时性要求较高的工业互联网环境中难以部署的问题，基于标识构建工业互联网密码基础设施，融合国家密码算法，实现密钥申请、分发、更新、销毁等全生命周期的管理，能有效保护工业互联网数据的不可抵赖性、完整性和保密性，实现对工业互联网敏感信息的保护和控制。构建密码基础设施的重要性体现在以下几个方面。

- 密码基础设施确保了账户密码的安全性，通过密码规则的设定，要求用户设置强密码，以防密码被猜测或破解。密码基础设施还提供密码管理功能，可以对密码进行定期更新或强制重置，避免长期使用弱密码，增强账户的安全性。
- 密码基础设施是进行身份验证的重要手段，用户通过提供正确的账户密码来获得系统权限。密码基础设施可以进行密码验证，确保用户提供的密码正确，从而确认用户的身份，授权其进行相应的操作。密码的安全性直接影响身份认证的可靠性和系统安全性。
- 密码基础设施通过密码传输的机制，对敏感数据的传输进行加密保护。在工业互联网系统，可能存在大量的敏感数据（如机器状态、工艺参数等）需要传输，确保这些数据在传输过程中的机密性和完整性对系统的安全运行至关重要。
- 密码基础设施作为访问控制的一部分，控制着用户或设备的访问权限。通过正确的密码验证，只有经过授权的用户或设备可以访问系统，并按照其权限进行操作。密码基础设施还支持密码策略（如锁定账户、登录失败限制等）的设置，以防止暴力破解等攻击手段。
- 密码基础设施提供安全的密码存储机制，确保密码存储在系统中的安全性。通常情况下，密码应使用哈希算法进行加密处理，将密码转化为不可逆的摘要，避免明文密码的泄露带来的安全风险。

通过密码基础设施的合理设计和有效管理，工业互联网系统可以确保账户密码的安全性，提供可信的身份认证和访问控制机制，加密敏感数据的传输，为系统的安全运行提供强有力的保障。

5. 恶意行为分析

通过提取工业互联网标识解析体系网络行为的流量特征，企业可以进行网络测量、网络行为分析，针对的网络行为包括且不限于注册（分配）、解析、数据更新（配置）、数据管理、同步等。充分利用先验知识、机器学习方法从流量中进行挖掘，可支持典型工业互联网标识解析体系的异常网络行为检测、恶意行为发现等。恶意行为分析的重要性体现在以下几个方面。

- 恶意行为分析可以监测和分析系统中的用户行为和设备操作，及时发现可能存在的安全威胁。通过分析异常行为、异常设备或异常活动模式，可以识别潜在的恶意行为，如入侵攻击、数据泄露、网络扫描等，帮助系统管理员及时采取相应的安全措施。
- 对历史数据和实时数据的恶意行为分析，以建立并完善安全防护策略。恶意行为分析可以发现攻击者的行为规律和攻击手段，为安全防护规则的制定提供参考，并可以在实时监测中实施相应的安全防护措施，提高系统的安全防护能力。
- 恶意行为分析可以及时发现异常行为，并生成相应的报警或警告信息，及时通知系统管理员或安全团队。这样可以提高对安全事件的响应速度，迅速采取相应的应对措施，减少潜在的损失和风险。
- 通过恶意行为分析，可以识别出异常行为、规律的恶意行为或设备的性能问题等，帮助系统管理员及时调整或优化系统配置，提高系统的运行效率和稳定性。
- 恶意行为分析提供了对系统中的安全事件和行为的全面了解，为制定和调整安全决策和策略提供数据支持。基于恶意行为分析的结果，可以优化安全策略，提升系统的整体安全性。

恶意行为分析在工业互联网中具有重要的作用，可以发现安全威胁、提高安全防护能力、加强及时响应能力、改善系统运行效率，同时支持安全决策和策略制定，为工业互联网系统的安全和可信运行提供有效的保障。

6.1.3 标识安全对企业的重要性

随着工业互联网的快速发展，工业互联网标识数量将数以千亿计，并发解析请求可达千万量级，如此大量级的标识解析服务需求对安全保障能力提出了非常高的要求，标识安全由此成为工业互联网安全的重要建设内容。

为了保证工业互联网的稳定运行，标识解析系统中的数据在传递过程中需提供完整性和一致性保护；对于敏感数据，还需提供机密性和隐私性保护；对于标识解析系统数据的更新，还需具备数据源认证能力以及对标识解析数据的访问控制能力。应综合各类安全技术对标识解析的开放式架构与协议进行加固改造，加强对工业互联网标识解析服务节点的规模化跨域认证和标识数据、服务的信息保护，支持工业互联网标识解析业务单位身份管理、访问控制、安全认证、安全防护功能以及保障工业互联网标识解析节点批量接入认证能力。实现对标识的隐私保护、源认证、可查询性、数据完整性校验、密钥管理等能力，支持对标识解析请求端的基于身份、属性等方式的细粒度访问控制等能力，提升标识解析的安全性。在此背景下，我们应该重视工业互联网标识安全风险和相关防护技术，以推动工业互联网标识安全发展。

标识安全对企业具有非常重要的意义，因为标识安全直接涉及企业的信息安全和生产安全，直接关系到企业的运营效率、质量和安全稳定等方面。具体来说，标识安全对企业的重要性体现在以下几个方面。

- **提高生产安全**：标识系统可以对工业设备、原材料、半成品、成品等进行标识管理，确保生产过程中的安全、可靠、高效，防止因标识错误或误识别导致生产事故。
- **保障信息安全**：标识系统涉及企业的核心信息和数据，需要确保标识数据的安全可靠，避免因数据泄露、篡改、丢失等问题带来信息安全风险和经济损失。
- **提高管理效率**：标识系统可以对企业的生产设备、物料、人员等进行有效管理，提高生产效率和管理效率，帮助企业降低成本、提高生产效率。
- **优化产品质量**：标识系统可以对原材料、半成品、成品等进行跟踪管理，实现质量追溯，及时发现问题、改进生产工艺，提高产品质量。
- **提高市场竞争力**：标识系统可以提高企业的生产效率、管理效率、产品质量和客户服务水平，帮助企业提高市场竞争力，占领市场份额。

标识安全对企业的重要性不可低估，企业应该高度重视标识安全工作，加强标识管理、数据管理和安全管理，建立完善的安全保障体系，提高企业的安全稳定性和市场竞争力。

6.2 标识安全的技术保障措施

标识安全的技术保障措施是指通过使用各种技术手段，确保标识的安全性，防止未经授权的访问、篡改、泄露或盗用。这些措施对于保护个人隐私、商业机密以及敏感信息至关重要。

6.2.1 身份验证技术

工业互联网标识安全中常用的身份验证技术有如下几种。

（1）**用户名和密码验证**：这是最常见的身份验证技术，用户通过输入正确的用户名和密码来验证身份。但是，这种方式容易受到密码泄露、密码猜测等攻击，因此通常需要结合其他身份验证技术来增强安全性。

（2）**双因素身份验证**：结合两个或多个身份验证因素，通常包括密码、指纹、虹膜、手机短信验证码等。用户需要同时提供两个或多个因素进行验证，增加了身份验证的安全性。

（3）**生物识别技术**：基于个体生物特征的唯一性来进行身份验证，如指纹识别、面部识别、虹膜识别等。这种技术不依赖于记忆的因素，更难被冒用，提供了更高的身份验证安全性。

（4）**证书身份验证**：证书是由可信第三方机构颁发的一种数字凭证，用于验证用户身份。通过验证证书的有效性、签名等信息，可以确认用户的身份和保证通信内容的完整性。

（5）**单点登录（Single Sign On，SSO）**：一种通过一次身份验证，用户可以在多个应用和系统中进行访问的技术。用户只需要一次登录，并在一段时间内保持有效，无须重复验证身份。

（6）**动态口令**：一种基于时间同步技术的验证码，通过生成的短暂、动态的密码验证身份。用户在进行身份验证时，需要提供当前时间段内有效的动态口令。

（7）**物理硬件令牌**：一种加密设备，可以生成独一无二的密码，并用于身份验证。这种令牌通常通过 USB 接口插入计算机或使用蓝牙等方式进行身份验证。

以上是一些常见的工业互联网标识安全中的身份验证技术，具体的应用场景和需求会影响选择哪种身份验证技术或其组合。企业可以根据自身需求和安全性要求选择合适的身份验证技术来保护工业互联网系统的安全。

6.2.2 访问控制技术

本节主要介绍工业互联网标识安全中常用的几种访问控制技术，包括**角色基础访问控制、访问控制列表、基于身份验证的访问控制等**。

1. 角色基础访问控制

角色基础访问控制（Role-Based Access Control，RBAC）是一种基于角色的访问控制模型，通过将用户和权限分配给角色，实现对资源的授权和访问控制。用户通过获得特定角色的权限来访问系统中的资源，简化了权限管理和控制。

2. 访问控制列表

访问控制列表（Access Control List，ACL）是一种基于列表的访问控制模型，通过在资源上定义访问控制列表，确定允许或拒绝特定用户或用户组对资源的访问权限。

3. 属性基础访问控制

属性基础访问控制（Attribute-Based Access Control，ABAC）是一种基于属性的访问控制模型，通过定义用户、资源和环境的属性，并制定相应的访问策略来控制访问权限。这种模型可以根据用户的属性、资源的属性和上下文环境来动态确定访问权限。

4．强制访问控制

强制访问控制（Mandatory Access Control，MAC）是一种基于安全级别标签的访问控制模型，通过对资源和用户分配不同的安全级别标签，并使用安全策略来限制对资源的访问。

5．基于身份验证的访问控制

基于身份验证的访问控制（Identity-Based Access Control，IBAC）是一种基于用户的身份验证进行访问控制的模型。用户一旦成功验证身份，即可获得相应的访问权限。

6．单点登录

单点登录（SSO）是一种访问控制技术，允许用户在多个应用程序或系统中使用相同的凭据进行登录。用户只需进行一次身份验证，就可以访问系统中已授权的资源，进而提高便利性并减轻对凭证的管理负担。

7．审计和日志管理

审计和日志管理是一种监控和记录用户访问行为的访问控制技术，通过记录用户的操作行为并生成相应的日志，可以跟踪和审计用户的访问行为，及时发现异常操作和安全事件。

以上是一些常见的工业互联网标识安全中的访问控制技术。根据实际需求和系统的安全要求，企业可以选择合适的访问控制技术或其组合来实现对工业互联网系统中资源的授权和访问控制，从而提高系统的安全性和保护企业的重要数据和信息免受未授权访问和泄露的风险。

6.2.3 数据加密技术

本节主要介绍工业互联网标识安全中常用的几种数据加密技术。

1．对称加密

对称加密使用相同的密钥进行加密和解密操作。发送方使用密钥对数据进行加密，接收方使用相同的密钥解密。常见的对称加密算法有 DES、AES 等。对称加密具有高效速度快的特点，但需要安全传输密钥。

对称加密的过程中，发送方使用相同的密钥对要发送的数据进行加密。加密过程使用加密算法将明文数据转化为密文数据。加密后的密文数据通过网络传输到接收方。接收方获取密文数据后，使用相同的密钥对其进行解密。解密过程使用解密算法将密文数据还原为明文数据。

由于对称加密使用相同的密钥进行加密和解密，因此其主要优点是处理速度快，适合在实时通信或大数据量处理中使用。但是，对称加密的缺点是密钥的安全性，密钥的分发和管理需要仔细考虑。

为了解决对称加密中密钥的分发和管理问题，我们通常会使用非对称加密算法来进行密钥的安全交换。非对称加密使用一对密钥，分别是公钥和私钥，其中公钥用于加密数据，私钥用于解密数据。这样可以将对称加密中的密钥加密过程使用非对称加密来实现，提高密钥的安全性。

2．非对称加密

非对加密使用公钥和私钥进行加密和解密操作。发送方使用接收方的公钥加数据，接收方使用自己的私钥解密。常见的非对称加密算法有 RSA 和 Diffie-Hellman。非对称加密提供了更高的安全性，不需要传输密钥，但速度慢。

在工业互联网标识安全中，数据加密技术中的非对称加密，也被称为公钥加密，是一种常用的加密方法。与对称加密不同，非对称加密使用一对密钥，分别是公钥和私钥。

非对称加密涉及如下步骤。

- 公钥的创建和分发：接收方生成一对密钥，其中私钥妥善保管，而公钥可以向其他人公开。公钥用于加密数据，私钥用于解密数据。
- 加密过程：发送方使用接收方的公钥对要发送的数据进行加密。加密后的数据只能使用私钥进行解密，保证了数据的机密性。
- 解密过程：接收方使用自己的私钥对接收到的密文进行解密，将其恢复为明文数据。

由于非对称加密使用不同的密钥对数据进行加密和解密，因此其主要优点是密钥的安全性更高。即使公钥被泄露，也无法用于破解密文，因为只有私钥能够解密。

非对称加密广泛应用于工业互联网中的身份验证、数据传输和数字签名等安全场景。需要注意的是，非对称加密算法的计算复杂度较高，且数据加密速度较慢，因此在实际应用中常常与对称加密相结合使用，即使用非对称加密来保护对称加密所使用的密钥的安全性。

3．混合加密

混合加密综合了对称加密和非对称加密的优点。发送方使用非对称加密算法密对称密钥，接收方使用私钥解密获得对称密，然后使用对称加密算法进行后续的数据传输加密，这样可以兼顾安全性和效率。

在工业互联网标识安全中，混合加密是一种常用的数据加密技术，是将对称加密和非对称加密结合起来使用的加密方法。

混合加密涉及如下步骤。

- 密钥交换：接收方生成一对非对称加密的密钥，包括公钥和私钥。公钥可以向其他人公开，而私钥需要妥善保管。发送方使用接收方的公钥对一个临时密钥进行加密，并将加密后的临时密钥发送给接收方。

- 数据加密：发送方使用生成的临时密钥进行对称加密，将要发送的数据进行加密。
- 密文传输：发送方将对称加密后的数据和使用公钥加密的临时密钥一起发送给接收方。
- 解密过程：接收方使用私钥解密临时密钥，然后使用解密后的临时密钥对加密数据进行解密，恢复为明文数据。

通过混合加密，企业可以充分发挥对称加密和非对称加密各自的优势。对称加密在加密和解密过程中速度更快，适合大数据量的加密和解密操作；而非对称加密提供了更好的密钥的安全性。

混合加密的主要优点是既保证了数据传输的安全性，又避免了对称加密中密钥安全性管理的问题。然而，混合加密算法的实现需要协商和管理多个密钥，对密钥的生成和分发也提出了一定的挑战。因此，混合加密通常用于保护关键数据的传输和保存，以提高数据的安全性。

4. 数据传输层加密

数据传输层加密使用加密协议保护数据在网络上传输过程。如安全套接字层/传输层安全（SSL/TLS）协议使用公钥加密技术来加密传输数据，确保数据在传输过程中不被窃听和篡改。

在工业互联网标识安全中，数据传输层加密是一种常用的数据加密技术，用于保护网络通信的安全性，确保数据在传输过程中的机密性和完整性。

数据传输层加密使用对称加密和非对称加密相结合的方式来实现安全传输，主要用于保护网络应用层协议（如HTTP、SMTP、FTP等）的数据传输。

数据传输层加密涉及如下步骤。

- 握手过程：在通信的开始阶段，客户端和服务端进行一系列的握手协商，包括协议版本、加密算法、安全参数等。在握手过程中，客户端和服务端协商产生一个共享的加密密钥，用于后续的数据加密和解密。
- 密钥交换：在握手过程中，客户端和服务端使用非对称加密算法来交换共享的加密密钥。这确保了密钥的安全性，即使在传输过程中被窃听也无法破解。
- 数据加密：在握手阶段完成后，客户端和服务端使用共享的加密密钥，使用对称加密算法对数据进行加密。加密后的数据在传输过程中即使被窃听，也无法被解密为明文内容。
- 完整性验证：在加密的过程中，还采用了消息摘要算法（如哈希算法）来计算数据的校验值，将其附加在加密后的数据中。接收方在解密过程中会验证校验值，确保数据传输的完整性。

通过使用数据传输层加密，企业可以有效保护网络通信中的数据安全。数据传输层加密广泛应用于工业互联网等领域，用于保护敏感数据（如用户身份信息、机密文件等）的传输。同时，数据传输层加密也提供了身份验证和数字证书的功能，确保通信双方的身份真实可信。

需要注意的是，为了确保数据传输的安全性，数据传输层加密协议需要定期进行升级和更新，以防范已知的安全漏洞和攻击方法。同时，密钥管理和证书管理也是关键的安全实施方面，需要妥善管理和保护密钥和证书的安全。

5. 数据存储加密

数据存储加密是指在储介质上对数据进行加密，以保护数据在存储过程中的安全。可以使用文件加密、数据库加密等技术对数据进行加密保护。

在工业互联网标识安全中，数据存储加密是一种通过对数据进行加密，以保护存储在各种存储介质上的数据安全性的技术。

数据存储加密通常使用对称加密算法或混合加密算法来实现。它的主要目的是在数据存储介质，如硬盘、固态盘（SSD）、闪存、云存储等，上对数据进行加密，以防非授权访问者获取敏感数据。

数据存储加密通常涉及以下几个方面。

- 整盘加密：整盘加密是一种将整个存储介质（如硬盘）上的数据进行加密的技术。它可以在启动时将所有数据加密，并在需要读取数据时进行解密。整盘加密可以保护存储设备的数据不被非法读取，即使设备丢失或被盗。
- 文件加密：文件加密将单个文件或文件夹中的数据进行加密。用户可以选择加密某些敏感的文件或文件夹，以提高数据的安全性。只有具有正确密钥或密码的用户才能解密和访问加密文件。

数据库加密通过对数据库中的数据进行加密来保护敏感数据。它可以在数据库级别或字段级别进行加密，确保数据库的数据在存储过程中得到保护。

通过数据存储加密，即使存储介质被盗取或非授权访问，也可以确保数据的机密性和完整性。只有具备正确密钥或密码的人才能解密和访问数据，提高了数据的安全性。数据存储加密在工业互联网等领域被广泛应用，以保护敏感数据（如生产数据、用户数据、机密文件等）的存储。

需要注意的是，对于数据存储加密，密钥的管理和安全性至关重要。密钥必须被妥善保管，并采取适当的措施来保护密钥的安全，以防止密钥泄露和非授权访问。

6. 哈希算法

哈希算法是将数据转为固定长度的哈希值的算法。通过对数据的哈希值计算和比较，验证数据的完整性防止数据被篡。

在工业互联网标识安全中，哈希算法是一种将任意长度的数据转换为固定长度散列值（哈希值）的算法。哈希算法的作用是对数据进行摘要或签名，常用于验证数据完整性、数据索引、密码存储等场景。

哈希算法的特点有固定长度输出、不可逆性、高效性和唯一性。无论输入数据的大小是多少，哈希算法都会生成固定长度的哈希值。哈希算法是单向的，无法通过哈希值逆向推导出原始数据。即使原始数据只有微小的差异，生成的哈希值也会有较大的差别。哈希算法的计算速度通常非常快，对于任意长度的数据都能在较短时间内生成哈希值。好的哈希算法应该具有较低的碰撞概率，即不同的输入数据对应的哈希值尽可能不相同。

哈希算法在工业互联网中的应用非常广泛，其中一些常见的应用有通过生成数据的哈希值，可以在传输或存储过程中验证数据的完整性。接收方可以重新计算哈希值并与传输过程中的哈希值进行比对，如果不一致则说明数据被篡改。另外，哈希算法用于生成数据的数字签名，以确保数据的来源和完整性。发送方使用私钥对数据的哈希值进行签名，接收方使用对应的公钥验证签名的合法性。哈希算法用于存储用户密码的安全哈希值。通过对用户密码使用哈希算法生成哈希值，并将哈希值存储在数据库，可以避免明文密码的泄露和直接存储，增加密码的安全性。

需要注意的是，由于哈希算法的不可逆性和固定输出长度，理论上是存在哈希碰撞的可能性的，即两个不同的输入数据产生相同的哈希值。因此，在选择哈希算法时应选择具备较低碰撞概率的算法，并结合其他安全性措施来提高数据的安全性。

7. 数字签名

数字签名使用非对称加密技术来对数据进行加密，并生成与数据相关的数字签名。接方可以使用发送方的钥验证数字签名的有效性，确保数据的完整性、真实性。

在工业互联网标识安全中，数字签名是一种用于验证消息、文件或数据的完整性、真实性和不可否认性的技术。通过数字签名，可以确定数据的来源，防止数据被篡改，并确保数据的不可否认性。

数字签名通常涉及发送方或签名者、接收方或验证者。希望将数据发送给接收方，并希望确认数据的完整性和真实性的实体。接收到经过数字签名的数据，并希望确保数据没有被篡改过的实体。

数字签名通常涉及以下几个步骤。

- 数据摘要：发送方使用哈希算法（如 SHA-256）对要进行签名的数据生成一个固定长度的摘要（哈希值）。
- 私钥签名：发送方使用自己的私钥对数据的摘要进行加密，生成数字签名（签名值）。
- 数据传输：发送方将数据和数字签名一起发送给接收方。
- 公钥验证：接收方使用发送方的公钥对接收到的数据进行解密，得到摘要。
- 摘要验证：接收方使用相同的哈希算法对接收到的数据生成摘要，并与解密得到的摘要进行比较。如果两个摘要相同，则说明数据完整且未被篡改。
- 签名验证：接收方使用发送方的公钥对数字签名进行验证，以确保数字签名的合法性和真实性。

数字签名的核心思想是使用公钥加密和私钥解密,以及哈希算法的应用。数字签名可以保护数据的完整性,防止数据被篡改和伪造,同时具备不可否认性,即发送方无法否认自己发送的数据。

需要注意的是,数字签名并不能保护数据的机密性,它只确保数据的完整性和真实性。如果需要同时保护数据的机密性,可以使用数字签名与数据加密技术相结合,以达到机密性和完整性的双重保护。

以上是一些常见的工业互联网标识安全中的数据加密技术。企业可以根据实际需求和安全要求选择合适的加密技术或其组合来保护工业互联网中的数据安全,防范数据被泄露、篡改等风险。

6.3 工业互联网标识安全在智能工厂的应用案例

工业互联网标识安全在智能工厂的应用案例涉及一系列技术和方法,旨在确保智能工厂的信息系统、物理设备和数据传输的安全性。本节通过一些工业互联网标识安全在智能工厂中的典型应用案例,展示工业互联网标识安全在智能工厂中发挥的重要作用。

6.3.1 案例1:医药制造业

本节将展示工业互联网标识安全相关技术在医药制造业中的实际应用。

案例场景

香雪制药是一家拥有多个生产基地和研发中心的医药制造企业。为了确保生产过程数据安全和药品溯源的可靠性该公司采用了工业互联网标识安全技术。

图6-1所示为香雪制药车间赋码实况。

图6-1 香雪制药车间赋码实况

应用成效

香雪制药公司通过在药品生产数据安全、药品溯源、设备和设施的安全管理以及合规数据安全等方面运用工业互联网标识技术，提高了生产过程中数据安全和药品溯源的可靠性。

- 药品生产数据安全：香雪制药公司在所有生产设备上安装了工业互联网连接的传感器和数据采集设备。这些设备实时采集温度、湿度、压力等关键参数，并通过加密通信将数据传输到云平台。在云平台上，所有数据都经过加密和访问控制，只有授权的人员可以访问和操作这些数据，确保数据的机密性和完整性。

- 药品溯源：通过订单唯一标识，打通医疗机构、医药企业、药品传输整个周转流程的全追溯，用户可通过手机实时查询药品信息，方便快捷，提高药品可信性。订单标识码通过二级节点生成，与国家顶级节点对接，具有安全保障和权威性。对"互联网+医疗健康"服务产生的数据进行全程留痕、可查询、可追溯，满足行业监管需求的同时消除消费者对互联网医疗的顾虑。

- 设备和设施的安全管理：香雪制药公司使用工业互联网标识安全技术对所有设备和设施进行远程监控和管理。每个设备都被分配唯一的身份标识，并与云平台进行关联。通过访问控制、加密通信和实时监测，确保只有授权人员可以远程访问和操作设备，并防止设备遭到未经授权的篡改或攻击。

- 合规数据安全：香雪制药公司对生产过程中生成的合规数据进行严格的保护。通过加密传输和存储，以及访问控制和审计跟踪，确保数据在采集、处理和共享过程中的合规性和安全性。只有经过授权的人员才能访问和处理这些数据，从而确保符合相关法规和监管要求。

以上是香雪制药公司对工业互联网标识安全技术的应用案例，展示了工业互联网标识安全在医药制造业中的具体应用。通过采用这些技术和措施，香雪制药公司提升了生产数据的安全性和可信度，实现了药品的可追溯性和合规性，从而增强了药品的质量保障和消费者的信任度。

6.3.2 案例2：新能源汽车行业

本节将展示工业互联网标识安全相关技术在新能源汽车业中的实际应用。

案例场景

中科合肥技术创新工程院联合德国莱茵、安徽质检院、山东质检院合作建设的"新能源汽车高压零部件能效与安全性实验室"，并研发检测服务平台，为新能源车企及相关产业链提供产品研发试验、检测、认证等解决方案。

图6-2展示了新能源汽车高压零部件检验检测服务环节的成效。

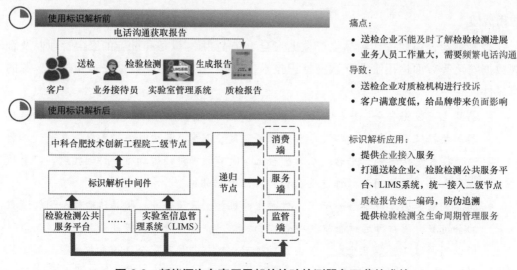

图 6-2　新能源汽车高压零部件检验检测服务环节的成效

应用成效

使用标识解析技术前，送检企业不能及时了解检验检测进展、业务人员工作量大、需要频繁电话沟通；使用标识解析技术后，企业不仅解决了以上痛点，并且实现了针对产品检验检测的全生命周期管理服务，使得安全性得到大幅度提升。

- 送检企业只需通过微信扫码，即可实时查询样品所处检测阶段、什么人操作、采用什么检测方法等关键信息，业务部门工作人员电话沟通量下降约30%，投诉量下降近50%。
- 质检报告标识防伪码，使用微信扫码后即可通过国家工业互联网标识解析基础设施体系追溯标识分配、企业节点、服务站点、检测报告注册数据等信息，实现检测数据不可篡改。
- 市场监管单位通过标识码可获取样品在检验检测过程中流程是否合规，相关人员是否符合岗位资质要求等数据，进行智慧监管。

以上是新能源汽车高压零部件能效与安全性实验室对工业互联网标识安全技术的应用案例。通过采用这些技术和措施，中科合肥技术创新工程院在新能源汽车高压零部件检验检测公共服务平台设计研发过程中，基于中科合肥技术创新工程院二级节点基础设施将标识解析技术进行融合应用赋能。在样品检测前，为送检样品赋予工业互联网标识码，打通质检机构 LIMS，将样品接收、检测、报告编制等环节涉及的人、机、料、法、环等信息写入标识，实现对样品的检验检测全流程追踪。同时，在质检报告编制环节，为其赋予唯一的工业互联网标识码，记录报告的出具单位、检测样品等信息，以"一物一码"实现质检报告防伪追溯。

6.3.3　案例3：民爆行业安全管控

本节将展示工业互联网标识安全相关技术在民爆行业安全管控中的实际应用。

案例场景

国泰集团推出国泰民爆行业标识解析管控平台，通过标识解析、5G、大数据、人工智能等技术，助力国泰生产工厂的各个环节更安全、智慧、高效。

应用成效

利用工业互联网标识安全相关技术，国泰集团构建了民爆行业标识解析管控平台，实现了对生产过程的可视化监控，并确保了材料追溯和质量管理。

- 生产过程监控：国泰集团在生产设备和生产线上安装了工业互联网连接的传感器和监测设备。这些设备实时采集温度、压力、湿度等参数，并通过加密通信将数据传输到云平台。在云平台上，所有数据受到严格的访问控制和加密保护，只有授权的人员可以访问和监控生产过程，确保民爆产品的安全生产。
- 材料追溯和质量管理：国泰集团为每一支电子雷管赋予唯一的"身份证"，就像凭二代身份证乘坐飞机高铁、住酒店，为民爆品在市场流通提供了核心保障。每一个标识通过应用扫码，它的"前世今生"均完整掌握在监管人员手中。从组装的电子芯片、金属壳体，到产品生产产线、生产时间，随后产品下线、入库，再到产品转仓、出库，最终用于爆炸现场，每一个环节的信息都呈现在监管人员眼前，为民爆行业的监管、产品的改进、故障的定位提供了完整的"档案"。

以上是国泰民爆公司对工业互联网标识安全技术的应用案例。通过采用这些技术和措施，民爆公司实现了民爆产品的安生产、材料追溯和质量管理，实现了安全设施的远程监控和管理，以及安全合规的管理和可视化，从而增强了民爆公司对生产环境的安全管控和合规性的监测和管理。

6.3.4 案例4：工业控制系统

本节将展示工业互联网标识安全技术在工业控制系统安全管控中的实际应用。

案例场景

西门子公司是一家全球工业自动化和数字化解决方案领域的领先企业，在工业控制系统安全领域积累了丰富的经验。他们利用工业互联网标识安全技术来实现工业控制系统的设备身份认证、通信安全保护和远程访问管理。

- 设备身份认证：西门子公司将每个工控设备赋予唯一的身份标识，如数字证书或独立密钥。通过工业互联标识安全技术，实现了设备身份的加密认证和授权管理。工控设备在启动和连接网络时，必须进行身份验证，云平台会对设备进行身份验证和访问控制，防止未经授权的设备接入工业控制系统。
- 通信安全保护：西门子公司对工业控制的通信链路加密保护。使用密通信协议（如TLS），对控制信号和数据进行加密传输。通过实施身份验证、访问控制数据加密，防止数据被未授权的访问和窃取。

- 远程访问控制与管理：西门子公司工业互联网标识安全技术，实现了对工业控制系统的远程访问控制和管理。只有通过验证的授权人员可远程访问系统，进行监控、维修和配置等。同时，远程访问管理系统记录和审计所有的远程访问行为，确保仅有权限的操作员执行远程控制与管理。

应用成效

以上是西门子公司对工业互联网标识安全技术的应用案例。通过使用工业互联网标识安全相关技术，西门子公司实现了工业控制系统设备身份认证、通信安全保护、完整性保护与漏洞管理，以及远程访问控制与管理，加强了工业自动公司对工业控制系统的安全管控，保护系统免受未授权访问、数据泄露和恶意攻击的威胁。

标识安全是工业互联网系统中的一项重要措施，在确保工业设备、系统和数据的安全可信，有效保证工业互联网系统的正常运行和信息安全。工业互联网标识安全对于企业来说是至关重要的。它可保护企业的商业机密、核心技术和生产数据的安全，提供可靠和准确的生产信息，阻止恶意攻击和威胁，确保企业合规经营保障工业互联网系统的安全稳定运行，对于企业的可持续发展和提升竞争力至关重要。

第7章 标识解析在智能工厂的应用

工业互联网标识解析技术在不同行业的创新应用为实现智能化、高效化生产提供了新的可能性。从汽车行业到动摩行业[①]、医疗器械行业，再到建材领域、电气机械和器材制造行业以及冶金行业等多个行业，标识解析的应用展示了其在优化生产、提升管理效率和加强安全监控方面的有效作用。本章将探索工业互联网标识解析在智能工厂的应用。

7.1 汽车行业应用案例

工业互联网标识解析在汽车行业的应用非常广泛。作为重庆的支柱产业之一，汽车行业近年来发展迅速，已建立起从研发、测试到零部件制造、总装、销售为一体的完整产业链，形成了以长安系为龙头、10多家整车企业为骨干、上千家配套企业为支撑的"1+10+1000"优势产业集群，中国汽车工程研究院（简称中国汽研）、重庆车辆检测研究院（简称重庆车检院）等大型国家级车辆检测机构，为汽车产业提供研发测试、质量检测、强制检测等服务，进一步丰富了重庆汽车产业链。当前，重庆汽车产业正围绕着高端化、新能源、智能化积极转型升级，通过标识解析体系打通汽车产业链上下游企业间的数据壁垒，实现汽车生产、检验、销售等各环节的协作，将赋能重庆汽车产业智能化发展。

案例场景：汽车研发实验室管理

汽车研发实验包括动力测试、油耗测试、碰撞安全、制动测试等多种测试项目，实验场地管理涉及气象系统、监控系统对讲系统、道闸系统、样车系统等多个系统，异构系统间的实验数据隔离导致实验数据价值未能充分发挥。此外，车辆实验报告仍需人工编写和审批，实验能力和效率还有很大提升空间。

典型案例

本案例的应用提供商为中国汽车工程研究院股份有限公司，应用的使用企业为中汽院（重庆）汽车检测有限公司。在本案例中，企业面临的痛点如下。

- 实验数据管理难度大。无法对分散在不同实验设备、实验系统的数据进行实时整合分析，影响实验数据的有效性。
- 样车流转管理效率低。样车管理基数大，种类繁杂，流转转运频繁，信息更新慢，客户及实验人员不能及时掌握样车信息。

[①] 动摩行业是指摩托车及其相关配件和服务的行业。——编辑注

- 检测过程不透明。实验委托客户无法查询和获取检测执行状态，实验过程透明化、可视化程度低。

解决方案

基于工业互联网标识解析技术，中汽院建设了一套汽车实验室管理平台，将实验设备、工器具、场地、样车等实验资源注册为标识，通过标识关联和共享实验场地、实验设备、实验数据等信息，可供实验人员及客户通过系统查询资源使用实时状态及实验进程，提升实验过程的可视化、透明化，并通过实验报告标识进行实验信息溯源。汽车研发实验室管理标识使用前后效果对比如图 7-1 所示。

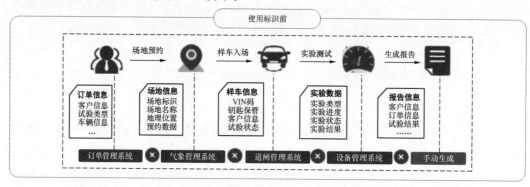

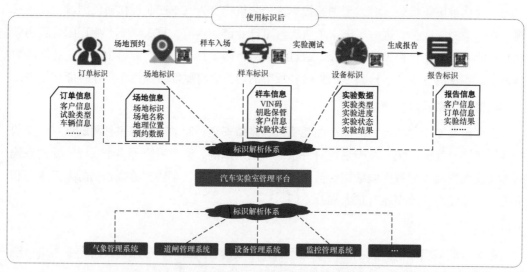

图 7-1　汽车研发实验室管理标识使用前后效果对比

在本案例中，标识对象包括实验订单、实验场地、实验设备、实验样车、实验报告等，标识关联的数据包括客户信息、订单信息、场地信息、设备信息、样车信息、排程信息、实验数据等。该汽车实验室管理平台的核心功能/所涉及的环节如下。

- 实验数据管理。将车辆测试过程中分散在测试设备数据库、气象系统、监控系统设备系统等异构系统中的车辆信息、环境信息、场地信息、测试信息等实验数据，通过标识注册和解析与车辆标识、设备标识、场地标识等关联，打通分散在不同设备和系统中的实验数据，实现实验数据的实时汇总分析。
- 场地信息共享。统一标识编码规范，通过自开发的标识数据中间件统一注册、分发编码，将气象系统、监控系统、对讲系统、道闸系统、设备系统等异构系统的气象、车辆、场地、设备等关键信息注册到标识解析平台。用户查询信息时，实验室管理平台通过标识数据中间件将信息转换编码，并向标识解析平台发起查询申请，从各专业系统中调取关键信息，从而实现各系统间的信息打通，对实验场地的资源、排程、状态进行统一管理。
- 实验报告溯源。将实验报告编号及授权信息注册为唯一标识，用户可通过报告编码查询报告信息，并将实验报告标识与样车、实验设备等标识关联，实现实验过程溯源查询。

应用成效

在本案例中，企业基于工业互联网标识解析技术，建设了一套汽车实验室管理平台，帮助客户打通多个异构系统间的数据壁垒，实现实验过程和实验报告管理的信息化和数字化，全面提升了车辆实验效率和客户体验。

- 提升效率：通过标识监测执行过程中的设备、场地等资源使用情况合理规划资源使用计划，提升实验资源利用率及实验项目执行效率单样车流转次数由平均 5 次/m 提升至 10 次/m，使用时长由平均 1h/次提升至 1.5h/次。
- 降低管理成本：减少收样、还样等过程管理岗人员，节约人工成本约 40 万元。
- 提升客户满意度：实现检测过程样品流转、资源使用、检测人员等信息的透明化、可视化，提升客户体验和报告公信力，客户满意度从95%提升至98%，促进业务量提升。

7.2 动摩行业应用案例

动摩行业是重庆市的支柱产业之一，2020 年重庆市出口摩托车总额占全国摩托车出口总额的三分之一，2021 年前三季度重庆摩托车产业同比增长 11.2%。在力帆、隆鑫、宗申、嘉陵等动摩行业巨头的带动下，具有极大影响力的重庆市摩托车产业集群正逐步形成。纵观摩托车行业产业链，产业链上下游企业的信息化发展不均衡，信息化水平参差不齐。发挥标识解析体系的"神经中枢"作用，推广标识解析在行业企业间的应用和推广，将带动动摩行业的信息化改造和数字化转型。

案例场景 1：数字化生产设备管理与维护

在摩托车零部件、整车组装过程中，大部分生产设备和生产线比较落后，信息化基础薄弱，生产设备的管理、巡检与维修等数据大多依靠人工手动导入不同的管理系统，如生产物流、财务等信息系统，同一设备在不同系统中的数据难以汇总统计和分析，生产设备无法合理利用和维修，影响生产效率和进度。

典型案例

本案例的应用提供商为重庆沄析工业互联网有限公司，应用的使用企业为重庆宗申机车工业制造有限公司。在本案例中，企业面临的痛点如下：

- 生产设备独立运行，设备与设备、设备系统间的数据不互通，设备资产利用率低。
- 设备点检、设备保养依赖工人经验，设备问题发现不及时，设备故障影响企业生产效率。
- 生产设备维修时间不可控，维修过程透明度低维修结果溯源困难。
- 生产设备管理台账不准确，设备资产盘点效率低。

解决方案

对生产设备进行唯一标识编码，基于标识建立数字化设备管理平台，利用标识解析将设备使用情况、运行状态同步至各个系统，实现设备的准确盘点和优化配置。将设备运维管理应用标识化，通过标识扫码提供点检巡检、维修保养、维修查询等功能，并记录维修过程、维修结果等信息，形成生产设备的数字化管理及数据分析报告。

在本案例中，标识对象包括生产设备和维修任务，标识关联的数据涉及设备基本信息、设备位置、设备类型、设备使用状态、设备报修信息维修人员、使用备件信息、维修验收结果等。核心功能/所涉及的环节如下。

- 生产设备赋码。基于统一编码规则，为每个设备分配唯一标识码，并张贴于设备表面，工作人员扫码记录设备使用情况。
- 生产设备台账。基于标识实现设备的统一管理，可查询设备位置、设备类型、使用现状等信息，设备信息随时随地可查可管。
- 扫码报修。通过扫描设备标识，进行在线报修在线指派维修人员，生成维修任务标识码。
- 维修验收。维修人员扫码维修任务码，记录维修过程、备品使用情况等，维修结束后，工作人员扫码上传维修结果。

应用成效

在本案例中，企业通过生产设备的唯一标识化，利用标识解析将设备运行、巡检、维修等数据进行统一管理和分析，帮助客户实现生产设备运行状态、健康状态的快速查询和智能化运维管理，有效提高了设备管理效率和设备生产稳定性。

- 提升产能：提高生产设备利用率，降低因设备故障造成的生产线停线时间，提高生产效率和产能 15.4%。
- 提升资产管理效率：优化维修管理流程，设备维修效率和盘存效率提高了近 3 倍。
- 降低运维成本：及时维修延缓设备老化报废，每年可减少数百万的设备维修及新购费用。

案例场景 2：智能化供应链管理

动摩行业产业链上下游企业信息化程度参差不齐，在摩托车供应链体系中，存在物料标识不统一、企业间信息不对称等问题，同时企业内部采购、仓储、生产、销售等环节信息不互通，导致企业沟通成本高、供应链协同效率低，对企业生产经营造成不良影响。基于标识解析打通企业采购、仓库、生产、销售等环节数据,通过各环节间数据的互联互通,降低沟通成本,提高供应链协同效率。

本案例的应用提供商为重庆泛析工业互联网有限公司,应用的使用企业为重庆宗申机车工业制造有限公司。在本案例中,企业面临的痛点如下。

- 企业供应链信息化程度低,无法统一管理客户和供应商信息,人工进行物料、库存计划准确性低。
- 企业生产、销售、采购、仓储等部门缺乏信息共享平台,各部门存在数据孤岛。
- 无法建立统一的采购、生产、销售库存计划体系订单执行过程信息闭塞,交付成本高,运营效率低库存压力大。

解决方案

基于标识解析的标识编码和标识数据统一规范,对供应商、采购计划单、物料、生产计划单、产品销售订单、客户等供应链各环节对象进行唯一标识编码,构建基于标识的微信小程序云析码。

智能化供应链管理标识使用前后效果对比如图7-2所示。

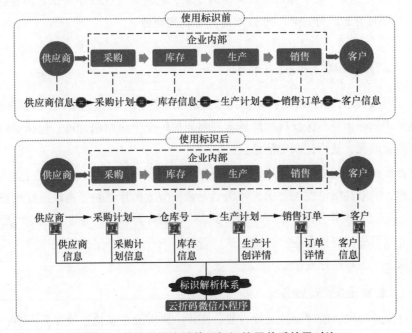

图7-2 智能化供应链管理标识使用前后效果对比

在本案例中,标识对象包括供应商、生产物料、采购计划、采购订单、仓库号、生产计划、销售订单、客户等,标识关联的数据涉及销售数据、采购数据、生产数据、物流数据、仓库数据、合同数据物料数据、产品数据、客户数据、供应商数据、承运商数据、车辆管理数据、分销商数据零售商数据等。核心功能/所涉及的环节如下。

- 采购协同管理。基于标识建立供应商数据库通过对记录采购订单的执行情况,构建供应商评价体系，基于库存、销售订单数据的汇总分析自动生成采购计划单。
- 仓储管理。通过仓库标识扫码，将采购订单销售订单与出入库数量相关联，自动分析采购计划和销售订单的执行情况，可实时了解仓库库存情况。
- 生产协同管理。将销售订单、物料库存信息与产品库存信息关联，自动生成产品生产计划表。
- 订单进度追踪。通过对采购订单标识、销售订单标识扫码，实现订单执行情况的实时追踪。

应用成效

在本案例中，企业通过对各个对象标识的解析查询和数据上传，帮助客户打破不同企业之间由标识编码不统一导致的信息识别壁垒，实现供应链企业间订单、发货、出入库等信息互通。

- 提高管理效率：基于标识实现同一数据在多个系统的全面应用，实现企业管理的系统化、流程化、简单化，企业管理效率提升31.9%。
- 降本增效：通过精细化成本管理生产成本降低15.3%，企业生产效益提高23.2%。
- 战略决策支持：基于标识的数据实时更新，利用智能统计分析工具，为企业生产经营提供可分析、可追溯、可预测的战略决策支持。

7.3 医疗器械行业应用案例

在医疗器械领域，标识解析技术多用于追踪和管理医疗器械的生产、流通和使用过程。通过为器械添加标识符，医疗机构能够实现对器械的全生命周期管理，包括追踪器械的存储条件、消毒情况、使用记录等信息。

医疗器械是重庆的战略性新兴产业。近年来，重庆大力推动医疗器械行业走智能化、融合化之路，围绕高质量发展要求，将医学影像、智能医疗器械等高端医疗设备制造作为发展重点。截至2019年年底，重庆市集聚了283家医疗器械生产企业、13529家经营企业。

工业互联网标识解析在医疗器械生产、管理、治疗等环节的应用和推广，将助力打造智慧医疗服务，保障医疗安全。

案例场景1：智能诊疗管理服务

在诊疗服务阶段，医疗器械的耗材复杂多样、供应商信息化程度参差不平，医疗设备生产企业和医疗服务企业的信息不互通，导致医疗设备管理混乱、诊疗效率低、患者就医体验差等问题。

本案例的应用提供商为重庆山外山血液净化技术股份有限公司，应用的使用企业为重庆康美佳血液透析有限公司。在本案例中，企业面临的痛点如下。

- 血液透析治疗周期长，患者上、下机时间集中，医、护、患管理难度大。
- 透析设备的使用、耗材管理、患者初始体征参数、治疗处方设置等管理要素较多，管理过程复杂。
- 存在设备操作失误、耗材使用不合规等安全风险，对患者生命安全造成威胁。

解决方案

通过对患者、病例、处方、诊疗设备等进行唯一标识，在血液透析治疗过程中，基于标识解析关联患者诊断信息、处方信息、诊疗设备状态、耗材等数据，打通患者就诊过程中涉及的挂号系统、诊疗系统护理系统、透析平台等异构系统，通过自动获取患者诊疗信息、实时监测治疗过程，保障患者医疗安全为患者提供智慧医疗服务。

智能诊疗管理服务标识使用前后效果对比如图7-3所示。

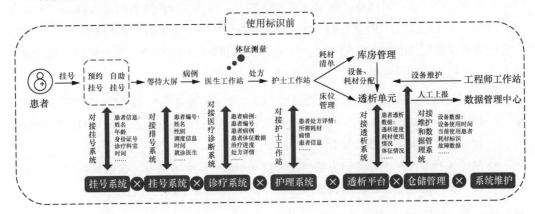

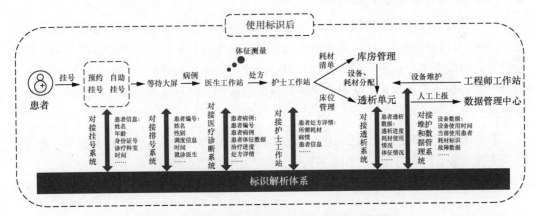

图 7-3 智能诊疗管理服务标识使用前后效果对比

在本案例中，标识对象包括医疗器械、耗材、患者、病历、处方、诊疗单据等，标识关联的数据包括患者信息、血液净化设备信息、透析耗材信息、治疗处方、排床信息、电子病历等。核心功能/所涉及的环节如下。

- 诊疗环节赋码。针对患者—病历—诊疗单据—医疗器械—耗材—治疗处方—排床信息等各个环节，为每个患者、诊疗过程中所使用设备、耗材、处方等进行唯一标识编码。
- 自助就诊。通过为每个患者注册标识，完成患者自助化就诊，实现透析患者自助预约、自动识别签到、自助化称重/血压测量等自助化管理流程。

- 全流程数据关联。通过将标识编码与护理患者（ID）、治疗透析机（编号）进行绑定，实现了患者信息自动记录、临时医嘱上传、患者处方下载和全流程治疗排班、排床、排机位等功能，减少医护人员透析过程的工作量。
- 患者数据查询。通过绑定了患者App（ID）、透析机（机器编号）、透析耗材（RFID）的标识编码，利用标识解析平台向血液透析中心智能管理系统查询患者治疗的相关信息，例如透析患者在治疗中的个人治疗信息、疗效评价等，提升患者的治疗体验。

应用成效

在本案例中，企业通过建设标识解析二级节点，打造以标识解析技术为核心，人脸识别、RFID等自动识别技术相结合的数据互联互通体系，结合医院管理流程构建"血透中心智能管理系统"（HDIMS），帮助血透中心解决透析患者治疗管理、排班排床数据记录、设备维护、耗材管理等各个环节的工作难题。

- 降本增效：运用移动医护、自动记录、统计分析工具，实现透析中心管理的规范化、标准化和智能化，透析不同阶段的管理效率、耗材/药品管理效率以及数据统计和质控分析效率均实现显著提升。
- 保障医疗安全：通过标识实现信息可查询、治疗过程可追溯，提高治疗过程的安全性，提升患者治疗体验和满意度。

案例场景2：医疗设备远程运维管理

医疗装备价值高、配置数量有限，使用频度高，可靠性、安全性和有效性要求高，医疗器械一旦出现故障，往往导致医疗机构临床或医技科室相关业务的短期停滞，维修配件待料时间更是严重影响经济效益和患者治疗。传统的损坏后再报修，从厂家派单到维修工程师到达现场检查，从配件申购到更换后检测，存在维修周期长、工作被动等诸多问题。

本案例的应用提供商为重庆山外山血液净化技术股份有限公司，应用的使用企业为重庆康美佳血液透析有限公司。在本案例中，企业面临的痛点如下。

- 血液透析中心分布范围广，透析中心自备工程师服务半径大，维修和维护能力严重不足。
- 血液透析设备使用频率高、单次使用时间长，易出现故障，因设备故障导致的医护加班、患者延时治疗，治疗效率难以提升。

解决方案

利用标识解析体系，将医疗设备零部件、整机、耗材等纳入编码管理，运用物联网技术实现医疗室内部的医疗装备联网，并接入远程运维服务平台，通过设备、零部件等对象的标识解析设备的在线报修、维修配件分配、维修任务分派等功能，为血液透析中心提供远程运维服务。医疗设备远程运维管理标识使用前后对比如图7-4所示。

7.3 医疗器械行业应用案例

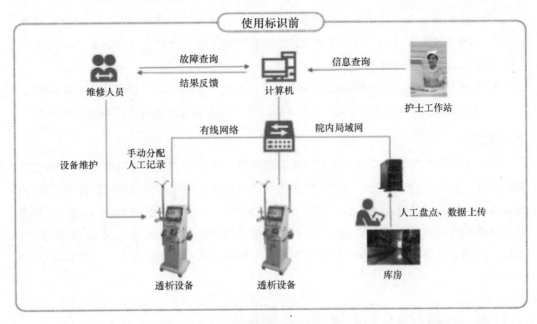

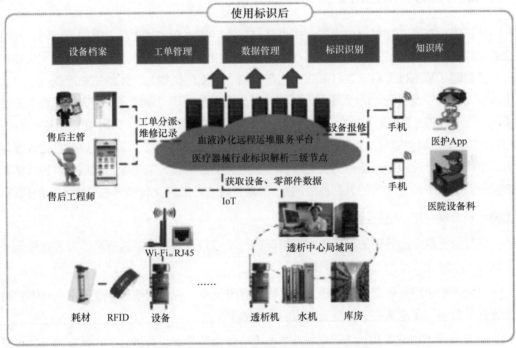

图 7-4 医疗设备远程运维管理标识使用前后对比

在本案例中,标识对象包括医疗设备零部件、整机、耗材、维修工单等,标识关联的数据包括设备生产信息、零部件信息、使用状态、供应商信息、维修配件信息历史维修记录等。核心功能/所涉及的环节如下。

- 在线报修。通过医护 App 扫描医疗设备标识,将设备报修信息发送至远程运维服务平台,基于联网设备和零部件获取故障数据,生成维修工单并分派给指定售后工程师。

- 维修配件分配。通过标识解析系统，可以对发生故障设备的部件、生产过程信息、软硬件版本、升级状态、历史维修状况等进行分析，确定更换部件名称与代码，自动生成维修配件信息并安排物流配送。
- 设备维修。售后工程师接收维修工单后前往现场扫码收取维修配件，开展维修工作时，扫描设备标识进行维修对象确认，完成维修后进行扫码更新维修工单状态。

应用成效

企业基于标识解析体系建设血液净化远程运维服务平台，通过对医疗设备、零部件、耗材的唯一标识注册和解析，结合 RFID 等物联网技术，帮助客户实现对医疗装备的在线监测与远程运维服务管理，进而达到降本增效的目的——通过采用医疗装备远程托管服务，设备故障响应时效达到了平均 5min 以内，故障解决时间从平均 48h 缩短到 8h 以内(省内)，故障一次维修完好率提升到 98%以上，平均无故障时间大幅增加，每台设备维修成本降低 60%左右。

7.4　建材行业应用案例

标识解析技术在建材行业中的应用也日益广泛。通过在建材产品上添加标识码，建材企业可以实现对产品的追踪溯源、库存管理和质量控制。随着基础建设的发展，重庆建材行业构建起了从基础原料、建材研制、生产检测、运输到销售为一体的完整产业链。重庆市政府高度重视建材行业的发展，2021 年 9 月，市经信委研究制定了《重庆市材料工业高质量发展"十四五"规划（2021—2025 年）》，确定了以高技术含量、高附加值为主攻方向，打造 1500 亿级绿色建材产业集群基地。当前，大部分建材生产及上下游企业信息化程度较低，生产物流、施工等跨企业的关键环节信息传递仍需依靠人工处理。利用标识解析体系解决产业链上下游企业间的数据孤岛问题，为建材行业的数字化转型升级带来了新的机遇。

案例场景：建材产品全过程质量追溯

建材行业生产和管理的数字化水平较低，传统建材企业面临数据壁垒、可视化检测手段缺失、全过程质量溯源困难等问题。

本案例的应用提供商为重庆建工建材物流有限公司，应用的使用企业为重庆建工建材物流有限公司。在本案例中，企业面临的痛点如下。

- 生产和管理信息化水平较低，数字信息自动采集率低，数据的规范性和统一性难保障，产品的数字化管理难以实现。
- 企业间数据信息难以共享、存在数据孤岛，产业链协同能力弱，行业质量信息不透明、质量监管难。

解决方案

以混凝土供货小票为载体，为每车混凝土赋予标识码，同时给预拌混凝土质量相关对象赋予标识编码，将原材料、配合比、质检、运输、泵送及现场交货施工等相关数据与供货小票标识码进行关联。通过对小票标识扫码，实现混凝土生产施工全流程数据的快速查询和数据共享，使混凝土产品的来源可寻、去向可追、责任可查。

建材产品全过程质量追溯标识使用前后效果对比如图 7-5 所示。

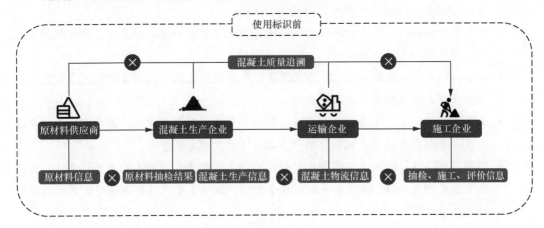

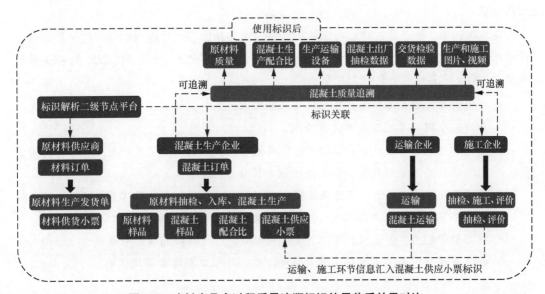

图 7-5　建材产品全过程质量追溯标识使用前后效果对比

在本案例中，标识对象包括混凝土供货小票、原材料样品、混凝土样品、混凝土配合比、设施设备料仓、车辆、工程等，标识关联的数据涉及订单信息、原材料信息、设备编号、生产配方、出厂检验质量交货检验质量、运输车辆编号、产品质量图片或视频、使用工程名称和部位等。核心功能/所涉及的环节如下。

- 整车混凝土赋码。每车混凝土生产完成后注册工业互联网标识，标识码在混凝土电子供货小票中显示。
- 混凝土生产配合比。每车混凝土生产配合比信息与混凝土电子供货小票关联，可通过混凝土电子供货小票标识码追溯混凝土生产配合比详情，进一步追溯所用各类原材料信息。
- 出厂抽检。为每个抽检的样品注册工业互联网标识,将标识信息写入样品试模盒,随样品转运、养护和测试样品标识与混凝土电子供货小票关联,通过混凝土电子供货小票标识码追溯出厂抽检产品质量信息。
- 运输泵送。混凝土承运和泵送信息与混凝土电子供货小票标识关联,通过混凝土电子供货小票标识码追溯混凝土运输泵送详情。
- 供应详情查看。供需双方人员均可通过订单标识查看混凝土发货情况及每辆运输车所在位置,发货信息公开透明。
- 验收与评价。施工现场相关人员通过标识编码进行数据查询,确认无误后进行产品验收,并对每车混凝土供应、质量和服务等情况做评价。
- 质量追溯。通过混凝土供应小票标识二维码,追溯当车混凝土的生产、供应、质检和交货等相关数据,实现从原材料质量控制、混凝土生产过程到现场交货验收全过程的质量追溯。

应用成效

在本案例中,企业通过建设标识解析二级节点,帮助客户推进以标识解析体系为核心的数据互通,实现原料、生产、仓储、运输及施工等环节的人、机、料、法、环相关信息采集和关联,实现全产业链产品质量追溯。

- 提升订单处理效率:客户线上填写采购需求,生产企业通过智能调度系统进行生产调度,实现订单处理效率提升40%。
- 增强品控能力:通过自动抽检、智能品控系统,不仅减少了生产企业质检人员的需求,还提高了检测效率,企业品控能力提升20%。
- 提升协同效率:为上、下游企业提供可视化物流跟踪、全过程质量监控等一站式数字化供应链服务,供需双方信息对称,大幅提升沟通和协同效率。
- 提高监管能力:全流程数字化质量追溯新模式,大幅提高原材料混凝土、结构实体的质量追溯效率,有效提高质量监管力度,降低工程质量事故损失。

7.5 电气机械和器材制造行业应用案例

工业互联网标识解析在电气机械和器材制造行业也已有所应用。本节主要介绍重庆市在此行业使用标识解析的案例。基于标识解析体系深入开展风电装备制造业的数字化创新实践,有助于提升电力生产、经营管理等过程中的数字化和智能化水平。

案例场景:供应链协同管理

重庆风能总储量较为丰富,尤其是巫山、秀山、黔江等区县风能储备充足。"十四五"规划对节能减排提出更高要求,对于包括风电在内的清洁能源产业而言,意味着巨大的发展机遇。重庆作为老工业基地,发展风电装备制造业,具有产业链较为完整、零部件配套

7.5 电气机械和器材制造行业应用案例

能力充足等优势。

本案例的应用提供商和应用使用企业均为中国船舶集团海装风电股份有限公司。在本案例中，企业面临的痛点如下。

- 风电设备从设计、零部件采购、组装到交付使用周期长，关键环节数据容易缺失，无法实现设备的全生命周期管理。
- 零部件种类多，数量大，且需要按照设计图纸采购，零部件采购的准确性难以保证。
- 多个供应商系统的数据标准不统一，无法对零部件的生产、故障、运维数据进行系统性分析，运维成本高。

解决方案

通过建设标识解析二级节点，企业对其组织内部及上下游供应链企业提供统一编码规则，与 ERP 系统对接，上下游企业为物料、整机等进行唯一标识编码，通过扫码更新和查询产品信息和状态。

供应链标识使用前后对比如图 7-6 所示。

在本案例中，标识对象包括风机订单、供应商、采购订单、零部件、工单、风机、风机机位等，标识关联的数据包括风机设计信息、供应商信息、采购订单信息、零部件信息、工艺参数生产信息、风机产品信息、风机机位信息等。核心功能/所涉及的环节如下。

- 设计协同。通过扫描订单标识，零部件配套生产企业获取风机设计数据。
- 采购协同。管理人员通过供应商标识查询供应商基本信息、历史供货信息，汇总分析其供货能力，在物料入库时扫描订单标识，更新订单到货数据，实时查询订单执行进度，并将物料的唯一标识与供货订单标识相关联，实现零部件溯源。

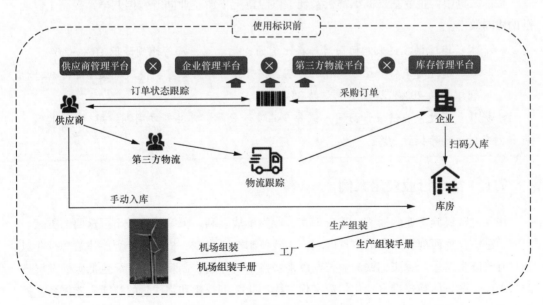

图 7-6　供应链标识使用前后对比

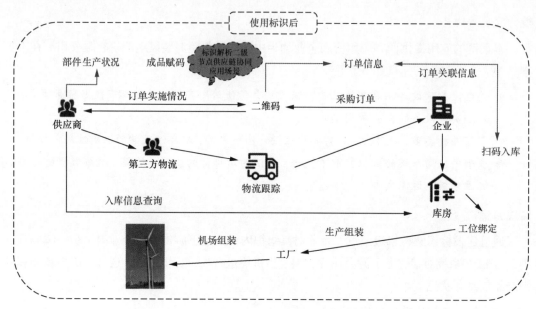

图 7-6 供应链标识使用前后对比（续）

- 生产协同。将工单标识、风机订单标识和项目信息相关联，组装时核查零部件信息保证组装的准确性，同时可实时更新订单生产进度。
- 产品全生命周期管理。客户扫描风机标识码查询风机溯源信息，提供零部件适配性指导咨询入口，可向供应商发起零部件采购申请，运维人员扫描机位标识查询风机信息、零部件信息，上传运维数据。

应用成效

在本案例中，企业基于标识解析实现了供应链上下游企业间的数据共享，提高了供应链的协同效率。

- 降本：通过供应链采购协同对库存比例的优化配置，库存比例降低 10%～40%。
- 增效：通过对产品全生命周期的管理，提升产品维修效率，使风机故障非计划停机时间缩短约 20%，提高发电量约 3%～5%。
- 提质：通过供应链设计协同，提升产品设计效率，产品开发周期缩短 5%～15%，交付准确率提升 30%。

7.6 冶金行业应用案例

作为近代民族工业的摇篮，重庆钢铁工业为抗战胜利、国家建设做出了重要的贡献。当前，重庆作为西部大开发的重点区域，在装备制造、汽摩、机械、能源、建筑等行业对钢材有着巨大需求。重庆钢铁产业长期以来坚持市场导向、创新驱动、绿色低碳的发展方向基于标识解析体系建设自动化、数字化、模型化、可视化和集成化的智能制造体系，探索绿色制造、智能制造的现代钢铁生产方式，将赋能重庆钢铁行业的高质量发展。

案例场景 1：钢材产成品追溯

钢材生产链条长、产业集中度低，从原材料供应、炼钢轧钢化验、仓储、物流到销售，涉及企业数量多且分散，钢材产品质量追溯难度大。通过标识解析关联钢材生产、销售全流程数据，解决质量信息查询效率低、上下游企业数据对接难等问题，实现钢材产品质量可追溯、质量问题可定位。

本案例的应用提供商为中冶赛迪重庆信息技术有限公司，应用的使用企业为山东莱钢永锋钢铁有限公司。在本案例中，企业面临的痛点如下。

- 质量信息难查询。在进行内部质量追溯时，需要查询多个业务系统，出错率高且效率低。
- 跨企业沟通效率低。核心企业、加工企业、渠道商等各产业节点主要通过线下方式沟通，质量问题响应慢。
- 销售信息难掌握。钢材出厂后，钢材生产企业难以获知销售对象、用户体验等信息，缺少市场反馈对产品质量进行改进。

解决方案

围绕钢材产品原材料供应、炼铁、炼钢、轧钢到检化验、仓储、物流、销售等流程，对各环节涉及的物理对象、虚拟对象进行标识注册，将钢材生产、物流、销售全流程的数据与标识进行关联。

钢材产成品标识使用前后对比如图 7-7 所示。

在本案例中，标识对象包括原材料供应商、原料供应批次号、铁次号、炉次号、轧制序号、检化验单号仓库库位、仓库垛位、销售订单号、物流运单号等，标识关联的数据涉及原料配比、原料批次、炼铁实绩、炼钢实绩、轧制信息、生产设备信息、产线工艺、班组人员、检验设备信息、检验批次、仓储信息、订单信息、物流运输车辆信息、产成品销往区域、渠道经销商等。核心功能/所涉及的环节如下。

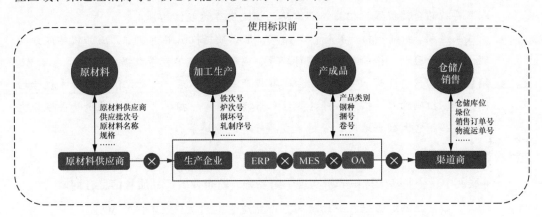

图 7-7 钢材产成品标识使用前后对比

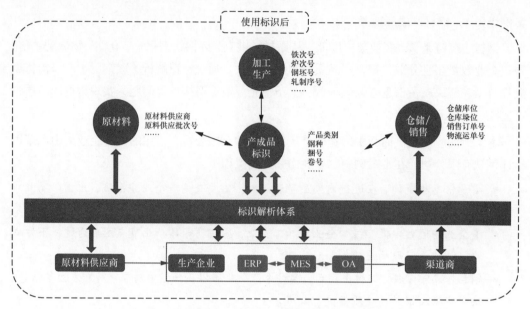

图 7-7 钢材产成品标识使用前后对比（续）

- 原材料赋码。对原材料供应商、原材料供应批次号进行赋码。
- 生产过程赋码。对生产过程中的关键环节进行赋码，包括炼铁过程中的铁次号和炉次号、炼钢过程中的钢坯号、轧钢过程中的轧制序号、每批次产品的检化验单号等。
- 产成品赋码。根据产成品编码规范，将钢材产品分类与钢种、捆号或卷号进行组合生成产成品的唯一标识。
- 仓储及销售赋码。对存放产成品的仓储库位和垛位、销售过程中涉及的销售订单号和物流单号进行赋码。
- 产成品数据关联。根据内部质量追溯流程，将原材料标识、炼铁标识、炼钢标识轧钢标识、检化验标识、仓储标识、订单标识、运单标识等一一对应关联，关联后能串联每个产成品在生产时所属的产线工艺、生产设备状况、生产班组、检化验信息，以及存放的仓储位置、相关订单信息、物流发货运单信息等。
- 产成品追溯。扫描钢材产品标识二维码，根据数据权限解析查看产成品化学成分物理性能、检验人、检验时间、钢种牌号、运单号、订单号等数据。
- 销售信息回传与分析。下游企业扫码解析产成品标识后，自动记录扫码者手机号扫码位置、扫码时间等信息，将这些信息与标识本身、扫码者所属企业进行关联，生成产成品销售大数据地图，分析产成品外部追溯链条。

应用成效

在本案例中，企业基于标识解析实现了跨系统、跨企业的产品质量信息查询。

- 增效：缩短产品溯源信息查询时间，产品质量追溯响应效率提升50%。
- 降本：减少供销、入库、订单等环节的数据对接的技术开发时间，降低系统对接成本。

- 提质：精准定位问题环节，针对性改善产品质量，有效提升产品成材率。

案例场景 2：冶金备品备件跟踪与管理优化

冶金行业作为重资产行业，为保证生产稳定，减少停机时间在设备精细化运维的基础上还需要配置大量的备品备件，如炼钢连铸机用的轴承配件、减速机配件、供配电设备零部件等。利用工业互联网标识解析体系，在保证备件需求的前提下，通过优化库存结构，降低设备的备件库存，对提升资金周转率具有巨大的经济价值。

本案例的应用提供商为中冶赛迪重庆信息技术有限公司，应用的使用企业为山东莱钢永锋钢铁有限公司。在本案例中，企业面临的痛点如下。

- 备件查找难。相同规格不同品牌备件编码规则不一致，在维修替换时，往往难以分辨和查找。
- 资金占用率大。为保证生产设备正常运行，企业通常囤积大量备品备件，资金投入大。
- 备件库存不合理。常用备件短缺时未及时采购设备故障后备件不足，导致设备维修时间延长。

解决方案

针对冶金设备备品备件管理难度大的问题，对备品备件进行统一标识编码规范，将制造厂商、生产日期、生产批次等基本信息以及备件维修记录、巡检记录、售后服务记录等数据与备件标识相关联，在入库出库、设备维修等环节通过标识解析实现备件信息的查询与更新，实现备件跟踪管理，降低备件库存成本，提升备件利用率。

冶金设备备品备件管理标识使用前后效果对比如图 7-8 所示。

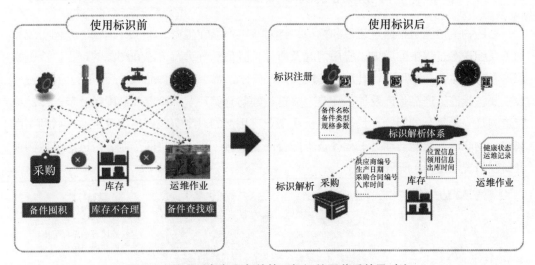

图 7-8 冶金设备备品备件管理标识使用前后效果对比

在本案例中，标识对象包括备件实物编码、采购合同号、备件电子文档编号、运维单号、位置编码等，标识关联的数据涉及备件基础信息、规格参数、备件采购信息、生产日期、生产批次说明图纸、健康状态、运维记录、备件位置等。核心功能/所涉及的环节如下。

- 备件赋码。将同一个分类、同一个规格参数下不同厂商品牌的备件进行归类，实现备件编码规范统一，备件入库后对备件进行唯一标识赋码。
- 备件数据关联。根据备件标识对象与业务数据对应关系，将入库、出库、运维等各环节相关的备件采购信息、制造厂商、规格参数、电子文档、运维记录等数据，与备件标识进行关联。
- 备件信息共享。设置每个关联元数据的访问权限，为集团内分厂或者同行业共享备件的型号、规格参数、库存数量、备件位置。
- 备件查找。扫描备件标识码，通过解析备件信息和标识数据共享权限，查看其他厂商共享的此类备件的规格参数、库存数量、库存位置。
- 运维作业。扫描备件二维码，通过标识解析解构备件，形成多维度立体图，将备件基础信息、采购信息、维护信息、健康状态、使用分析等标识数据进行备件生命周期全景展示。

应用成效

在本案例中，企业基于标识解析实现了备件信息的查询与更新，以及备件的跟踪管理，降低备件库存成本提升备件利用率。

- 提高生产效率：实现了基于标识的备件库存自动更新，提升备件查找效率，降低因备件原因造成的停工停产不良影响，设备故障停机时间降低20%。
- 降低备件成本：通过备件共享，优化企业库存结构，降低备件采购成本5%。

7.7 食品安全行业应用案例

冷链物流追溯是指通过记录和标识，针对冷链产品在生产、加工、运输、仓储、流通加工及配送等过程中的历史、应用情况及所处位置信息等进行追踪和溯源的过程。冷链物流追溯对象主要包括果蔬、乳制品、肉类产品、水产品、速冻食品和医药产品，其关键环节主要包括冷链产品生产及加工环节、冷链运输与仓储环节、冷链产品配送环节。冷链物流追溯是一个复杂的问题，是标识解析在工业应用上的典型实践，是涉及工业互联网、区块链、物联网、热能与动力工程等技术融合的多学科、多领域协同产业。冷链产品追溯标准研制情况如图 7-9 所示。

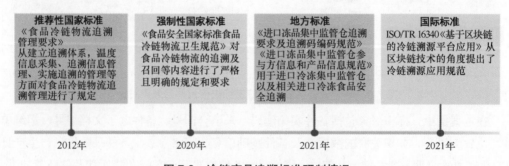

图 7-9 冷链产品追溯标准研制情况

7.7.1 肉类产品冷链追溯

对于肉类产品冷链的追溯，本节主要介绍肉类产品追溯体系建设现状、基于标识解析的肉类产品冷链追溯实施及关键技术，并将展示基于标识解析的肉类产品追溯体系案例。

1. 肉类产品追溯体系建设现状

我国于2010年开始由商务部统筹推进全国肉类蔬菜流通追溯体系建设工作，通过搭建肉类蔬菜流通追溯管理平台，促进肉产品在屠宰、批发、零售等各环节流通信息互联互通，实现消费者到流通始点的全程"可追踪溯源"。但由于经营者参与不足，该追溯体系尚未达到预期效果。2020年，市场监管局主导上线了进口冷链追溯监管平台，对包括肉类在内的进口冷链食品（不包括内贸）进行追溯，基本实现进口冷链物流的全国一张网追溯管理。

在标准化建设方面，我国于2012年发布首个推荐性国家标准《畜禽肉冷链运输管理技术规范》，对生鲜畜肉从运输准备到实现最终消费前的全过程提出了冷链运输管理要求。截至目前，我国已经颁布了系列肉类冷链追溯国家标准，但多聚焦在运输、物流操作技术方面，追溯数据元、追溯体系建设等基础标准较为缺乏。由于肉类产品具有高度的传染性，一旦出现质量问题，将直接对人们的身体健康造成严重影响，因此在养殖和屠宰、加工等关键环节的检验检疫等质量信息的真实性以及仓储和运输环节的温控信息的及时性极其重要，也是当前肉类产品追溯体系建设中面临的关键和待解决的问题。

2. 基于标识解析的肉类产品冷链追溯实施及关键技术

基于标识解析的肉类产品冷链追溯实施及关键技术如下。

（1）**肉类冷链标识解析体系实施**。肉类产业链涉及禽畜养殖企业、屠宰场、肉产品加工企业、肉产品批发企业、商超、农贸、餐厅酒店等零售企业，以及冷链物流运输、冷链仓储等物流企业。其中禽畜大型养殖企业、屠宰场以及肉产品批发企业可作为企业节点，负责企业内的冷链产品、设备及设施等对象的标识注册、标识解析、标识数据管理等。企业节点通过建立肉类标识数据资源池，为企业节点提供统一的数据交互接口和通用数据模型，同时对企业层的规范数据进行有效存储和分类。为了实现全链条追溯，企业节点应记录并提供上、下游包括冷链物流运输在内的信息，并建立系统接口规范做好与现有肉类追溯平台及企业业务系统的集成工作。

大型肉产品加工企业可作为标识解析二节节点，具备建设标识解析系统、标识业务管理系统、标识应用支撑系统的能力，向上接入国家顶级节点向下接入养殖商、屠宰场、批发商等企业节点，面向链条上所有的企业节点提供标识查询服务。当通过标识解析客户端扫描肉类产品上的标识时，则能够通过标识解析体系实现全链条信息的追溯。

（2）**强化边缘端实时采集能力，实现冷链环境全程可控**。针对肉类产品运输和仓储等过程中的温度上传不及时、运输车辆等位置不可控问题，通过在冷藏车、冷藏箱的温控设备上嵌入主动标识载体，利用其主动联网通信能力，将采集到的在途温度信息实时上传到追溯系统中(同时司机也可以通过该智能设备及时获知车厢内货物的相关状态),当发现温湿度异常时候,能够远程开关压缩机、远程设定温度、远程预冷操作,减少损耗率。通过叠加资产定位技术,可实现对运输车辆位置的进行高精度的时间传递和精密定位,同时将温度信息与位置信息相匹配,实现运输车辆全程的可视可控。结合智能合约的约束,推动屠宰、加工等关键环节的检验检疫信息实时上链,实现全方位的信息共享,有效降低追溯信息的信任门槛,实现链上链下数据的可信协同。

3. 案例:基于标识解析的肉类产品追溯体系

北京福通云创科技有限公司以标识解析系统为基础,根据肉牛与养殖的品种、地域、养殖环境、养殖方式、饲料、药品、疾病防治等的不同,建立工业互联标识解析追溯平台,通过注册相关标识信息并与牛肉产品进行标识关联,实现全链条追溯管理。

(1)**基于标识解析体系的追溯应用**。在畜牧养殖的过程中,从孕牛、仔牛、犊牛、架子牛、育肥牛直到出栏商品牛的整个肉牛生长过程,养殖企业可以全程记录肉牛的生长过程;可以通过手持端App连接标识解析系统平台,快速定位相关知识领域,按照要求制订科学养殖计划;将信息发布于公共互联网平台,给监管部门提供可信数据,同时给消费者提供标准规范的肉牛畜牧养殖的标准和知识,做到全民公开,对于肉牛产品食品安全增加多重保障;结合RFID、二维码等物联网技术手段以及区块链技术开发的畜牧业智能养殖管理系统,建立肉牛从出生、饲养、运输、屠宰直至最终进入流通领域的全程卫生防疫监控;同时利用区块链技术解决智慧畜牧管理以及溯源系统的数据防篡改的问题,确保系统数据的真实可信。

肉牛智慧畜牧管理流程如图7-10所示。

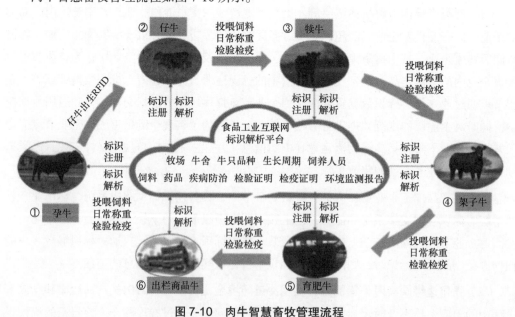

图7-10 肉牛智慧畜牧管理流程

- 身份管理:给每头肉牛打上唯一身份标识养殖场。每次新进一批幼牛,饲养员就把

RFID 标签注射进每头幼牛的体内，高效实现幼牛个体的唯一身份标识。此后，饲养员使用手持 RFID 阅读器逐一获取每头牛的标识信息，而且不会混淆、不会重复，确保所管理的每头牛的各项数据都精确可靠。

- 数据采集：实时监控、管理养殖的各个环节饲养员手持 RFID 阅读器等采集设备，获取肉牛标识并输入有关数据，包括肉牛的品种、批次等基本信息，生长信息、防疫信息、检疫信息以及养殖过程的其他相关信息。通过数据导入功能将采集到的数据导入计算机系统，一旦出现问题，即可追溯养殖过程的每个环节，甚至详细到每头牛，便于及时对问题采取办法。

- 标识管理：肉牛检疫合格后被送往屠宰场，RFID 标签将会同步记录屠宰场、屠宰人、屠宰时间等信息，并自动转存到基于 QMS 的智能养殖管理系统中。肉牛被屠宰后经过加工变成了分割肉，按不同的部件如牛头、牛腿等分类。然后要把肉牛的 RFID 记录转换成二维码。工作人员给肉牛的每一部件贴上唯一的二维码标识（贴大标），每一部件分割出来的小块肉，分别贴上小标（通过 QMS 注册获取新的标识），然后采用拖标的形式，确保大小标扫码显示的信息和肉牛 RFID 记录的一致性，实现全链条追溯管理。

（2）应用效果。畜牧业智能养殖管理系统帮助牛肉养殖企业，真正建立起牛肉产品加工制造企业与肉牛养殖生产者之间的面对面关系，保证牛肉原材料符合肉食品加工要求，从源头确保牛肉产品的卫生安全。提高消费者对企业和产品的信任。一旦出现肉类质量问题，企业可以通过追溯体系迅速找出问题的所在。

7.7.2 果蔬产品冷链物流追溯

对于果蔬产品冷链物流追溯，本节主要介绍果蔬追溯体系建设现状、基于标识解析的果蔬冷链物流追溯体系及关键技术，并展示江苏国钥云基于标识解析的西瓜追溯案例。

1. 果蔬追溯体系建设现状

我国果蔬冷链追溯建设起步于 2004 年，中华人民共和国国家质量监督检验检疫总局、山东潍坊市及寿光市质量技术监督局等部门共同协作在寿光田苑蔬菜基地和洛城蔬菜基地进行蔬菜质量安全可追溯体系探索。同年，北京市农业农村局和河北省农业农村厅共同承担了"进京蔬菜产品质量溯源制度试点项目"，由河北省 6 个蔬菜试点基地使用统一的包装和产品标签信息码，向北京新发地和大洋路两个批发市场供货，实现了首次进京蔬菜的溯源管理试点应用。

2019 年，中华人民共和国农业农村部主导建设了国家农产品质量安全追溯管理信息平台，与 29 个省级农产品质量安全追溯平台和农垦行业平台实现对接，基本实现了农产品的业务互融和数据共享。从标准研制方面来说，以中华人民共和国商务部和中华人民共和国农业农村部为主导，研制了包括《农产品质量安全追溯操作规程水果》在内的果蔬追溯的国家标准、行业标准和地方标准，对我国果蔬追溯体系建设起到了进一步规范作用。由于果蔬具有高度易腐烂的特性，因此对温度和时效性的要求极高，果蔬冷链物流从果蔬的采摘到消费者手中整个过程，都需要严密的温度控制来保障果蔬的品质。

据国家统计局统计，2021年中国果蔬总产量达10.4亿吨，采后未预冷导致损失率高达20%～25%，每年损失金额达1000亿元以上。因此，强化对果蔬采摘后进行预冷，并确保预冷环节信息可信是当前果蔬冷链的重点，也是果蔬追溯体系亟待解决的问题。

2. 基于标识解析的果蔬冷链物流追溯体系及关键技术

基于标识解析的果蔬冷链物流追溯体系及关键技术实现如下。

（1）**果蔬冷链物流追溯体系实施**。果蔬产业链涉及果蔬种植企业、预冷服务企业、果蔬加工企业、果蔬批发企业、商超、农贸等，以及冷链物流运输、仓储企业。其中果蔬批发商可作为企业节点，负责企业内的果蔬产品、设备及设施等对象的标识注册、标识解析、标识数据管理等。企业节点通过建立果蔬标识数据资源池，为企业节点提供统一的数据交互接口和通用数据模型，同时对企业层的规范数据进行有效存储和分类。

为了实现全链条追溯，果蔬企业节点应记录并提供上下游包括冷链物流运输在内的信息，并做好现有的果蔬追溯平台及企业的业务系统的集成工作。其中果蔬批发企业可作为标识解析二节节点，具备建设标识解析系统、标识业务管理系统、标识应用支撑系统的能力，向上接入国家顶级节点向下接入果蔬种植商等企业节点，面向所有的企业节点提供标识查询服务。当通过标识解析客户端扫描果蔬产品上的标识时，则能够通过标识解析体系实现全链条信息的追溯。

（2）**温控信息实时采集传送，确保温控信息真实有效**。为了保障果蔬冷链物流过程中温度信息的真实有效，企业在冷藏车内采用承载温度、湿度等信息的主动标识载体，结合内存、电池和时钟记录，记录固定时间间隔的传感器数据到内存中，通过可读的标签内存实时访问该标签的真实状态。相比传统的RFID标签，主动标识标签的属性满足用户对温度管理系统的需求，可以将大量的果蔬管理参数信息存储于二级节点云端，在各个操作节点访问云端数据，可以配合温度检测设备测量并且记录当前的温度，同时将主动标识采集的数据按权限共享给冷链全链路企业，可以进一步赋能链条上企业实现数据应用，实现全链条温度信息的真实有效。

3. 案例：江苏国钥云基于标识解析的西瓜追溯

江苏省东台位于全国农业第一方阵，是全省农业发展重点地区，农产品产量高、质量好。江苏国钥云二级节点开发的"东台市基于标识解析体系的中国地理标志农产品品牌保护和质量追溯平台"成了"西瓜之乡"东台市破解瓜农运销难的利器。东台市抢抓工业互联网发展机遇，率先在盐城上线金科森二级节点，注册接入的7767家企业中包括东台西瓜、东台蚕茧、新街苗木等板块。在东台市工信局、东台国家现代农业示范园的努力和协同运作之下，东台市已成为全国首家成功将标识解析体系应用在中国地理标志农产品品牌保护和质量追溯的县域级地区，如图7-11所示。

图 7-11 基于标识解析的西瓜追溯

该平台利用标识解析为物理实体与虚拟数据赋予"唯一身份证号"的天然优势,在每一箱(包、袋)中国地理标志农产品上打上了唯一的身份证号码,号码记录着农产品的种植、管理、加工、销售等包括温度在内的关键环节数据,为品牌"严控内在质量""严防市场仿冒"起到了关键性作用。

通过对每个西瓜赋予唯一工业互联网标识销售后,江苏省东台市西瓜的知名度和整体品牌价值均得以提升,销量也有进一步增长。

7.7.3 乳制品冷链物流追溯

对于乳制品冷链物流追溯,本节主要介绍乳制品冷链物流追溯体系建设现状、基于工业互联网标识解析的乳制品追溯体系及关键技术,并将展示卫岗乳业基于标识解析的乳制品追溯案例。

1. 乳制品冷链物流追溯体系建设现状

自 2008 年以来,我国制定了一系列关于乳业的法律法规以保障产品质量安全,如《乳制品加工行业准入条件》《畜牧法》《动物防疫法》等法律法规对乳制品提供安全监督的依据。

在追溯体系建设方面,企业主导建设的乳制品追溯平台较多。2014 年,伊利构建了奶粉行业首家应用区块链技术的追溯系统,在产品的生产、库存、发运、渠道管理等各个环节实现精确追溯、信息化管理;2018 年,光明乳业首创低温液态奶追溯体系,打造了行业内具有示范效应、领先性的追溯系统;2019 年,君乐宝乳业集团利用先进的物联网技术和工具,实现乳制品零售终端以及消费者查询和营销的精细化管理。

与其他冷链产品相比,人们更关注乳制品品牌以及配料和添加剂问题,如何确保乳制品配方符合要求,是当前乳制品追溯体系亟待解决的问题。

2. 基于工业互联网标识解析的乳制品追溯体系及关键技术

基于工业互联网标识解析的乳制品追溯体系及关键技术实现如下。

(1)**乳制品冷链标识解析体系实施**。乳制品产业涉及奶牛养殖企业、牛奶加工企业、牛奶经销商、商超以及冷链物流运输、仓储企业。其中奶牛养殖商和牛奶经销商可作为企业节点，负责企业内的冷链产品、设备及设施等对象的标识注册、标识解析、标识数据管理等。企业节点通过建立乳制品标识数据资源池，为企业节点提供统一的数据交互接口和通用数据模型，同时对企业层的规范数据进行有效存储和分类。为了实现全链条追溯，奶牛养殖商应记录并提供下游冷链物流服务商的信息，牛奶经销商应提供上下游冷链物流企业以及零售企业信息，并通过建立标准化接口规范做好与现有的奶牛追溯系统及乳制品追溯系统的集成工作。

大型牛奶加工企业和乳制品质量监督检验中心可作为标识解析二节节点，其中牛奶加工企业可接入牛羊养殖商企业节点并提供上游企业的解析查询服务，乳制品质量监督检验中心可接入牛奶经销商和零售商并提供下游企业的解析查询服务。当通过标识解析客户端扫描牛奶产品上的标识时，则能够通过标识解析在节点之间的解析寻址实现全链条信息的追溯。

（2）**强化追溯数据管理，保障全链条信息可信共享**。针对乳制品添加剂真实性、可靠性问题，应通过构建乳制品标识数据模型来加强乳制品追溯数据管理，确定奶牛养殖、牛奶加工等环节的对象类型、属性数据和事件数据，关联生鲜乳信息、原辅材料管理、生产过程控制、成品管理、销售管理、风险信息管理、产品召回等信息。同时通过使用区块链技术建立与乳制品冷链物流全链条节点对应的乳制品冷链物流企业区块链节点，通过使用链网连接器，实现链外、链内和跨链三大应用场景的链网数据可信共享，实现数据上链及分类存储、标识注册及解析、数据查询等功能，有效地解决当前溯源系统中存在的乳制品配料等数据不完整和不准确问题，提高乳制品追溯效能。

3. 案例：卫岗乳业基于标识解析的乳制品追溯

工业互联网标识解析体系为乳制品行业追溯提供了一种标准化且能够在跨环节、跨企业、跨地域使用的追溯标识体系。

南京卫岗乳业有限公司以标识作为追溯信息传递的载体以及追溯信息查询的入口，可以根据需求进行调整且能够动态更新，且标识解析体系提供了在体系内任何节点之间标识信息解析互查的能力，为实现追溯数据分布式查询提供了良好的基础。

通过标识解析技术，对奶牛繁殖、牧场管理、原奶标准、生产工艺再到冷链物流等环节全过程信息进行记录管理：在牧场侧结合主动标识载体对牛进行生物资产唯一性标定，将标识与奶牛的繁育、疫病、反刍等信息进行结合，实现牧场侧奶牛信息收集以及数据统一收集。并通过奶牛的唯一身份标识，结合奶牛 DHI 检测，对每头奶牛的产奶情况进行结合，在原奶通过奶罐车运输到企业生产时，可以了解奶源到加工每一道环节的信息，全程清晰可见。

在物流和经销侧结合主动及被动载体技术，对每一辆物流车辆进行唯一标定，通过车辆标识与企业订单管理系统、经销商管理系统相关联，实现物流过程中实现对车辆信息、在途温度、行驶轨迹等重要信息的追踪，以及对经销商电子围栏定位、防窜货管理。并依托标识载体面向客户展示乳制品生产全过程，进一步提升企业品牌形象，打开线上引流渠道，进行线上营销及积分商城打造，实现二、三产业融通。逐步完善牧场端等相关系统搭建，工厂端 MES、ERP 相关建设，流通端 WMS、TMS、CRM 等底层系统建设，并形成底层系统间完整数据互联互通，从而实现从牧场到消费者全产业链追溯。

基于标识解析的乳制品追溯应用如图 7-12 所示。

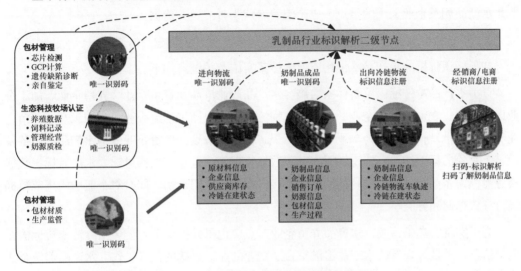

图 7-12　基于标识解析的乳制品追溯应用

最终，通过标识实现一、二、三产业的融通，实现从奶牛系谱、繁殖、挤奶、调配、杀菌、灌装到成品储存、流通的全过程追溯，实现供应链体系的信息化协同。

7.7.4　水产品冷链物流追溯

对于乳制品冷链物流追溯，本节主要介绍水产品冷链追溯体系实施现状、基于标识解析的水产品冷链物流追溯体系实施及关键点，并将展示江苏紫微云基于标识解析的螃蟹追溯案例。

1．水产品冷链追溯体系实施现状

为了推动水产品冷链追溯体系建设，2016 年 5 月，中华人民共和国农业农村部印发《加快推进渔业转方式调结构的指导意见》，明确指出推进水产品质量安全可追溯体系建设，加快水产品质量安全标准制修订，推进"三品一标"产品认证。

2018 年 8 月，中华人民共和国农业农村部办公厅《关于做好 2018 年水产品质量安全可追溯试点和养殖经营主体动态数据库建设试点工作的通知》中指出进一步推动水产品质量安全可追溯体系和产地水产品监督抽查单位数据库建设，提升水产品质量安全智慧监管水平。

2019 年 2 月，《关于加快推进水产养殖业绿色发展的意见》中指出要加快推动养殖生产经营者建立健全养殖水产品追溯体系，鼓励采用信息化手段采集、留存生产经营信息。在标准化建设方面，国家市场监督管理总局和中华人民共和国农业农村部主导研制了包括《农产品追溯要求 水产品》在内的国家标准和行业标准，推动水产品追溯体系规范化建设。

相比其他冷链产品，水产富含营养物质和水分，蛋白质丰富，但是由于水产品肌肉组织中的结缔组织较少，内源性蛋白酶活跃，自溶速度快，易在物理、化学、微生物等方面发生变化，使得其新鲜度发生变化，直接影响着水产品的品质，因此保障水产品的新鲜度既是水产品相关企业关注的重点，也是消费者购买时的重要依据。

2. 基于标识解析的水产品冷链物流追溯体系实施及关键点

基于标识解析的水产品冷链物流追溯体系实施及关键点如下。

（1）**水产品冷链标识解析体系实施**。水产品产业链涉及育苗企业、养殖企业、加工企业以及商超、农贸等零售企业，以及冷链物流运输、仓储等物流企业。其中水产品养殖企业和水产品批发企业可作为工业互联网标识解析企业节点，负责企业内的水产品、设备及设施等对象的标识注册、标识解析、标识数据管理等。企业节点通过建立水产品标识数据资源池，为企业节点提供统一的数据交互接口和通用数据模型，同时对企业层的规范数据进行有效存储和分类。

为了实现全链条追溯，水产品养殖企业节点应记录并提供上下游包括冷链物流运输在内的信息，并做好现有的水产品追溯平台及企业的业务系统的集成工作。水产品养殖企业或者加工企业可作为标识解析二节节点，面向苗种生产商、水产品批发商和零售商节点企业提供标识查询服务，当通过标识解析客户端扫描水产品上的标识时，则能够通过标识解析体系实现全链条信息的追溯。

（2）**推动智能温控标签应用，保障水产品新鲜度可见**。为了实时了解冷链水产品的新鲜程度，企业使用智能温控标签技术对水产品的新鲜度进行直接检测。智能温控标签应具备与水产品产生同步质量变化反应的能力，可直接反映水产品冷藏或冷冻过程中"时间—温度"历程，一旦超过规定的温度则会造成标签变色且具有不可逆性，直接显示出水产品的腐败程度。消费者购买时只需对比水产品标签颜色即可判断其新鲜程度，无须特殊的检测装置，同时结合防伪溯源技术，扫码获取水产品的产地信息，既保护了企业的品牌形象，又增加了消费者的购买体验。

3. 案例：江苏紫微云基于标识解析的螃蟹追溯案例

固城湖大闸蟹又称为"固城湖螃蟹"或"高淳螃蟹"，产于南京市高淳区固城湖，被誉为"蟹中之冠"，2007年被中华人民共和国国家质量监督检验检疫总局认定为国家地理标志保护产品。然而，因为各种原因，高淳螃蟹产业的发展也遇到真假难辨、螃蟹品质良莠不齐、窜货乱价等挑战。

为了保证固城湖高淳螃蟹从原料供应、养殖管理、产品质检、市场流通直到最终用户的全过程，使高淳固城湖螃蟹真正做到全程信息透明化、生产过程可控化、品质管控可视化,万物通数据科技南京公司和中天互联旗下的江苏紫微云公司通过搭建工业互联网防伪溯源服务平台,对南京名产固城湖螃蟹采用集体商标,设计制作固城湖螃蟹工业互联网防伪溯源标识标签,如图 7-13 所示。

入网固城湖螃蟹工业互联网防伪溯源平台的养殖户、商家,可获得一张入网使用准许证,根据自身的产量和申报的包装数量,领取相应数量的固城湖螃蟹工业互联网防伪溯源标识标签。要求在市场上销售的每盒盒装的螃蟹,都有一个固城湖螃蟹工业互联网防伪溯源标识标签。消费者通过一蟹一码可以查询高淳螃蟹准确而详细的养殖户信息、原产地信息、螃蟹成长信息、螃蟹质量信息、检验检测信息、商标、专利、版权等知识产权信息。管理部门通过追溯管理系统对各企业录入或导入的企业信息、原种信息、螃蟹质量安全、追溯数据进行汇总整合、统计分析,形成相关监管数据,供相关管理部门工作人员监管及执法使用。

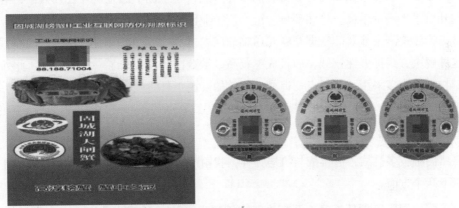

图 7-13　基于标识解析的螃蟹防伪溯源标识

通过构建基于工业互联标识解析的螃蟹防伪溯源平台,可以提升高淳螃蟹品牌知名度,增加社会公众对高淳螃蟹可信度,以及高淳螃蟹的销售和效益,同时进一步提升高淳的城市形象。

7.7.5　我国冷链物流追溯面临的挑战与机遇

本节重点探讨我国冷链物流追溯面临的挑战与机遇,介绍基于工业互联网标识解析的冷链物流追溯总体架构以及冷链物流追溯实施路径。

1. 面临的挑战

我国冷链物流追溯目前面临的挑战体现在以下几个方面。

(1) **断链现象较严重,全链冷链成难题**。冷链物流链条较长,特别是进口冷链运输数量大、环节多、覆盖广等,而链条上涉及企业的信息化程度各异,部分环节没有使用制冷设备或企业尚不具备技术能力,导致过程自动断链、产品保质期大幅缩短。国内果蔬、肉类等产品绝大部分缺乏预冷装置,造成产品的损坏率较高,产品质量不合格现象时有发生,严重影响了人们的生命财产安全。现有多套追溯系统互联互通能力偏弱，数据异构性等问题导致系统间交互难，造成资源极大浪费。

（2）**采集数据不可信，信任机制难形成**。由于冷链温度等重要数据多是在本地存储，在途温度变化情况、空调运行状况等信息无法及时收集，一些运营商通过篡改数据造成整车冷链的假象。此外，尤其对生鲜电商而言，信息泄露也是极为常见的现象。同时，虽然国家发布了统一的进口冷链追溯系统，但是针对全国范围内的冷链产品仍旧缺乏统一的查询入口设施以及有效监管和认证机制，致使普通消费者对厂商的产品追溯服务缺乏信任度，亟须建立具备追溯可信认证的追溯体系。

（3）**数据公开不充分，有效利用待解决**。冷链物流链条的复杂性和可追溯性对企业标识数据开放提出了更高的要求。标识数据是贯穿冷链产品生产加工、仓储、运输、配送全过程，由于企业认为对数据的开放持有消极的态度，不想也不愿意对外公开数据，给标识数据的开放带来一定难度。虽然部分冷链物流企业已经开展了标识数据开放的试点应用，针对冷链物流追溯中涉及的数据互联互通难的问题，也主要采取中间件及接口开发的方式，但是这种解决方案扩展性较低，而且成本较高，给数据开放带来了一定的阻力。此外，当前冷链物流追溯多采用"点对点"追溯，开放的开源工具研发，成为标识数据开放、实现链条追溯的关键。

2．存在的机遇

虽然面临较多挑战，但挑战与机遇并存，我国冷链物流追溯也存在若干机遇，具体体现在以下几个方面。

（1）**国内国际双循环格局，开拓冷链物流新空间**。新型基础设施的大力发展推进了新一轮的科技和产业变革，其中以5G、物联网、工业互联网为代表的通信网络基础设施，以人工智能、云计算、区块链等为代表的新技术基础设施等的发展为冷链物流数字化转型提供了坚实的底座；乡村振兴战略的实施推进了我国农业产业结构的大力调整，生鲜农产品的产量和流通量逐年增加，农产品冷链物流服务的规模和效率不断提升，冷链共同配送、"生鲜电商+冷链宅配"等新模式将全面铺开；随着冷链物流国际标准化参与力度逐步深入，技术能力和标准化水平也将逐步显现，冷链物流迎来了巨大的发展空间。

（2）**跨领域融合技术创新，催生冷链物流新模式**。大数据、工业互联网、第五代移动通信（5G）、云计算等新技术快速应用并与各相关行业加速融合，正在推动冷链物流摆脱传统的运行方式，逐步向智能化、科技化、自动化方向转型升级，无人车快递运输、智能分拣、无人仓储、智能识别等场景在冷链物流行业应用落地。绿色节能设施设备、技术工艺研发进一步推广应用，将强力推动冷链物流行业驶入高质量发展快车道。

3．基于工业互联网标识解析的冷链物流追溯总体架构

工业互联网通过构建连接人机物、打通不同行业信息孤岛、促进各类数据有序流动的

7.7 食品安全行业应用案例

网络和平台，为各行业数字化转型提供了关键路径。工业互联网标识解析体系是工业互联网网络体系的重要组成部分，其核心要素包括标识编码、标识解析系统和标识数据服务，是实现工业全要素、各环节信息互通的关键枢纽。

冷链物流产品追溯正在成为工业互联网标识解析技术的典型应用场景，利用标识唯一定位各类对象的状态、属性、位置等信息，实现冷链产品全流程数据的准确查询，促进跨系统、跨企业、跨地域的资源共享和产业链协同。基于标识解析的冷链物流追溯体系架构如图 7-14 所示，通过对冷链物流产品、设备及设施等对象进行编码标识，并采用集成主动标识载体、时空定位等具有实时通信能力的采集设备进行关键环节温控数据的可信获取，借助标识解析与关联交互能力实现对象的正向可追踪和逆向可回溯，从而达到冷链全流程追溯的目标。体系架构主要分为识别与采集、解析与交互、追踪与溯源、应用与服务 4 层。

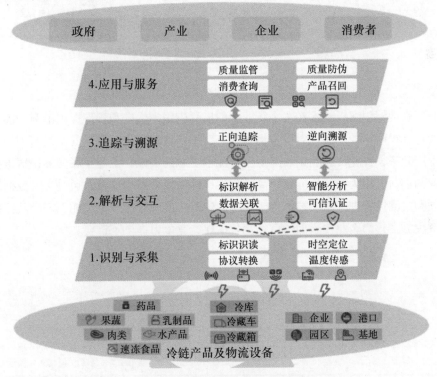

图 7-14 基于标识解析的冷链物流追溯体系架构

4. 基于工业互联网标识解析的冷链物流追溯实施路径

基于标识解析的冷链物流追溯实施架构要在链条上所有参与的企业节点、二节节点和国家顶级节点共同完成。企业节点完成冷链追溯对象标识后直接与标识解析体系基础设施对接，并在二级节点、国家顶级节点共同参与下，形成统一管理、互联互通、高效互联的网络基础设施，实现冷链物流全流程追溯的典型应用。基于标识解析的冷链物流追溯实施架构如图 7-15 所示。

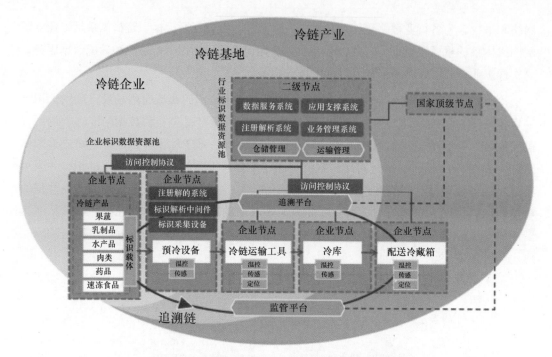

图 7-15 基于标识解析的冷链物流追溯实施架构

工业互联网标识解析技术在多个行业中的广泛应用为生产和管理提供了新的前景，这些领域通过标识解析技术实现对设备运行状态、生产过程和产品质量的实时监控和管理，以提高生产效率、优化资源利用和降低生产成本。总的来说，工业互联网标识解析技术在各个行业的创新应用为实现智能化、高效化生产提供了全新的途径。通过实时数据采集、设备协同和追溯性管理，这项技术为优化生产流程、提升管理效率和加强安全监控提供了有效的解决方案，为企业在激烈的市场竞争中保持竞争力提供了重要支持。

第8章 工业互联网标识在智能工厂未来发展中的应用与前景

本章着重介绍工业互联网标识在智能工厂未来发展中的应用和前景展望,将先探讨5G技术与标识解析在智能工厂发展道路上的应用,以及其在制造业转型中的重要作用,在智能工厂的演进过程中,5G与标识解析的结合为制造业转型升级提供了强大的动力,塑造了新的工业范式;随后研究讨论智能工厂在双碳环保道路上的进展;最后探讨元宇宙融合工业互联网的可能和前景。

8.1 智能工厂发展之路——5G与标识解析

本节将介绍5G与标识解析以及其在智能工厂发展中的应用,包括5G+标识技术赋能制造业转型升级、5G+标识解析的典型应用场景以及5G+标识解析的智能工厂典型案例。

8.1.1 5G+标识技术赋能制造业转型升级

本节主要介绍如何将5G技术和工业互联网以及工业互联网标识解析相结合,以赋能制造业转型升级。

1. 5G技术和工业互联网

2020年11月20日,习近平总书记在写给"2020中国5G+工业互联网大会"贺信中指出,当前,全球新一轮科技革命和产业变革深入推进,信息技术日新月异。5G与工业互联网的融合将加速数字中国、智慧社会建设,加速中国新型工业化进程,为中国经济发展注入新动能,为世界经济创造新的发展机遇。

5G作为新一代移动通信技术,除了可满足传统消费者市场的大带宽需求,也可满足各种工业场景的移动通信需求,并具备更高的安全性和可靠性。4G促进了移动互联网的繁荣,而5G将是驱动工业互联网蓬勃发展的关键技术之一,"5G+工业互联网"融合发展已经成为产业界共识。

新一代信息通信技术和制造业融合的步伐不断加快,推动构建软件定义、数据驱动、平台支撑、服务增值、智能主导的新型制造体系。工业互联网是信息技术与工业技术融合发展的产物,正成为制造业数字化、网络化、智能化的关键支撑和重要基石。5G作为未来工业互联网的重要技术支撑,是数字化战略的先导领域。全球各国的数字经济战略均将5G作为优先发展的领域,力图超前研发和部署5G网络。我国明确5G时代的引领战略,提出网络强国与制造强国理念,推动5G技术赋能实体经济高质量发展。

5G标准决定技术规范和游戏规则,掌握5G标准就掌握了未来国际竞争的主导权和控制权。从总体历史回顾来看,我国移动通信的发展历程是一个从无到有,从有到优的自强史。"1G空白、2G跟随、3G突破、4G同步",现阶段正努力实现"5G引领"。每次通信技术的更迭,都会带动新一轮产业升级和市场格局的重新洗牌。5G的发展有力推动了信息消费爆发式增长和数字经济蓬勃发展。和传统的移动通信技术相比,5G将进一步提升用户体验。

5G带来的不只是数据传输速度的提升,更重要的是为人工智能、物联网等技术的发展提供了条件。未来,5G与云计算、大数据、人工智能、虚拟增强现实等技术的深度融合,将连接人和万物,成为各行各业数字化转型的关键基础设施。一方面,5G将为用户提供超高清视频、下一代社交网络等更身临其境的业务体验,促进人类交互方式再次升级。另一方面,5G将支持海量的机器通信,以智慧城市、智能家居等为代表的典型应用场景与移动通信深度融合,预期千亿量级的设备将接入5G网络。更重要的是,5G还将以其超高可靠性、超低时延的卓越性能,引爆如车联网、工业互联网等垂直行业应用。中国工业历经起伏,但5G给我国智能制造带来了机遇与挑战,将缩小与制造强国的差距,推动中国制造业高质量发展。总体上看,5G将实现真正的"万物互联",其广泛应用将为大众创业、万众创新提供坚实支撑,缔造出规模空前的新兴产业,助推制造强国、网络强国建设。掌握5G话语权将给我国带来更大的产业发展机遇,具有重大的战略意义。

5G的高速率、低时延、海量连接等优势特性能够满足工业互联网连接多样性、性能差异化以及通信多样化的网络需求,显著增强工业互联网产业供给能力,为工业互联网跨越发展提供坚实的技术保障,全面支撑工业互联网新业务、新模式创新发展。5G+工业互联网主要有以下几类关键技术。

(1) **5G工业网络技术**。此类技术又具体涉及如下几种。

- 5G时间敏感网络(Time Sensitive Network,TSN):通过高精度时间同步,实现工厂内无线TSN,保障工业互联网业务端到端的低时延。5G网络切片技术支持多业务场景、多服务和质量、多用户及多行业的隔离和保护。5G高频和多天线技术支持工厂内的精准定位和高宽带通信,大幅提高远程操控领域的操作精度。5G边缘计算加速工业IT及OT网络融合,通过边缘数据处理、跟踪及聚合能力的增强,提升工业互联网业务的高可靠、低时延等性能指标,优化资源共享和用户体验。

- 网络切片:提供特定网络能力的、端到端的逻辑专用网络。一个网络切片实例是由网络功能和所需的物理/虚拟资源的集合,具体可包括接入网、核心网、传输承载网及应用。每个虚拟网络之间是逻辑独立的,任何一个虚拟网络发生故障都不会影响其他虚拟网络。依据应用场景可将5G网络分为三类,即移动宽带、海量物联网和任务关键性物联网。由于5G网络的三类应用场景的服务需求不同,且不同领域的不同设备大量接入网络,这时网络切片就可以将一个物理网络分成多个虚拟的逻辑网络，每一个虚拟网络对应不同的应用场景，从而满足不同的需求。5G 网络切片技术可以为不同的应用场景提供相互隔离、逻辑独立的完整网络，从而实现 5G 网络共享，节约宝贵的频谱资源，建设行业专用网络。

- 边缘计算：在靠近数据消费者的地方提供计算、存储能力，以及边缘应用所需的云服务和基础设施环境。相比于集中的云计算服务，边缘计算解决了时延过长、汇聚流量过大等问题，为实时性和带宽密集型业务提供更好的支持。边缘计算与接入方式无关，5G 标准设计原生支持边缘计算，提供架构、移动性、会话管理等方面能力。应用功能随网络功能下沉，部署到靠近接入基站的位置。5G 网络支持在转发路径上灵活插入分流点，引导对应的数据流进入边缘节点。随着用户移动，可支持不同等级和方式的业务连续性保障。要求分流能力可向应用开放，提供转发路径优化和加速服务。

（2）工厂操作系统与工业机理模型。此类技术又具体涉及如下几种。

- IaaS：基于虚拟化、分布式存储、并行计算、负载调度等技术，实现网络、计算、存储等计算机资源的池化管理，根据需求进行弹性分配，并确保资源使用的安全与隔离，提供完善的云基础设施服务。
- 5G 网络功能虚拟化（Network Function Virtualization，NFV）：通过将防火墙、负载平衡、会话边界控制、交换、路由、流量分析和体验质量（QoE）测量等特定功能从传统的、硬件中分离出来，并将它们转化为基于硬件的、与硬件无关的软件网络功能，从而提供更高的网络灵活性并降低成本。NFV 的工作方式之一是用虚拟服务器和执行网络功能的机器替换专有且昂贵的物理硬件，允许运营商通过简单地设置一个新的虚拟机来部署新功能。有了 NFV，运营商不再依赖旧的物理硬件来执行防火墙或加密等网络功能，这有助于提高可扩展性和定制化。
- 应用开发和微服务：应用开发和微服务包括多语言与工具支持、微服务架构以及图形化编程。它们分别从编程语言的多样性与工具集成、系统架构设计与服务管理，以及编程方式的直观与简便性等方面，共同为构建高效、灵活、易于维护的应用系统提供了强有力的支持。
- 多语言与工具支持：支持 Java、Ruby 和 PHP 等多种语言编译环境，并提供 Eclipse、JBoss Developer Studio 和 Jenkins 等各类开发工具，构建高效便捷的集成开发环境。
- 微服务架构：提供涵盖服务注册、发现、通信、调用的管理机制和运行环境，支撑基于微型服务单元集成的"松耦合"应用开发和部署。
- 图形化编程：通过类似 LabVIEW 的图形化编程工具，简化开发流程，支持采用拖拽方式进行应用创建、测试、扩展等。
- 数据集成与边缘处理：涉及设备接入、协议转换、边缘数据处理等多个关键环节，它们紧密关联，共同构成了一个完整的数据采集、处理与传输链条，旨在高效、安全地连接工业现场设备，实现数据的标准化、智能化处理，并与云端平台进行有效互动。

- 设备接入：基于工业以太网、工业总线等工业通信协议，以太网、光纤等通用协议，3G/4G、NB-IoT 等无线协议将工业现场设备接入平台边缘层。
- 协议转换：一方面运用协议解析、中间件等技术兼容 ModBus、OPC、CAN、Profibus 等各类工业通信协议和软件通信接口，实现数据格式转换和统一；另一方面利用 HTTP、MQTT 等方式从边缘侧将采集到的数据传输到云端，实现数据的远程接入。
- 边缘数据处理：基于高性能计算芯片、实时操作系统、边缘分析算法等技术支撑，在靠近设备或数据源头的网络边缘侧进行数据预处理、存储以及智能分析应用，提升操作响应灵敏度、消除网络堵塞，并与云端分析形成协同。
- 协议转换：这是数据集成与边缘处理的第一步，通过多样化的通信手段连接工业现场设备。协议转换则解决了设备间通信协议的差异性，确保数据能够在统一格式下被边缘设备和云端平台接收和理解。边缘数据处理则是在设备接入和协议转换的基础上，充分利用边缘计算资源对数据进行初步处理、存储和分析，既减轻了云端压力，又提升了数据处理的实时性和安全性，与云端分析形成协同，共同实现工业数据的有效利用和价值挖掘。
- 工业数据建模与分析：涵盖数据分析算法和机理建模两个主要方面，二者在工业数据分析中相辅相成，共同服务于工业生产过程的理解、优化与决策支持。数据分析算法与机理建模是工业数据建模与分析的两大支柱，它们分别从数据驱动和知识引导的角度，对工业数据进行深度理解和利用，共同服务于工业生产的优化、决策支持以及数字化转型。
- 数据分析算法：运用数学统计、机器学习及最新的人工智能算法实现面向历史数据、实时数据、时序数据的聚类、关联和预测分析。
- 机理建模：利用机械、电子、物理、化学等领域专业知识，结合工业生产实践经验，基于已知工业机理构建各类模型，实现分析应用。
- 数据管理技术：数据处理框架、数据预处理、数据存储与管理三者在工业大数据管理中形成紧密的上下游关系，共同构成了从数据获取、清洗、存储到计算、分析的完整数据价值链，确保工业数据在整个生命周期中得到妥善管理和有效利用。
- 数据处理框架：借助 Hadoop、Spark、Storm 等分布式处理架构，满足海量数据的批处理和流处理计算需求。其中，数据预处理主要运用数据冗余剔除、异常检测、归一化等方法对原始数据进行清洗，为后续存储、管理与分析提供高质量数据来源；数据存储与管理则通过分布式文件系统、NoSQL 数据库、关系数据库、时序数据库等不同的数据管理引擎实现海量工业数据的分区选择、存储、编目与索引等。

（3）5G 网络安全技术。此类技术又具体涉及如下几种。

- 智能终端安全：5G 网络需要支持采用不同接入类型和技术的不同种类终端接入，对安全需求的要求不尽相同。5G 终端安全通用要求包括用户于信令数据的机密性保护、签约凭证的安全存储与处理、用户隐私保护等。5G 终端特殊安全要求包括对超高可靠低时延通信（uRLLC）的终端需要支持高安全、高可靠的安全机制；对于大规模机器类通信（mMTC）终端，需要支持轻量级的安全算法和协议；对于制造行业，需要专用的安全芯片，定制操作系统和特定的应用商店。安全架构在终端中引入终端安全面，在终端安全面中通过构建受信存储、计算环境和标准化安全接口，分别从终端自身和外部两方面为终端安全提供保障。终端自身安全保障可通过构建可信存储和计算环境，提升终端自身的安全防护能力；终端外部安全保障通过引入标准化的安全接口，支持第三方安全服务和安全模块的引入，并支持基于云的安全增强机制，为终端提供安全监测、安全分析、安全管控等辅助安全功能。

- 网络信息安全：涉及数据接入安全、平台安全以及访问安全这3个关键领域，这三者共同构建了一个立体、纵深的工业互联网安全防护体系。其中，在数据接入安全领域，采用工业防火墙技术、工业网闸技术、加密隧道传输技术，防止数据泄露、被窃听或篡改，确保数据源头和传输通道的安全；在平台安全领域，采用平台入侵实时检测、网络安全防御系统、恶意代码防护、网站威胁防护、网页防篡改等技术，实现工业互联网平台的代码安全、应用安全、数据安全、网站安全，守护平台内各项资产的完整性和可用性；在访问安全领域，通过建立统一的访问机制，从用户和资源交互的角度对平台内部操作进行严格的控制与审计。三者相互配合，形成从外到内、从数据到系统的全面安全保障，防止非法访问。

2. 5G技术与工业互联网标识解析结合

2022年4月，工信部印发的《工业互联网专项工作组2022年工作计划》中制定了2022年工业互联网15项工作任务，其中"网络体系强基行动"提出了打造5G全连接工厂、挖掘产线级、车间级典型应用场景等要求。

5G作为新一代信息通信技术的典型代表，具有大带宽、低时延、高可靠等特点，而标识解析是实现工业互联网海量数据互联互通的"神经中枢"，通过标识技术与5G网络的深度融合，可进一步推动实现人、机、物、系统的全面连接，构建与工业经济深度融合的应用模式和工业生态。一方面，5G网络是标识数据传输的通信基础，可将标识编码及其相关信息写入物联网卡、通信模组、通信芯片中，利用5G通信网络实现标识注册、解析等功能；另一方面，标识是5G应用场景下海量数据传输的重要承载工具，在企业5G行业专网下，结合标识解析体系，可实现工业生产流程中产品赋码、数据共享、溯源追踪等功能。

5G技术与工业互联网标识解析结合可以为工业领域带来更高效、智能和可持续的发展。

- 实时数据传输：5G技术提供了高速、低延迟的数据传输能力，与工业互联网标识解析结合可以实现实时数据采集和传输。工业设备和传感器可以通过5G网络直接将数据上传至云端，实现实时监测和控制，支持快速决策和优化生产过程。
- 远程操作和控制：结合5G技术和工业互联网标识解析，可以实现远程操作和控制工业设备。通过5G网络传输标识解析所需的数据，操作人员可以远程监控和控制设备的运行状态，实现远程维护和故障排除，提高生产效率和安全性。
- 大规模物联网连接：5G 技术支持大规模的物联网连接，可以连接大量的工业设备和传感器。结合工业互联网标识解析，可以为每个设备和传感器分配唯一的标识，并实现对其进行管理和控制。这样可以实现工业设备的互联互通，支持智能化的生产和协同工作。
- 数据安全和隐私保护：5G 技术提供了更高的数据安全性和隐私保护能力，结合工业互联网标识解析可以确保工业数据的安全和隐私。通过标识解析，可以对工业设备和传感器进行身份验证和授权，确保数据传输的可信度和完整性，防止数据被篡改或泄露。
- 自动化和智能化：5G 技术的高速和低延迟特性，结合工业互联网标识解析，可以实现更高级的自动化和智能化应用。通过实时数据传输和远程操作，可以实现工业设备的智能监测、故障预测和自动化控制，提高生产效率和质量。

8.1.2　5G+标识解析的典型应用场景

5G 技术与工业互联网标识解析结合可以实现智能制造、远程维护与服务、智能物流和供应链、智慧能源管理、智慧城市和公共安全等典型应用场景。这些场景能够提高生产效率、降低成本、优化资源利用，并实现智能化和可持续发展。
- 智能制造：通过将 5G 技术与工业互联网标识解析结合，可以实现智能制造场景。工厂中的设备和传感器可以通过 5G 网络实时上传数据，并与标识解析系统结合，实现设备的远程监测、故障预测和自动化控制。这有助于提高生产效率、降低成本，并实现智能化的制造过程。
- 远程维护和服务：结合 5G 技术和工业互联网标识解析，可以实现远程维护和服务场景。维修人员可以通过 5G 网络远程访问设备的标识解析信息，实时了解设备状态，并进行远程故障诊断和维修。这样可以减少维修时间和降低成本，提高设备的可用性和维护效率。
- 智能物流和供应链：将 5G 技术与工业互联网标识解析结合，可以实现智能物流和供应链管理。物流环节中的货物可以通过标识解析获得唯一的标识，并与 5G 网络结合，实现货物的实时追踪和监控。这有助于提高物流的效率、降低物流成本，并实现供应链的可视化和透明化。
- 智慧能源管理：结合 5G 技术和工业互联网标识解析，可以实现智慧能源管理场景。能源设备和传感器可以通过 5G 网络实时上传能源数据，并与标识解析系统结合，实现能源的实时监测、优化和管理。这有助于降低能源消耗、提高能源利用效率，并实现可持续能源的应用和管理。
- 智慧城市和公共安全：将 5G 技术与工业互联网标识解析结合，可以实现智慧城市和公共安全场景。城市中的设备、传感器和监控系统可以通过 5G 网络实时上传数据，并与标识解析系统结合，实现城市资源的智能管理和公共安全的监测和预警。这有助于提高城市管理的效率、优化资源分配，并增强公共安全的能力。

8.1.3 5G+标识解析的智能工厂典型案例

本节将给出 3 个智能工厂案例，以介绍 5G + 标识解析在智能工厂中的应用情况。

1. 美的集团 5G + 智能制造（工业互联网 + 5G + AI）

美的集团是一个典型的智能工厂案例，其将 5G 与标识解析技术结合，实现了智能制造的突破和创新。

- 生产智能化：利用 5G 技术的高速、低时延特性，美的集团实现了设备之间的快速连接和高效通信，促进了智能工厂的生产自动化和智能化。值得一提的是，标识解析技术在这一过程中扮演了重要角色，确保了设备间的精准识别和数据交换。
- 数据实时分析与优化：结合 5G 的高速数据传输和标识解析的精准识别能力，美的集团能够实时收集和分析生产过程中的大量数据。这种数据分析使得生产流程更智能化，能够即时调整和优化生产效率，提高产品质量。
- AI 技术的应用：通过整合 5G、标识解析和 AI，美的集团使得生产过程更具自适应性和智能化，通过 AI 技术根据实时数据和标识解析的精确信息，进行预测性维护、生产调度和质量控制，提升了生产线的效率和灵活性。

这个案例充分展示了 5G 与标识解析技术在智能工厂中的应用优势，它们的结合为智能制造业带来了全新的生产方式和管理手段，实现了更高效、智能化的生产环境。

2. 宝钢湛江智慧钢厂（5G + 工业专网）

宝钢湛江智慧钢厂是中国宝钢集团在湛江市建立的一座智能化、数字化的现代钢铁生产基地。宝钢湛江智慧钢厂以 5G + 工业专网为技术支撑，旨在通过先进的科技手段提升生产效率、质量管理和安全监控等方面的能力。宝钢湛江智慧钢厂也是标识解析技术与 5G 技术相结合的杰出典范，展现了二者在智能工厂中的协同作用。

宝钢湛江智慧钢厂充分利用标识解析技术和 5G 技术相结合的优势，实现了设备间的智能互联和高效通信。标识解析技术确保了设备识别的准确性和数据的精准传输，而 5G 技术提供了快速的数据传输通道，使得设备间的信息交换更迅速和高效。通过这种结合，该智能工厂能够实现设备的实时监控和远程操作。生产过程中的设备状态和运行数据能够被精准识别和传输，同时结合 5G 的高速传输特性，工厂管理人员可以随时远程监控并实施必要的调整，从而提高了生产效率和灵活性。

此外，标识解析技术和 5G 技术相结合也加强了数据安全管理。标识解析技术保证了设备间信息的安全传输和精准记录，而 5G 技术提供了高速、稳定的网络通信，确保了数据的安全性和完整性。

最重要的是，标识解析技术和 5G 技术的融合为工厂提供了数据智能分析的基础，促进了智能决策和生产优化。这种结合为工厂提供了实时的数据支持,有助于优化生产流程和资源利用,提高整体效率。

3. 爱立信南京 5G 智能工厂(工业 4.0 + 5G 专网 + 工业物联网平台)

爱立信南京 5G 智能工厂是数字化转型的典范,以工业 4.0、5G 专网、工业物联网平台以及标识解析技术的融合应用为特色。标识解析技术在该工厂的运用体现在多个方面。

工厂充分利用标识解析技术确保设备的精准识别和管理。通过为每个设备分配唯一标识符,实现了设备之间的准确交互和信息共享。这种技术确保了设备间通信的准确性和高效性,有助于提高生产效率和质量管理。

标识解析技术也帮助实现了生产流程的实时监控和优化。每个生产环节都被标记和识别,使得工厂能够实时追踪产品的生产状态和流向。这样的实时监控能力使工厂能够更灵活地调整生产过程,快速应对变化并优化生产流程。

在数据交换和信息共享方面,标识解析技术确保了工厂内外部设备之间的高效数据交换。不仅设备内部,工厂与供应商、合作伙伴之间的数据交换也更流畅和准确。这种无缝的信息共享有助于提升整体供应链的效率,使得生产过程更协调和高效。

标识解析技术为工厂提供了数据基础,支持智能化决策。通过对标识解析数据的分析,工厂可以实现深度模型分析和预测,为决策制定提供更可靠的数据支持。这种数据驱动的决策有助于工厂优化生产流程和资源利用,最大化地提高生产效率和产品质量。

爱立信南京 5G 智能工厂通过标识解析技术的应用,实现了设备管理、生产流程优化、数据交换和智能决策的全面优化,彰显了数字化转型在工业生产中的重要作用。

8.2 智能工厂双碳环保之路——区块链与标识解析

接下来,我们将聚焦于区块链技术及其与标识解析在智能工厂双碳环保之路上的应用。

8.2.1 区块链+标识解析赋能双碳目标达成

本节将介绍区块链技术和行业应用、区块链与工业互联网标识解析结合等。

1. 区块链技术和行业应用

区块链是分布式存储、点对点传输、共识机制、加密算法等计算机技术在互联网时代的创新应用模式,被视为继大型机、个人计算机、互联网之后计算模式的颠覆式创新,很可能在全球范围内引起一场新的技术和产业变革。

区块链技术起源于"中本聪"于 2008 年发表的论文《比特币:一种点对点电子现金系统》。从狭义上讲,区块链是一种按照时间顺序将数据区块以顺序相连的方式组合成的一种链式数据结构,并以密码学方式保证的不可篡改和不可伪造的分布式账本。从广义上讲,区块链技术是利用块链式数据结构来验证与存储数据、利用分布式节点共识算法来生成和更新数据,利用密码学的方式保证数据传输和访问的安全,利用自动化脚本代码组成的智能合约来编程和操作数据的一种全新的分布式基础架构与计算范式。

目前,区块链技术被很多大型机构视为彻底改变业务乃至机构运作方式的重大突破性技术。同时,就像云计算、大数据、物联网等新一代信息技术一样,区块链并不是单一的信息技术,而是依托现有技术,加以独创性的组合创新,从而实现以前未实现的功能。

区块链技术架构如图 8-1 所示,每个层次相互协作,共同构成了区块链底层结构基础。

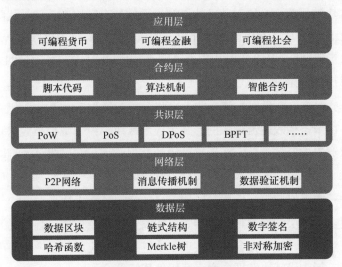

图 8-1 区块链技术架构

(1)**数据层**。该层封装了底层数据区块的链式结构以及相关的非对称公私钥数据数字签名等信息,是整个区块链技术中最底层的数据结构。其中,数据区块分为区块头和区块体两部分,区块头记录版本号、父区块哈希值、时间戳、随机数和 Merkle 根等信息,区块体用于存储以 Merkle 树为组织形式的交易数据。数据区块以时间戳为顺序构成链式结构。Merkle 树可用于快速校验区块数据的存在性和完整性。椭圆曲线密码算法是区块链技术中使用的非对称加密方式,拥有公钥和私钥 2 个密钥的非对称加密方式确保了数据安全。

(2)**网络层**。网络层由 P2P 网络、消息传播机制和数据验证机制构成,旨在构建去中心化的节点拓扑分布。在该层中,任意两个节点无须建立互信即可交易,交易信息通过广播传递,为了维持整个网络的正常运转,利用激励机制来保证拥有足够的节点参与贡献算力。扁平式拓扑结构的 P2P 组网方式,使得网络中的每个节点承担相同角色,主要具备路由发现、验证交易信息、广播交易信息和发现新节点等功能。整个网络的正常运转不会被部分节点的损坏而影响,但同时提高了维护全部节点的成本。全部的网络节点会实时监听网络中的广播信息,发现其他节点的广播数据后,会查看交易中的签名和时间戳等标记,并利用区块的工作量证明去验证此次交易和区块有效性。若通过验证，则进行存储并继续转发广播；否则，废弃此数据信息并不再转发。节点通过广播将自己生成的交易信息向周围节点发送，其他节点验证通过后继续传播，当大多数（51%）节点接收到信息后即为交易通过。若信息验证未通过，便会废弃，停止继续传播错误信息。

（3）**共识层**。去中心化网络中的决策权高度分散，必须有效实现各节点对数据的有效性，高效地达成共识。共识层利用工作量证明（PoW）机制、权益证明（PoS）机制、股份授权证明（DPoS）机制以及分布式一致性算法等几种方案，有效地解决了这个问题。

共识过程与经济激励的结合极大地增强了区块网络的可靠性。在 PoW 机制中，要想达到篡改或伪造区块的目的，必须对此区块以及后面的所有区块都重新寻找随机数，控制区块网络 51%以上的算力后才有可能，因此攻击的成本极大。为了克服 PoW 算力资源被浪费，以及 51%攻击等问题，PoS 机制用权益证明来替代 PoW 中的算力证明，挖矿难度随着拥有的资源数量增多而减少。

DPoS 机制类似董事会投票，每个节点可将其权益授权于一个节点代表，节点代表对其他节点负责，由节点代表轮流记账的形式生成新区块。由于减少了数据验证时节点参与的数量和记账权竞争的资源消耗，实现了秒级的共识验证。在联盟链中不同于完全去中心化要求的公有链，其更适合无须大量消耗算力资源的分布式一致性算法，在区块网络中推选出一个主节点，来完成产生新区块、广播节点交易信息等工作。

（4）**合约层**。合约层的本质是区块链底层的商业逻辑及算法，合约层的存在能够实现对区块数据的灵活操作，还可在合约层实现区块链系统的应用编程。比特币平台使用脚本去保证合约控制，新一代区块链平台大多开始使用智能合约。

使用编程语言编写的智能合约实现了商业逻辑，在区块链中的全部节点发布合约，被调用时会在虚拟机上进行运行，运行后无法被强行停止。将交易的商业逻辑以及访问数据的规则封装为智能合约后，外部应用通过调用智能合约来跟区块链进行访问区块状态或交换数据等操作。

智能合约的主要优点包括较低的人为干预风险、准确的执行、高效的实时更新、去中心化的权威以及低运行成本。智能合约为数据层的数据赋予了可灵活编程的机制，承担起区块链中机器代理的角色。

（5）**应用层**。基于区块链平台在应用层可实现各种应用场景和现实案例。区块链 1.0 支持虚拟货币相关应用，可构建与转账、数字化支付相关的去中心化电子货币应用，能够实现跨国交易和快捷支付等多样化服务，比特币应用是其典型代表。区块链 2.0 增加了智能合约的创新应用，智能合约在金融领域被作为金融市场的公正基石之后，在债券、股票、产权、贷款和抵押等方面便可得到广泛应用。同时将技术拓展到支撑一个去中心化的市场，扩大交易范围。区块链 3.0 则是以去中心化的思想去配置全球资源，将区块链的应用范围拓展到货币和金融以外的领域，比如政府选举、文化版权、社会公正和健康医疗等。

区块链并不是新技术，而是一系列现有技术的综合。区块链涉及四大关键技术，分别为分布式账本技术、密码学、共识机制和智能合约。这些关键技术共同构成了区块链技术的基础，为实现去中心化的可信交易和数据管理提供了支持。

（1）**分布式账本技术**。分布式账本是区块链的核心技术，它将交易和数据记录分布式存储在网络中的多个节点上。每个节点都具有完整的账本副本，并通过共识机制来保持账本的一致性。分布式账本技术确保了数据的安全性、防篡改性和去中心化特性。

（2）**密码学**。密码学在区块链中起着重要的作用，用于保护数据的机密性、完整性和身份验证。哈希函数、对称加密、非对称加密和数字签名等密码学算法被广泛应用于区块链中，确保交易和数据的安全性，并验证参与者的身份。

（3）**共识机制**。共识机制是区块链中用于达成共识和确认交易有效性的机制，就是在没有中心控制、互相不信任的参与者之间，达成一致性结果。共识机制是区块链的核心组成要素之一，它决定了区块链的业务吞吐量、交易速度、不可篡改性、准入门槛等，是最核心的技术要素之一。它确保不同节点之间对账本的一致性，并防止出现恶意行为和双重支付等问题。常见的共识机制包括工作量证明（Proof of Work, PoW）、权益证明（Proof of Stake, PoS）、权威证明（Proof of Authority, PoA）等。

（4）**智能合约**。智能合约是在区块链上执行的自动化合约。它是一段以代码形式编写的程序，能够根据预先设定的条件和规则自动执行合约中的操作。智能合约通过消除中介、自动化执行和确保合约的可靠性，提供了高效、透明和安全的合约执行方式。

区块链技术在各个行业中有着广泛的应用潜力，以下是一些主要的区块链行业应用领域。

（1）**金融服务**。区块链可以用于支付结算、跨境汇款、数字货币、资产管理和交易等金融服务领域。它可以提供更安全、快速和低成本的交易方式，减少中间环节和降低交易风险。

（2）**供应链管理**。区块链可以增强供应链的透明度、可追溯性和信任度。通过区块链技术，参与者可以实时跟踪和验证产品的来源、生产过程和物流信息，确保产品的质量和真实性。

（3）**物联网**。区块链与物联网的结合可以实现设备之间的可信交互和数据共享。通过区块链，物联网设备可以安全地传输和验证数据，实现可信的自动化合约和设备管理。

（4）**医疗保健**。区块链可以改善医疗保健数据的安全性、隐私保护和互操作性。患者的医疗记录可以以加密和安全的方式存储在区块链上，医疗机构可以更有效地共享和访问患者数据，提高诊断准确性和医疗服务质量。

（5）**数字身份认证**。区块链可以提供去中心化的数字身份认证解决方案，确保个人身份信息的安全和隐私。通过区块链，个人可以拥有自己的数字身份，减少对中心化身份验证机构的依赖，实现更安全和自主的身份管理。

（6）版权保护和知识产权。区块链可以帮助保护版权和知识产权的权益。通过将创作作品的信息存储在区块链上，可以确保作品的产权归属、时间戳和不可篡改性，提供更可靠的版权证明和维权途径。

以上所述只是区块链技术应用的一部分，实际上，区块链技术还可以应用于投票选举、能源交易、房地产、公共服务等众多领域。随着技术的不断发展和创新，区块链在不同行业中的应用场景将不断扩展和丰富。

2. 区块链与工业互联网标识解析结合

接下来将介绍区块链技术与标识解析结合的优势，以及如何据此实现数字经济绿色可持续发展。

当前工业互联网标识解析还存在一定问题。在管理层面，基于 DNS 的标识解析体系并没有改变权利不对等的问题，而层级化的管理模式仍存在中心化集权问题；在技术安全层面，节点易遭到攻击，数据传输过程中易被篡改，解析数据不可信；在架构层面，层级式的架构，难以支持设备、物体标识或身份等随时随地的连接和异构互操作。

基于区块链技术的特点，可以解决上述 3 个层面的问题。在管理层面，采用共识机制，多利益主体之间通过协商一致后，共同维护标识数据库，同时提供对等解析服务，平等透明；在技术安全层面，通过非对称加密技术，确保数据的真实性（签名证明数据为拥有者发布）与完整性（在传输过程中不可被篡改）；在架构层面，区块链采用分布式架构，标识自生成，每一个对象都可以拥有自主可控的数字身份标识。

将区块链技术与工业互联网标识解析相结合，我们就可以构建为新型标识解析系统，建立更可信、透明和高效的工业互联网生态系统，促进设备管理、供应链管理和智能合约执行等方面的创新和发展。

新型标识解析系统可以为工业领域提供更高效、安全和可信的数据交换和管理解决方案。基于区块链技术构建一套满足工业互联网需求的工业互联网标识解析系统，实现工业互联网场景下的标识安全可信解析。新型标识解析系统的优势如图 8-2 所示。

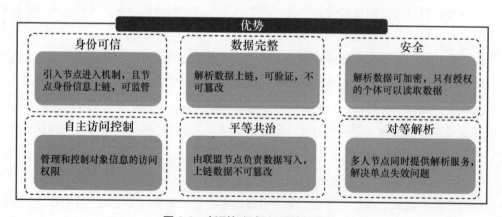

图 8-2　新型标识解析系统的优势

- 数据可信性和完整性。区块链的去中心化和不可篡改性特点可以确保物理实体的数据在传输和存储过程中的可信性和完整性。通过将标识解析的数据记录在区块链上，可以追溯和验证数据的来源和真实性。
- 强化数据安全和隐私保护。区块链技术可以提供匿名身份验证和数据加密功能，保护参与者的隐私。在工业互联网标识解析中，相关的隐私信息可以使用区块链的加密功能进行保护，确保数据只能被授权的参与者访问，保护工业互联网标识解析中涉及的敏感信息。
- 自主访问控制。区块链可以用作身份管理的基础，每个参与者可以在区块链上注册和管理自己的身份标识。通过使用区块链技术，每个用户可以有唯一的身份标识，并与其相关的访问权限和规则绑定。用户可以使用其身份标识通过区块链发起自主权限请求。他们可以提出请求以获取特定资源或服务的访问权限，例如访问特定的工业设备或获取特定的数据。
- 对等解析。区块链具有去中心化特点，所以新型标识解析系统可实现对等解析。对等解析不依赖于单个中心服务器，而是依赖于网络中的多个节点相互协作。这意味着没有单点故障，提高了系统的可靠性和鲁棒性，还减少了传统的客户-服务器模型中的网络延迟和带宽消耗。节点可以直接通信，避免了通过中心服务器的额外开销，提高了解析的效率。
- 降低交易成本和提高效率。区块链技术可以降低交易和数据管理的成本，并提高处理效率。通过去除中间环节和自动化执行，可以减少人为干预和数据不一致的风险，提高交易效率和数据处理速度。

依托工业互联网标识解析体系，打造基于标识的碳监测、碳效码等工具，结合区块链技术构建碳排放数据的可信流转能力，将进一步赋能绿色低碳发展。

区块链和工业互联网标识解析体系结合可以为数字经济的绿色可持续发展提供支持和优势，主要体现在以下方面。

- 碳排放管理与跟踪。通过标识解析体系，可以将企业和个人的碳排放与其相应的经济活动进行关联。区块链的不可篡改性和透明性可以确保排放数据的准确性和可信度。可以建立碳排放跟踪系统，记录和核实企业和个人的碳排放量。通过智能合约，可以实现自动化的碳排放权交易和减排激励机制，推动低碳和减排行为，并为相关的碳交易提供基础。
- 资源管理和优化。区块链与工业互联网标识解析体系结合，可以实现更高效的资源管理和优化。通过标识解析，可以实时监测和管理资源（包括能源、水资源、原材料等）的使用情况。区块链的分布式账本和智能合约可以帮助实现资源的精确分配和节约，减少浪费和不必要的消耗。
- 激励和奖励机制。结合区块链和工业互联网标识解析，可以建立基于绿色和可持续发展行为的激励和奖励机制。例如，通过记录和验证参与环保活动、节能减排或资源回收的行为，个人和组织可以获得数字资产或其他奖励。这样的机制可以激励更多的人参与到绿色可持续发展的实践中。
- 能源管理。通过区块链技术，可以建立去中心化的能源交易平台，实现可再生能源的直接交易和共享。这有助于减少能源消耗和传输过程中的能源损耗，提高能源利用效率。

区块链和工业互联网标识解析体系结合可以提供更可信、透明和高效的数字经济运行环境，促进绿色可持续发展的实现。这种结合可以推动资源管理和碳排放监测，激励绿色行为，并促进数据共享和合作，为数字经济的可持续发展打下坚实的基础。

8.2.2 区块链+标识解析的典型应用场景

区块链与工业互联网标识解析的结合可以在多个应用场景中发挥作用，以下是一些典型的应用场景。

- 设备溯源和验证。通过将工业设备的标识信息和相关数据记录在区块链上，可以实现设备的溯源和验证。参与方可以通过查询区块链，确认设备的制造商、供应链信息以及设备的历史记录，确保设备的来源可靠性和质量。
- 物联网数据共享与授权。工业互联网中的设备和传感器产生大量的数据，这些数据可以通过区块链进行安全的共享和授权。参与方可以使用区块链来管理数据的访问权限，确保数据的安全性和隐私，并根据授权策略进行数据共享。
- 供应链透明度和追溯性：区块链可以提供供应链的透明度和追溯性，确保产品的质量和来源可信。通过将物流信息、交易记录和质量检验结果等存储在区块链上，参与方可以实时查看和验证供应链的每个环节，减少信息不对称，以及预防欺诈行为。
- 智能合约的自动执行：将智能合约与工业互联网标识解析结合，可以实现自动化的合约执行。智能合约可以根据设备标识和相关数据，自动触发维护任务、支付和结算等操作，提高合约执行的效率和准确性。
- 维修与保养管理：区块链与工业互联网标识解析结合可以改善设备的维修与保养管理。通过将设备的维护记录、维修历史和保养指南等信息存储在区块链上，可以实现维修与保养任务的自动化、跟踪和验证，提高设备管理的效率和可靠性。
- 资产管理和共享经济：通过区块链和工业互联网标识解析，可以实现资产的安全管理和共享。企业和个人可以将工业资产的信息和可用性记录在区块链上，实现资产的共享、租赁和交易，提高资产利用率和共享经济的效益。

这些应用场景只是区块链与工业互联网标识解析结合的一部分，实际上，该结合还可以在智能城市、能源管理、制造业物联网等领域中发挥作用，推动更可信、安全和高效的工业互联网发展。

8.2.3 区块链+标识解析的智能工厂典型案例

本节将介绍重庆亿链纵横科技以及云江智联两个区块链+标识解析的智能工厂典型案例。

1. 重庆亿链纵横科技

标识解析体系是实现双碳数据采集、上传、核算和统计的基础，基于标识解析各级节点提供标识互联互通和数据共享共用的公共服务能力，打通企业生产经营数据和电力、经信等相关部门统计信息，依据监测指标进行计算和分析，助力企业实现碳排放量的实时动态监测和碳足迹的定位。区块链技术是提高碳数据可信度、赋能碳金融业务的支撑，将基于标识解析采集到的碳数据通过哈希加密算法打包生成区块，通过共识算法将生成区块上链并永久存储。标识、区块链和碳数据的有机结合，将有效提升产业链各环节整体产出效率和资源利用率，激活低碳、近零碳、零碳生产生活方式有助于实现数字经济的绿色可持续发展，构建数字低碳生态。

重庆亿链纵横科技有限公司基于"星火·链网"体系，构建了 Treelion 绿色金融生态系统，该系统利用标识+区块链建立了产品碳足迹平台，实现了企业碳账本、园区碳监测平台等场景应用。

- 产品碳足迹平台，利用标识作为数据记录的基础，实现了产品碳足迹溯源、工业流程碳排放监管。
- 企业碳账本平台，在产品碳足迹追溯的数据采集的基础上，利用区块链作为底层技术，打通各部门之间的数据通道，建立企业碳排放数据仓、碳减排数据仓和碳汇数据仓，形成企业碳账本平台，帮助企业在管理碳排放的同时进行节能减排治理。
- 园区碳监测平台，基于由 Treelion 建设运营的"星火·链网"（绿色金融）骨干节点，串联园区内各企业碳账本，进行整体监测，实现了能源与碳排放监测、智能建筑数字化管理系统、能源与碳排放指标分析、园区碳达峰碳中和测算、相关统计报表的生成功能。

基于以上成果，Treelion 将融合区块链、大数据、人工智能等关键技术，实现绿色资产的标准化，增强了绿色资产的金融属性并提升了其价值。

2. 云江智联

云江智联利用区块链与标识解析技术，构建了一个以可持续发展和双碳目标为核心的智能工厂模型。利用这个模型，他们不仅能监控生产过程的效率与精确管理，还有效减少了碳排放。该智能工厂模型整合了区块链技术记录能源消耗、排放数据和供应链信息，基于标识解析技术实现了对生产过程中能源使用和物流的精准监控。这种整合让企业可以更清晰地了解能源使用情况、减少能源浪费，进而更有效地规划和管理碳排放。通过实时跟踪和记录每个生产环节的碳排放和能源消耗，智能工厂可以制定更有效的减排策略，降低能源消耗、优化生产流程，促进绿色低碳发展。

工业互联网可以分为两个层面的互联，即"企业"与"设备"。企业与企业之间在业务中相互关联，各种元素需要统一的表述方可达成一致；设备与人员、设备与设备，甚至企业内部设备与外部设备的互联均需要统一的、标准的对话基础，这就是标识解析的重要意义。

工业智能是人工智能技术与工业领域的知识融合不断加深后诞生的新理念。如果说工业互联网的技术核心是数据驱动的智能分析与决策优化，工业智能就是实现工业互联网数据优化闭环及产业化可持续发展的关键引擎。

云江智联基于标识解析二级节点，融合浪潮云洲链、"星火·链网"的区块链技术，打造云江智联 CloudSTEAM 工业互联网平台，为工业制造企业智能化、数字化转型提供标准化解决方案。云江智联 CloudSTEAM 将标识解析基础应用与浪潮云洲链进行更深入的绑定，增强标识解析数据拓展，即标识中的更多信息可以被云洲链所记录，同时结合"星火·链网"区块链底层技术，使数据上链，不仅起到数据安全的保密作用，并且还能做到信息不可篡改和可追溯。通过数据到信息、知识、决策的转化，实现深度模型分析与范式化预测，挖掘数据潜藏的意义，摆脱传统认知和知识边界的限制，为决策支持和协同优化提供可量化依据，通过技术的持续创新与动态迭代，最大化发挥工业数据的隐含价值。工业智能使工业互联网具备了复杂计算和推理能力，降低了工业互联网应用的开发门槛与成本，增强了行业应用赋能的价值与潜力，成为释放并拓宽工业互联网赋能价值的关键。

云江智联的这一案例凸显了区块链与标识解析在智能工厂中，尤其是在促进绿色低碳发展方面的应用潜力，通过数字化技术的融合，为环保和可持续发展提供了新的途径和解决方案。

8.3 智能工厂进化之路——工业元宇宙

本节将介绍元宇宙、工业元宇宙的相关内容及其在智能工厂中的应用。

8.3.1 工业元宇宙

本节主要介绍元宇宙和工业元宇宙的概念、发展状况等，以及元宇宙与工业互联网标识的融合。

1. 元宇宙和工业元宇宙

在介绍工业元宇宙以前，我们先简要介绍一下元宇宙。通常来说，元宇宙是指利用科技手段创造的与现实世界映射交互的虚拟世界，在此基础上形成具备新型社会经济体系的数字生活空间。综合相关定义，我们可以将元宇宙看作基于多种信息技术有机结合，沉浸式、自主化、虚实融合的数字网络空间，是基于互联网平台价值重构，身份资产化、内容价值化、开放互通的虚拟经济体系，是基于现实世界社会活动与人际关系时空深度延伸的新型网络社会。

元宇宙利用扩展现实、区块链、人工智能、数字孪生等技术实现对现实世界的数字拓展，完成对现实世界的空间延伸、时间延伸和价值延伸。元宇宙概念示意如图 8-3 所示。

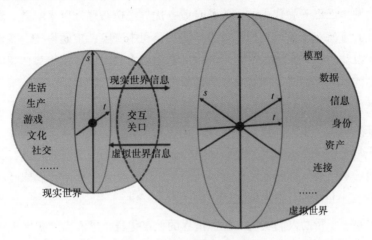

图 8-3　元宇宙概念示意

当前，元宇宙整体还处在探索期，相关技术、产品、平台和应用还需要进一步整合和发展，但关键领域产业布局趋势已经逐渐明朗。在硬件方面，扩展现实设备、算力芯片和网络基础设施等已成为元宇宙产业关注重点。其中，扩展现实设备已经成为元宇宙最直接入场券，以美国为主的国外厂商占据先发优势，市场占比较高。2021 年一季度，Meta 旗下的 Oculus 出货量已占全球 VR/AR 头显出货量 75%，同比增长 117%，行业呈现向头部集中的趋势。以 GPU 为代表的算力正逐步向元宇宙计算核心发展，英伟达在该领域具有绝对的话语权和主导权，在前四大云供应商亚马逊、谷歌、阿里巴巴、Azure 中 97.4%的 AI 加速器实例部署了英伟达 GPU，同时英伟达主导着人工智能算法训练市场，全球 Top 500 超级计算机中近 70%使用了英伟达 GPU。以网络为代表的基础设施成为保障沉浸式体验的关键，在传统无线方式不能解决元宇宙终端设备需求的背景下，5G 和新的 Wi-Fi 标准不断出现，华为 5G 通信天罡基站和巴龙 5000 等都在向该方向发展。

人工智能、区块链等是元宇宙的重要支撑。其中，人工智能已经成为元宇宙的内驱动力，美国围绕人工算法基础框架开展了大量的研究与应用。谷歌、Meta、亚马逊、微软等科技巨头纷纷布局基础算法框架，开发了 TensorFlow、MXNet、CNTK、Caffe 等重要产品，其中谷歌所研发的 TensorFlow 已被大量人工智能项目所采用。国内，作为最早"AllinAI"的公司，百度在 AI 领域的积累深厚，基于百度大脑的 VR2.0 产业化平台为产业提供全栈式行业场景应用开发，并提供全链路元宇宙内容生态和 AI 支撑下的元宇宙新业态。区块链技术作为元宇宙数字身份和数字资产的支撑也获得了飞速发展。根据 IDC 数据，我国区块链市场规模已达 4.68 亿美元，是全球的第二大区块链支出单体。随着产业动能的释放，我国区块链产业链条进一步完善，产业链上、中、下游持续补充，形成了具备成熟度与完备性的全产业链链条，在数字经济带动下，应用领域企业飙升，约占我国区块链产业链条的 61.37%，同比增加 24.48%。

当前游戏和社交领域仍是元宇宙应用的主要方向。国外科技企业在应用方面积累了大量的经验，产业发展优势明显。我国科技企业在元宇宙应用领域迅速跟进，以腾讯、字节跳动、华为、阿里巴巴等为代表的巨头整合业务优势迅速布局，以米哈游、莉莉丝等为代表的游戏企业升维游戏场景靠近虚拟世界，游戏公司中青宝、宝通科技、汤姆猫等宣布开发元宇宙概念游戏。整体来看，得益于强大的基建能力及人口规模优势，我国元宇宙科技企业在后端基建、人工智能、内容与场景创新等方面的潜力巨大。

在国家整体层面，美国重视基础研发，尤其在底层架构方面，整体领先水平较高。中国掌握用户基数与社交基因优势，在后端基建和人工智能领域持续布局和发力。日本有丰富的 ACG 即动画（Animation）、漫画（Comic）、游戏（Game）产业基础，其应用已逐步由游戏向其他场景延展。韩国元宇宙由政府引领，应用场景主要由"偶像经济"驱动，并在"虚拟数字人"上有一定技术领先。

元宇宙主要用于帮助人们实现在虚拟世界的数字化身，进而借助扩展现实等人机交互手段实现虚拟世界和现实世界的融合。从元宇宙数字化身的角度上看，元宇宙主要具备时空融合性、多元共生性、价值融通性和自主多样性四大特性。

- 时空融合性：是指元宇宙不仅完成对现实世界的数字拓展，更是在时间和空间上提供了多种发展的可能，时间和空间高度统一。借助元宇宙，用户可发展多个时间线，体验不同空间、不同场景下的生活，未来可能性大大增加。
- 多元共生性：是指元宇宙可将多重身份进行统一，实现虚拟身份和现实身份的绑定，化身将成为元宇宙身份的主要特点。
- 价值融通性：是指元宇宙实现了现实世界和数字世界的价值流转和融合，新型经济体系将会出现，现实世界的重要数据会转变为重要的数字资产，在虚拟世界中的数字化创造也可能转为现实财富。
- 自主多样性：是指元宇宙给予了用户充分的自主和自由，用户可自由掌握自身身份信息的应用范围，选择自己想要置身的场景。

元宇宙发展趋势可以从虚实融合、应用覆盖、人机交互和信息交互四方面加以描述。

- 虚实融合性将不断加强。元宇宙是现实世界和数字世界的总和，从世界融合的角度上看，元宇宙可能会经历独立发展、虚实结合和虚实相生 3 个阶段。在独立发展阶段，数字世界是现实世界的附属，两者之间不存在太多的交互。在虚实结合阶段，现实世界与数字世界交互频繁，两者相互影响。在虚实相生阶段，数字世界与现实世界高度融合，数字世界在时间、空间、经济等体量上逼近甚至超越现实世界，出现新的社会形态。
- 应用覆盖范围不断扩大。从应用发展趋势看，元宇宙要经历自发阶段、领域互联阶段和全连接阶段。在初始阶段，一些相互独立的应用零散出现，然后应用开始按照领域、应用目标等不断聚合，形成领域生态，最后实现全面互联，形成元宇宙应用生态。

- 人机交互体验不断提升。从交互技术发展上看，元宇宙将推动现有文字、视频等传统交互向以扩展现实为主的音视频沉浸式交互转变，最终可能涵盖甚至超越人体五感的全方位沉浸式交互，实现真正意义的元宇宙交互模式。
- 信息交互方式向去中心化转变。从信息交互理念上看，元宇宙将推动互联网从信息只读的网—人交互、人—人交互向以智能化的人—网交互为主的 Web 3.0 迈进。

目前，元宇宙尚处于初期发展阶段，面临如下挑战。

- 核心关键技术有待进一步发展：如扩展现实体验尚未完全解决人机交互的根本问题，沉浸式体验有待加强，人工智能技术仍旧停留在模式识别阶段，元宇宙迫切需要的意识层面交互尚未实现，区块链技术也面临着性能、安全、去中心化"不可能三角"问题。
- 基础设施能力与理想需求还存在很大差距：元宇宙的发展对基础设施提供更高能力要求，以算力为例，元宇宙的算力需求预测过千甚至超万 EFLOPS，根据 IDC 统计，2020 年全球的算力只有 429EFLOPS，两者存在巨大的缺口。
- 应用内容还需进一步丰富：元宇宙虽在游戏、社交等领域取得了一定进展，但能够代表行业突破的现象级应用尚未出现，应用的广度和深度有待加强，标杆应用有待进一步培育。

李伯虎院士指出"工业元宇宙是指在新发展理念指引下，在新一代人工智能技术引领下，借助新时代各类新技术群跨界融合，实现工业领域中'人、虚拟空间与现实空间'虚实映射/交互/融合、以虚促实、以虚强实的工业全要素链、全产业链、全价值链（三链）智慧、协同、开放、服务、互联的复杂数字工业经济系统"。工业元宇宙是元宇宙重要应用领域，是以扩展现实、数字孪生、内容生成等为代表的新一代信息通信技术与实体工业经济深度融合的新型工业生态。工业元宇宙与元宇宙的关系如图 8-4 所示。

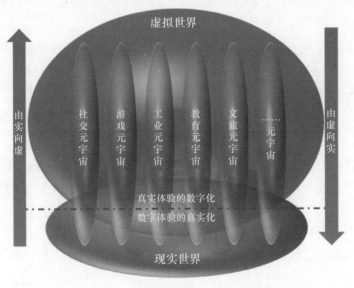

图 8-4　工业元宇宙与元宇宙的关系

与消费场景下超现实的内容创造和用户体验感相比，工业元宇宙构建的场景和对象是一个确切的物理系统，所要解决的问题、组织关系和任务都是明确的。得益于工业领域的坚实技术基础和明确的工业场景，未来工业元宇宙将可能是元宇宙优先落地应用的方向。

工业元宇宙是元宇宙在工业领域的落地与拓展，是新型工业数字空间、新型工业智慧互联系统、数字经济与实体经济融合发展的新型载体。工业元宇宙为制造业数字化转型、实体经济高质量发展、企业智慧化管理等方面提供更大的创新空间，并引发更广泛的工业变革。

（1）**时空交融的平台化设计**。工业元宇宙可以通过模拟产品的设计、生产和使用环境，对产品、产品零部件之间的作用方式进行更直观、精准的模拟和展示。设计研发阶段，产品设计者们可以通过工业元宇宙构建的虚实融合环境，打破协作时空边界，实现协作体验和效率大幅度提升。设计者还可以通过 VR 或 AR 眼镜，沉浸式地感受设计效果，通过"真实"的管理实验，完成各种人机工程的设计及优化。

以宝马新型数字工厂为例，借助英伟达的 Omniverse 平台，设计人员可以在全球范围内获得 31 座工厂的各类数据。借助平台的协作工具，设计人员可以突破距离和时间的限制，实现全球范围内的高效协作，有效解决设计规划耗时、产品无法兼容和数据更新滞后的问题。设计者可以在设计阶段体验建成后的真实工厂，进而可以对工厂进行优化设计，并进行模拟生产。

（2）**虚实结合的智能化制造**。工业元宇宙将可以通过在虚拟世界中复刻、聚合现实世界生产资源，提升全球化生产协同能力和水平，构建全球"大生产线"模式。工业元宇宙中，时空界限变得模糊，设计人员可以通过构建亲临现场感的远程作业模式，提升生产经营者对作业环境的实时感知，避免生产现场带来的人身安全问题，还可以实现多用户沉浸式远程生产监控、作业操作指导等。

以微软 Azure 平台为例，借助内部强大的技术优势，微软将软硬件产品整合为"元宇宙技术栈"，并通过增强现实技术创建出一个能复刻现实世界的数字化工作空间，从而加快维修和启动新的生产线等流程。目前，日本川崎重工已成为微软工业元宇宙业务的新客户，工厂员工将佩戴 HoloLens 全息眼镜开展机器人制造、设备维修等工作，实现供应链的透明化管理。

（3）**沉浸体验的个性化定制**。工业元宇宙可以在虚拟世界中构建虚实融合、开放透明、可直观体验的产品全生命周期情景视图，吸引更多人以各种形式参与到产品生产中来。用户可以在工业元宇宙构建的虚拟世界中，参与产品设计，观摩甚至参与产品生产过程，进行产品虚拟体验，并随时可以反馈产品改进或优化建议，也可在上述过程后直接进行产品消费并追踪产品物流进程、进行产品使用反馈。

以服装生产企业的个性化定制为例，通过在生产中应用三维量体系统、手持式三维扫描等新技术,实现快速人体建模和数字化量体,根据用户需求建立精准的"人—号—型"对应关系,同时用户可全程监控过程生产,实时跟踪产品的生产进度,并根据实际生产情况进行反馈来进一步明确定制需求,从而实现了服装的个性化定制。

(4)**全局可视的网络化协同**。工业元宇宙可进一步深化产业链/供应链组织模式变革,产业链/供应链上的企业和合作伙伴可以在虚拟世界中进行协同设计、协同生产、协同服务,协同体验更直观、高效,并且通过虚实融合、三维展示、沉浸体验,精准展示完整的协作进程和协作视图,进而促进资源共享、能力交易以及业务优化配置。

以百度天工物联网平台为例,平台通过传感器连接所有物理资产,并将物理世界的数据和状态传送到元宇宙应用数字程序的数字虚拟空间,结合百度地图的海量数据处理能力和物联网的时间聚合分析能力,构建一整套时空大数据系统,并采用时空时序数据库来用于存储和管理时间序列数据及地理空间数据,从而实现数据治理及共享,使得需要结合空间与时间的应用落地变得简单,工业协同效率得到提升。

(5)**虚实共生的服务化延伸**。工业元宇宙可以通过对现实世界的映射、化身等技术,支撑企业打造多种虚拟化形象、虚拟场景,打破时空界限与用户进行更高效的交流,更精准地获取用户产品使用信息。企业产品客户通过VR、AR设备,可以实时看到产品操作流程和使用要求,从而有效降低培训难度和操作失误率。企业设备供应商通过AR、VR进入虚拟工厂,可以获取更精确的情景信息,加快故障定位、原因排查和故障修复。

以百事可乐的AR生产支持为例,在未引入AR技术前,百事可乐位于南非德班的Prospecton工厂需要员工掌握4种以上的语言才能保证工作的顺利进行,这给一线员工带来了极大的挑战。借助AR技术,那些不具备外语能力的当地工人,可以在车间接受培训和开展工作,同时结合AR眼镜内置的Zoom应用,就可实现居家办公人员与现场人员远程沟通,便捷开展工作交流,最终提升生产效率。

(6)**全息洞察的数字化管理**。工业元宇宙可以在虚拟世界中实时展示智能工厂的建设、运营管理、生产设备和生产线运行状态,更直观、便捷地优化、创新乃至重塑企业相关活动。在智能工厂建设前期,建设与现实智能工厂的建筑结构、产线布置、生产流程、设备结构一致的虚拟智能工厂,对产能配置、设备结构、人员动线等的合理性进行提前验证。在智能工厂运行阶段,可以在虚拟智能工厂中进行全场景、全环节、全要素、全过程的三维化直观展示、模拟和预测分析,以实现经营管理效率的大幅提升。

以ALVA Systems打造的基于AR数字孪生的研发量产研究中心为例,中心将数据分析以及虚拟仿真等过程"搬"到现场,管理人员能够将数字模型投放在任意平面,进行区域、产线、设备等不同层级的内容信息查看、触摸、抓取、移动、缩放等AR交互操作,实现远程的生产状态监测与运维管理。

工业元宇宙作为元宇宙的重要应用场景,其主要目标是实现工业现实世界到虚拟世界的映射,并实现工业生产在虚拟世界中的新发展。工业元宇宙概念框架如图8-5所示。

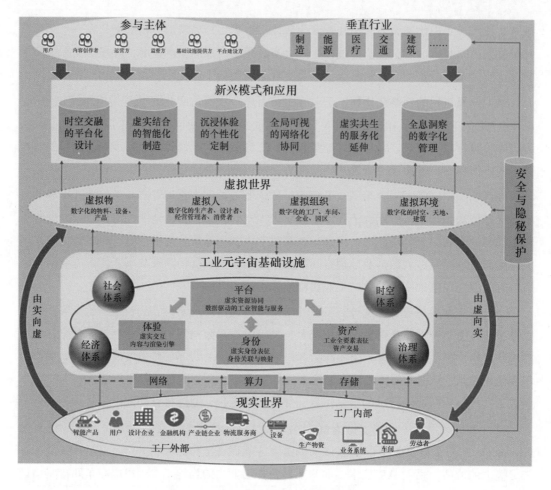

图 8-5 工业元宇宙概念框架

（1）**现实世界**。除工业生产外，现实世界还包含对工业全要素、全产业链、全价值链的全面感知。其中，全要素包括人、机、料、法、环，全产业链包括采购、生产、物流、销售等多个环节构成的完整的产业链，全价值链包括所有参与者和生产销售等活动的组织及其价值、利润分配。现实世界通过对全要素、全产业链、全价值链的数字化，构建了工业元宇宙坚实的数据基础。

（2）**基础设施**。工业元宇宙在网络、算力、存储等关键信息基础设施的支撑下，进一步打造体验、身份、资产和平台等具有工业元宇宙特色的基础设施，形成社会、时空、经济和治理四大体系。其中，体验基础设施主要聚焦虚实交互和内容与渲染引擎的打造，是工业元宇宙中虚实交互的关口，也是用户进入虚拟世界的关键。身份基础设施主要实现虚实身份的表征并实现身份的关联与映射，是支撑工业元宇宙中"化身"实现的重要基础，是实现工业元宇宙内部社会关系的重要支撑。资产基础设施主要是将工业全要素进行资产化，实现工业全要素的表征，并支撑表征下的工业数字资产的交易。平台基础设施支撑工业元宇宙中的虚实资源协同，面向整个体系提供数据驱动的工业智能与服务，支撑体验、身份、资产之间的关联交互，支撑面向工业生产经营管理的新型社会、经济、时空和治理体系的构建，支撑虚拟世界构建和各种工业元宇宙创新应用支撑。工业元宇宙构建在整个元宇宙社会、经济、时空和治理基础之上，适配新型工业化需求并持续进行迭代演进，其中时空体系和社会体系通过虚拟世界实现对现实世界的数字拓展，通过分布式标识、数字化身等技术赋予用户更强的身份自主能力，通过现实世界的数字孪生和虚拟原生构建更丰富多彩的虚拟世界，并跨越时空限制；经济体系既涵盖又可以超越现实世界的经济体系，甚至在虚拟世界中构建全新的经济体系并影响现有经济体系，如创作者经济等；治理体系为元宇宙安全可靠及平稳运行的制度和规则基础。

（3）**虚拟世界**。以现实世界映射而来的镜像为基础，以工业元宇宙基础设施为支撑，在社会、时空、经济和治理体系下，构建包含虚拟物、虚拟人、虚拟组织和虚拟环境等数字化要素的虚拟世界。其中，虚拟物主要是对现实世界生产资料的映射，包括数字化的物料、设备和产品等；虚拟人主要是对工业生产参与者的映射，包括数字化的生产者、设计者、经营管理者和消费者等；虚拟组织主要是对生产主体的映射，包括数字化的工厂、车间、企业和园区等；虚拟环境主要是对生产环境的映射，包括数字化的时空、天地和建筑等。未来，虚拟世界将成为工业元宇宙时代进行工业生产经营管理的重要载体。

（4）**新兴模式和应用**。工业元宇宙借助虚实结合，实现了对工业现实世界的极大扩展，消除时空限制并实现物理资源、数字资源在更大范围内的整合调度，同时借助工业元宇宙带来的交互手段、展现方式、协作模式以及社会体系、经济体系、治理体系的变革，促进平台化设计、智能化制造、个性化定制、网络化协同、服务化延伸、数字化管理六大典型应用模式进一步创新发展，实现设计、生产、制造、服务、管理的全面提升。

在此基础上，用户、内容创作者、运营方、平台建设方、基础设施提供方和平台监管者等参与主体，围绕工业元宇宙基础共性以及制造、能源、医疗、交通等行业领域，开展创新探索，推进新型工业化体系建设与发展。

作为元宇宙的重要应用场景，工业元宇宙发展遵循元宇宙发展的一般规律，在虚实融合、生态连通、人机交互和信息交互等方面有类似的发展脉络。但由于工业应用的复杂性及与生产绑定的耦合性，工业元宇宙的发展还具有其自身的特点。

在初期发展阶段，现有现实世界的生产过程和需求结构尚未改变，虚拟物、虚拟人、虚拟组织和虚拟环境等的构建需要结合实际需要和场景逐步展开，现实世界与虚拟世界虚实结合及虚实融合的程度、深度和广度有待培育，并受限于工业元宇宙相关支撑体系的发展、社会经济治理体系的发展以及工业场景的复杂度，工业元宇宙聚焦"单点"探索。在快速发展阶段，虚拟世界变得更真实，并深入参与改造现实世界的生产过程。工业元宇宙相关的技术、交互设备、基础设施等支撑体系较完善，设计、生产、制造、服务、管理等生产经营活动加速向虚拟世界进行映射或迁移，出现大量可复制可推广的创新应用模式、创新社交模式和经济活动推动治理体系变革。在成熟发展阶段，工业元宇宙将工业生产的虚实统一。虚拟世界和现实世界之间实现完整映射和无缝交互，人们借助虚实融合参与到生产经营的各个环节。

工业元宇宙的应用场景如图 8-6 所示。

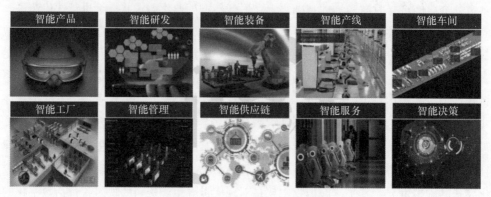

图 8-6　工业元宇宙的应用场景

2．元宇宙与工业互联网标识的融合

元宇宙和工业互联网标识的融合是将虚拟世界与物理世界相结合，利用互联网连接的传感器、设备和系统来实现更智能、高效的工业生产和运营。这种融合可以将元宇宙的虚拟环境与工业领域的物联网技术相结合，创造出更为强大、全面的数字化生态系统。

工业互联网标识强调了在制造、物流、能源等工业领域中利用传感器和连接设备获取数据，并通过数据分析和智能算法来优化生产和运营流程。而元宇宙则提供了一个虚拟的环境，可以模拟现实世界、提供沉浸式的体验和交互，并支持用户在其中进行各种活动和操作。

将元宇宙与工业互联网标识融合，可以带来如下一系列优势。

- 增强可视化和沉浸式体验：利用元宇宙的虚拟环境，工业领域可以实现更直观、真实的数据呈现和操作体验，提高可视化程度。
- 实时监控与优化：将传感器和设备数据与元宇宙连接，能够实时监控生产过程、设备状态等，并通过虚拟环境进行即时分析和优化。
- 模拟与预测：元宇宙可以用于模拟不同的生产场景，测试变化和优化，甚至进行预测性分析，提前应对潜在的问题。
- 跨地域协作与培训：元宇宙可以支持远程团队合作和员工培训，创造更具沉浸感的教学与协作环境。
- 虚拟化产品开发与测试：在元宇宙中，可以进行产品的虚拟开发、测试和优化，以减少实际制造过程中的错误和成本。

总的来说，元宇宙与工业互联网标识的融合可以为工业领域带来更高效、智能化的生产与运营方式，并且可能推动制造业向更数字化、智能化的方向发展。

8.3.2 元宇宙赋能智能工厂

在工业互联网中，标识解析体系是打通物理世界的关键环节，区块链是实现信用传递和数据安全共享的关键技术，而元宇宙是基于互通物理世界，将区块链、人工智能、VR/AR等技术加以整合，并对现实世界所涉及的内容生产、经济系统、用户体验等实施改造。工厂元宇宙发展虽然可能面临很多挑战，但是它能够改变传统数字化工厂的生产模式，促进产业生产力的发展。

1. 工厂元宇宙研究现状

2022年1月7日，韩国现代汽车宣布与三维内容平台Unity开展合作，旨在打造元宇宙数字虚拟工厂。宝马公司构思并设计的新工厂可实现1分钟下线1辆车，所生产的每辆车均可实现定制化，整个生产的流程均在Omniverse元宇宙环境下进行模拟。我国对于工厂元宇宙的研究仍处于起步阶段，根据《中国元宇宙商标申请企业画像报告（2021年）》，于2021年年底，我国相关企业申请的元宇宙商标共计1.14万个，包含小鹏汽车、比亚迪汽车、国联云等在内的企业现在已经开始推进元宇宙数字化工厂的平台建设，期望通过模拟工厂生产优化生产工艺和流程，实现降本增效和绿色低碳的发展。

2. 技术架构

当前元宇宙处于探索阶段，针对不同场景下元宇宙应用技术架构在学术界和工业界并未形成统一的定义。乔·拉多夫（Jon Radoff）基于出口市场价值链的产业分工提出了7层元宇宙架构，以满足产业需求，该架构从底层到顶层分别为基础设施、人机交互、去中心化、空间计算、创造者经济、发现系统、用户体验。华子荀等基于教育元宇宙的教学场域提出了4层元宇宙架构，即物理层、软件层、应用层和分析层，以满足师生在物理世界和虚拟世界的教与学需求。李默基于智慧图书馆服务模式提出了图书馆元宇宙体系6层架构，即物理层、软件层、数据层、规则层、应用层和交互层，为元宇宙在智慧图书馆的应用研究提供了参考。

元宇宙通过实现全真互联网，赋能现实工厂的工艺设计、排产计划、生产流程、员工交流、个性化定制、设备和系统维护等环节，从而实现改变工厂生产模式和员工工作、生活、交流方式的目的。在工厂数字原生世界中，通过我国构建的标识解析和"星火·链网"两大基础设施体系，实现了工业企业内外各平台数据的互联互通和数据的可信传递。但由于打造工厂元宇宙需要对现实世界进行映射，映射过程中需要对现实世界物理身份进行绑定，同时元宇宙需要依靠区块链技术实现信用价值安全传递。因此，结合元宇宙的相关技术、基本特点、核心要素和工业互联网标识解析平台、"星火·链网"平台、工厂数字化平台，构建工厂元宇宙模型，目前设计了一种工厂元宇宙架构，该架构共6层，分别为物理层、软件层、数据层、策略层、应用层和交互层，如图8-7所示。

第8章 工业互联网标识在智能工厂未来发展中的应用与前景

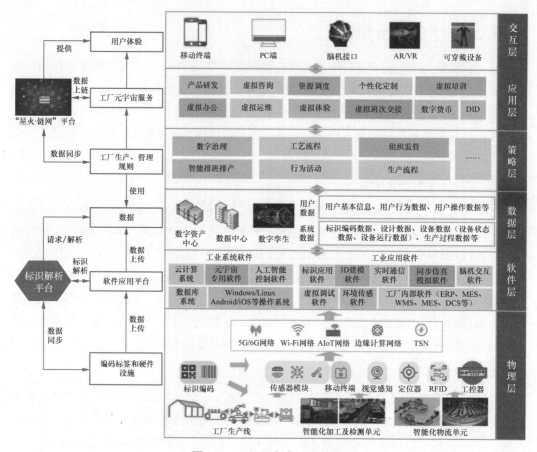

图 8-7 工厂元宇宙 6 层架构

（1）**物理层**。物理层是构建整个工厂元宇宙体系的基础，是数据生成、数据保存、数据传输的有效载体，该层主要包含赋有标识编码的感知设备、工控设备、生产线、智能化加工及检测单元、智能化物流单元等数字化基础设施。感知设备主要是利用智能移动终端、传感器模块、视觉感知摄像头、高精度 GPS、RFID 等设备，感知、识别工厂内部的设备（比如生产、加工、物流、控制设备等）和工厂环境（比如温湿度、光照强度等），以及获取建设工厂元宇宙的基本数据（比如用户的数据信息可以通过移动终端和 GPS 进行获取），最终利用自动标识扫码器、RFID 实现对工厂物料、产品、设备的使用数据进行实时上传。

物理层和软件层中间的传输通道是整个物理层最关键的部分，利用 5G/6G 网络、Wi-Fi 网络、AIoT 网络、边缘计算网络、TSN 形成的通信管道，实现海量数据的实时传输。通过 AIoT、TSN 等网络将多维度的物联网数据在云端和边缘端进行保存，并将数据上传至软件层进行使用。

（2）**软件层**。软件层是整个架构的关键层，该层主要包含两大软件，即工业系统软件和工业应用软件。软件层主要是负责加工、分析和处理经物理层上传的数据，同时为数据层提供应用数据源支撑，该层在工厂元宇宙中起到了核心驱动器的作用。工业系统软件用途主要是控制、协调工厂内部接入的硬件设备，支撑应用软件的设计、研发、部署和运行，该部分主要包括元宇宙专用软件、云计算系统、人工智能控制软件、数据库系统、Windows/Linux/Android/iOS 等操作系统。应用软件则是指一些定制化软件，这些软件可以实现工厂元宇宙定制化功能，通过应用软件与工业互联网标识解析体系结合，打通与物理层、现实应用场景之间的关系，构建一个基础的嵌入式操作平台（Embedded Operation Platform，EOP）平台，为整个数字工厂的三维建模软件、实时通信软件、脑机交互软件等提供公共型服务。

（3）**数据层**。数据层主要由数据中心、数字资产中心和数字孪生三部分组成。数据中心实现对工厂元宇宙产生的用户数据（用户基本信息、用户行为数据、用户操作数据等）、系统数据［标识编码数据、设计数据、设备数据（设备状态数据、设备运行数据）、能耗数据、生产数据、物料信息数据、环境数据、模拟仿真数据、质量检测数据、系统日志数据、设备故障与维护数据等］等海量原始数据的汇聚与存储，为数据的更上层的应用提供原始数据分析和参考。数字资产中心是一个底层基础平台，基于该平台可实现数字资产交易，采用分布式去中心化的区块链技术实现资产的可信性、安全性和数字化，同时通过采用虚拟电子形式对非货币性资产数据进行统筹管理。数字孪生是对工厂的内外部环境、实时数据和历史状态的复现，通过构建与现实数字化工厂一一对应的数字孪生体，可实现智能工厂的精细化管理，为员工、用户提供更优质的服务。

（4）**策略层**。策略层主要是为数据应用建立规范化的策略，构建监管体系，维护数字化工业生产秩序。策略层主要包括数字治理、工艺流程、组织监管、生产流程、智能排班排产、行为活动、推理计算、强化学习等。其中，数字治理就是以数据要素作为驱动力，构建开放、创新、协同的治理体系；工艺流程是以工业产品生产为依托，构建产品工艺模型，实现工艺流程的管控；组织监管主要是为保障制度的实施；生产流程主要是基于生产要素，利用推理计算策略和强化学习方法构建生产过程模型，实现生产流程的虚拟透明化。此外，策略层还需要通过生产流程和工厂制度实现智能化排班排产、约束生产者的行为活动，保障生产的有序执行。

（5）**应用层**。应用层位于策略层之上，以物联网技术、网络及运算技术、虚拟现实技术、人工智能技术、区块链技术等作为支撑，并与工厂元宇宙融合，共同为工厂内外的不同类型用户提供应用。工厂元宇宙利用物联网技术为工厂内万物连接及虚实共生提供技术保障，利用网络及运算技术将应用层上各系统的运算结果传输至用户端，如面向用户的虚拟咨询、虚拟办公、社交服务、虚拟培训、资源调度等；采用人工智能技术为用户提供智能生产、虚拟班次交接、互动交流等功能应用；采用区块链技术，依托"星火·链网"平台研发虚拟数字货币及对应的数字化交易软件，搭建虚拟经济体系和 DID 用户身份认证体系，实现用户虚拟资产价值的安全传递和安全交易。

（6）**交互层**。交互层为用户提供工厂元宇宙入口，用户可通过 AR/VR、移动终端、PC 端、脑机接口、可穿戴设备等获得在工厂元宇宙中的全感官沉浸式体验。通过人机交互设备打通一条可使用户抵达工厂元宇宙的隧道，采用触觉、视觉、语音、动作、意图等方面的多种感知技术,实现工厂元宇宙与用户多感官的信息交互,远程指导工厂自动化生产、设备自动化检查和维护。

3. 应用场景

案例场景 1:虚拟生产

工厂员工利用可穿戴虚拟现实设备(如 VR/AR、脑机接口、肢体感知设备等)进入工厂元宇宙,在工厂元宇宙中会自动生成一个镜像数字替身(数字替身通过"星火·链网"平台进行 DID 身份注册,并与现实世界中的用户 ID 进行唯一性绑定),数字替身进入基于现实工厂的元宇宙数字孪生工厂。生产开始前,数字替身首先在元宇宙中查看订单状态、设备状态、产品状态,通过人工智能算法找到最优的生产方案后下达生产计划。生产过程中,数字替身可以在元宇宙中远程监控并实时调整车间的生产状态,现实工厂和工厂元宇宙同步运行,依照数字替身在元宇宙中下达的指令自主完成物料配送、生产节拍、质量管理、数据采集等协同生产过程。生产完成后,数字替身在元宇宙中通过操控智能物流系统和智能仓储系统,自动根据订单状态并完成产品无人分拣、智能搬运和智能仓储等流程。

案例场景 2:工作交接

员工的本班次结束后,元宇宙智能云计算系统立即统计出生产工人的工作量和当前生产进度,并将数据自动上传至工厂管理云平台,由云平台自动分析该员工的产量、效率、能耗、工时等数据,随后由公司生产管理调度系统依据这些生产信息进行生产计划安排和调整。同时,换班员工通过虚拟现实设备进入元宇宙,交接班员工的数字替身通过查看生产计划表、语音交流,确定已完成和待完成工作内容,在元宇宙内完成生产权限、生产进度和设备状态的交接。交接工作完成后,上一班次员工下线,换班员工的数字替身向管理人员确认生产计划后按计划在元宇宙中进行生产,现实工厂同步推进生产工作。

案例场景 3:故障维护

当工厂设备运行发生故障时,维护人员穿戴虚拟现实设备进入工厂元宇宙,通过元宇宙中的数字孪生工厂结合原生设备的三维模型,定位设备故障点,并根据现场传感器返回的数据确定故障原因。依托元宇宙强大的云计算能力,基于人工智能算法预测设备故障原因,确定维修预案,维护人员的数字替身直接在元宇宙中进行设备维护。同时,维护人员可以邀请设备供应商的专家进入工厂元宇宙进行设备维护,远程专家通过工厂元宇宙查看工厂的故障报警情况并了解故障基本信息,然后对故障和缺陷进行虚拟化检测,并在元宇宙世界中给予维修指导意见,现场维修人员或维修机器人收到维修指令后立即进行维修操作,快速恢复生产制造。

4. 面临的挑战

工厂元宇宙是智能工厂数字化转型的终极目标,它通过 VR/AR 技术实现工业流程的全贯穿,突破空间限制,实现沉浸式生产体验。用户利用穿戴设备进入虚拟化生产场景,查看现实工业企业映射和生产过程,设计定制化产品,提前感受产品形态和功能,还能进行远程虚拟化办公和设备运维。但由于工厂元宇宙面向的对象复杂多样、信息量巨大、实时性要求极为苛刻、技术集成度非常高且存在较大的安全风险，因此在实现工厂元宇宙可能面临巨大挑战，主要如下。

（1）**技术壁垒突破难**。在构建工厂元宇宙过程中，技术壁垒将是工厂元宇宙发展道路上的最大阻碍，主要存在以下几个方面。

- 底层技术难以满足应用需求。目前，市面上比较成熟的 AR/VR、区块链、人工智能、大数据等底层技术无法满足工厂元宇宙落地应用需求。
- 系统/平台算力要求极高。由于现实工厂中的设备数量众多，每秒将产生海量的数据，同时，现实工厂需要与元宇宙中的数字孪生工厂进行实时联动，且需要实现可编辑世界、多人在线、用户生成内容（UGC）、虚拟社交、经济系统等多要素的融合，对网络、边缘设备、服务器等设备/系统的并发量、吞吐量和计算能力要求极高，虽然云计算、5G 网络技术不断发展，但还是难以支撑海量数据的实时计算。因此，技术壁垒是元宇宙难以落地实施的关键性因素之一。

（2）**安全隐私保护难**。构建工厂元宇宙的出发点是为促进工厂生产效率，给员工带来沉浸式交互体验，但是在实现元宇宙的过程中，不仅需要对进入元宇宙的用户进行身份属性、社会属性、人际关系、实时位置、生物特征、脑电波模式等个人信息采集，还将对工厂内设备基础信息、控制指令、监测接口等工厂内部信息进行采集，同时会对周围的环境数据进行全面采集。通过对以上信息的深度挖掘、分析、处理、存储和实时同步，以满足工厂元宇宙对数据资源的基本要求。如果这些个人数据或环境数据出现泄露或者被不法分子滥用，将会严重影响现实世界中用户的正常生活，也会对现实工厂的生产造成影响，导致直接经济损失。因此，安全隐私保护将成为元宇宙难落地实施的关键因素之一。

（3）**标准法规推动难**。目前，元宇宙这一新兴概念在各界尚未进行标准化定义，国家/行业制定标准、法规缺乏可信的依据。同时，由于构建工厂元宇宙的前提是需要打通与其他不同元宇宙生态系统关系，从而实现元宇宙生态系统的广泛连接。为满足上述要求，国家及各行业需要制定相关的标准、规则和协议，引导企业之间进行规范化、标准化的合作，建立一套属于元宇宙的标准体系。但是由于构建元宇宙体系将涉及多个领域、多种行业、多个企业且不同行业、领域、企业均存在不同层面的监管机构，这些监管机构可能会造成信息割据、资源垄断、经济风险和信息安全风险等多种问题。因此，在推动建设统一化的标准法规方面可能存在阻碍，这个问题也就成为元宇宙难落地实施的关键因素之一。

目前，工厂元宇宙处于发展初期，在技术、安全隐私保护和标准法规推动层面的思考尚未成熟。前文介绍的工厂元宇宙技术以提高工厂生产力、改进工厂生产模式、促成企业数字化转型和以人为本的转型为出发点，基于工业互联网标识解析体系与"星火·链网"体系，提出了工厂元宇宙的技术架构。同时，通过构建不同的应用场景，验证了工厂元宇宙实现的可能性。

第8章 工业互联网标识在智能工厂未来发展中的应用与前景

随着科学技术的进一步发展和人类思维方式的变化，元宇宙将以数字网络形式融入我们的生活的方方面面。通过打造工厂元宇宙能够实现工厂生产模式的转变，促进生产力提升。而要实现这一目标，还需要对工厂元宇宙的技术、服务、安全性防护和标准法规等方面进行研究和探索。

8.3.3 工业元宇宙：未来工厂3.0的典型标志

未来工厂，即广泛应用数字孪生、物联网、大数据、人工智能、工业互联网等技术，实现数字化设计、智能化生产、智慧化管理、协同化制造、绿色化制造、安全化管控和社会经济效益大幅提升的现代化工厂，如图8-8所示。

未来工厂3.0将以工业元宇宙为典型标志，企业的产品设计、工艺研发、试产测试、经营管理、市场营销等都可以面向全社会开放。

图8-8 未来工厂

1. 未来工厂的整体架构

未来工厂的整体架构如图8-9所示。

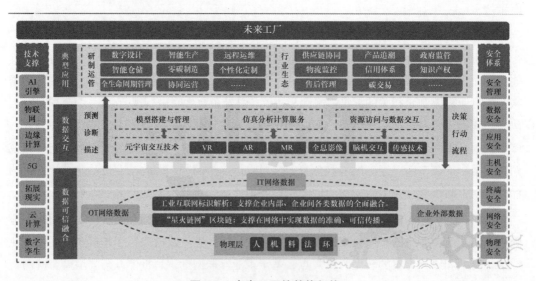

图8-9 未来工厂的整体架构

2. 未来工厂实施路径

未来工厂的实施涉及如下环节。

（1）**诊断评估**。依托对行业、市场发展的深入研究，结合企业自身现状及发展诉求，对标业内先进案例，展开全面诊断及精准评估；通过识别驱动因素、能力评估等手段，探寻企业数字化转型升级的最佳路径；重点围绕"构建分析模型""评估现状"和"对标最佳实践"，分析企业自身优劣势，识别数字化转型的关键驱动力与关键成功要素。

- 构建分析模型：从战略层、业务层、支撑层构建分析模型与分析框架，根据行业和企业特点，制定分析模型的要素要求和权重。战略层包括转型愿景、定位、战略路线、绩效指标等；业务层包括客户体验和运营模式等；支撑层包括技术平台、组织与人才等。
- 评估现状：基于分析模型与分析框架，通过资料收集、问卷调研、深度访谈、集中研讨等方式深入了解现状与需求，多维度评估企业转型的驱动力与关键要素剖析转型瓶颈及其制约因素，明确未来工厂建设的着力点。
- 对标最佳实践：从所属行业、业务相似度、组织扁平化、转型成效等维度筛选具备参考价值的对标企业。基于分析模型与分析框架，从战略、客户、运营、组织、人才、技术等维度开展对标。在考虑与对标企业外部环境、发展水平、资源禀赋等条件差异的基础上，提出目标、思路与方法。

（2）**战略规划**。紧密结合国家顶层规划，结合企业现状与发展愿景，勾勒未来工厂蓝图，明确企业在业务变革、产业价值链转型、未来工厂建设的具体方法。整个战略规划应该是由内向外的，以企业发展目标和结果为导向，有重点、分阶段地推动企业各项数字化资源协调发展。战略规划主要包括数据资源规划、技术平台规划、业务变革规划、产业整合规划以及生态构建规划。

- 数据资源规划：基于业务需求，构建支撑企业全业务全过程/全环节的数据模型。持续开展数据模型完善、升级与及时更新。
- 技术平台规划：以云化数据中心为资源和核心能力，以数据实时采集应用为业务管理和决策驱动，以物联网、工业互联网为能力拓展载体，以区块链、数字孪生等数字技术为新动能，推动建设以感知层、网络层、平台层、应用层、渠道层为主的技术平台架构。
- 业务变革规划：横向打通业务边界，实现跨专业业务融合；纵向贯穿管理层级，实现业务场景和资源的优化配置。以技术平台为基础支撑，以数据为驱动进行业务变革规划。
- 产业整合规划：以云平台为媒介，联通产业链上下游，促进端对端的平台服务整合。构建产业图谱，挖掘产业相关方的价值关系，创新价值创造模式，引导产业价值链重构。
- 生态构建规划：以核心企业作为纽带，通过建设贯穿产业价值链上下游的数字化平台,支撑内外部服务撮合,催生新技术、新模式、新业态,打造开放、合作、共赢的生态圈,实现数字产业化。

(3) **能力提升**。为企业精准匹配服务能力,围绕先进技术引进、数字底座打造、平台建设运营、能源管控优化、专业人才培养、产业链协同创新等方面,全方位提升企业数字化能力。能力提升的实施路径包括核心能力提升以及典型技术应用。

- 核心能力提升:包括沉浸式设计、智慧化生产、安全化管控、数字化管理和绿色化制造等。其中,沉浸式设计是指实现研发设计软件协同,应用 AI、大数据、云计算等技术进一步深化三维展示、沉浸式体验、真实感体验;智慧化生产是指依托数字孪生、虚拟现实等技术,实现生产主体的互动与协同,实现实时、精准、柔性生产;安全化管控是指模拟各类安全场景,沉浸式完成安全培训、隐患排查行为监督、特殊领域巡检等安全管理;数字化管理是指各类信息系统有机融合,提高数据处理能力,加强数字类资产的经营和管理能力;绿色化制造是指围绕国家绿色发展战略,提高产品全生命周期中资源利用效率,降低环境危害。
- 典型技术应用:包括工业互联网标识、"星火·链网"和能效管理。其中,就工业互联网标识而言,要在过程流程层级实现产品生命周期管理、设备精细化管理、预测性维护,在设备产品层级实现生产过程管理、运营优化,在产业资源层级实现供应链协同、柔性化生产。就"星火·链网"而言,要支撑接入管理、数字身份管理、标识资源分配,提供跨产线、跨企业、跨行业的互通能力,构建智能可信的价值互联网;就能效管理而言,在碳采集方面实现各生产环节碳排放数据的采集与综合分析,在碳计量方面实现基于国家标准计量企业碳排放量,在碳监测方面依托感知平台监测各环节碳排放情况,在碳交易方面实现碳排放量资源协同共享。

(4) **示范引领**。企业内部遵循试点先行、以点带面的数字化升级大原则,逐步推动企业数字化进程;充分发挥企业试点示范作用,通过省部级专项、行业论坛大会等渠道引领行业发展。应优先围绕能够率先构筑产业竞争优势的方面,组织开展新型能力建设试点,开展集中攻关,打通关键性业务场景,加强样板打造、试点总结和示范推广,提升数字化技术创新应用的内生动力。

示范引领实施路径包括遴选试点、打造标杆、研制标准、示范推广等。

- 遴选试点:进行市场竞争、行业对标分析,开展现状诊断;策划试点业务场景和新型能力建设需求。
- 打造标杆:围绕能力打造国家级、省级试点示范项目标杆;专门团队全过程跟踪实施过程。
- 研制标准:总结提炼样板打造过程中知识模板;参与制定指南、白皮书、标准等行业发展准则。
- 示范推广:制定以试点为主的推广模式,内外部协同推广;通过政策支撑与财政补贴进一步强化示范效应。

8.3.4 工业元宇宙在智能工厂园区中的应用

本节主要介绍博山数字经济产业园、广州民营科技园数字孪生中心、山东东华水泥碳资产管理平台、长治高新区数智未来智造城赋能中心、胶东供应链 LIP·zone 工品供应链元宇宙等 5 个应用案例，展示工业元宇宙在智能工厂园区中的应用。

1. 博山数字经济产业园

案例背景

博山数字经济产业园区位于博山经济开发区内，占地面积 85 亩[①]。博山经济开发区现有规模以上企业 73 家，其中国家级高新企业 20 家，省级以上企业研发机构 25 家，省级双创平台 5 家，博士后工作站 2 家，院士工作站 4 家，上市企业 4 家。

博山园区大多工业企业以订单式生产为主，对排单效率、产能大小等有较高要求。但博山园区发展时间较长，而且受到山地地形的限制，物理空间有限，实际生产中会存在排单错误、产能不足、扩规困难等问题，对园区规模的进一步扩张造成限制，同时限制了相关企业通过物理搬迁实现入园。

解决方案

博山数字经济产业园基于新基建与工业互联网打造服务型虚拟园区，打破时空限制，减少企业物理搬迁，通过连接园区网络，加入园区柔性自动化生产序列，享受园区提供的各类服务。园区利用数字化技术对园区企业所在产业链上下游提供服务，利用数字走廊构建虚拟园区，促进产业、技术、人才、资金、数据等网络化虚拟化聚集，打造协同绿色园区生态，实现数据生产要素在园区服务体系内自由安全流动及产业高效协同发展。

园区通过打造虚拟园区节点，致力于成为新型产城融合的综合性园区。园区的物理空间位于博山经济开发区综合服务及研发中心大楼和 5#～9#厂房，整合共享开发区冗余物理空间等生产要素资源，建设调度展示中心及各类共享中心；园区的虚拟空间由园区节点、企业节点通过园区工业互联网外网、标识解析节点、分布式边缘计算中心等新型网络基础设施构成，沿博山工业供应链沿链聚合，覆盖全区、辐射全省，将企业数字化服务范围拓展至全网全链，并通过上联国家工业互联网数据公共服务平台，为更大范围的产业优化布局提供数据支撑。图 8-10 展示了虚拟园区指标动态监测效果。

虚拟园区从政府管理、产业发展和招商决策三大维度的指标动态监测，实现了园区企业智能服务、园区企业发展洞察、辅助园区企业融资。通过分析园区入驻企业的知识产权指数、贷款指数、投资指数、法律体系指数、经营风险指数、人才供需指数、政策申报指数等指数，精准定位企业短板，分析企业需求，主动为企业提供智能服务推送。虚拟园区的企业动态全局监测，涵盖日常运营、发展能力、竞争价值等核心维度，可生成实时数据可视化报表，输出智能辅助分析，助力政府制定科学决策，执行企业监管。

---

① 1 亩等于 666.67 平方米。——编辑注

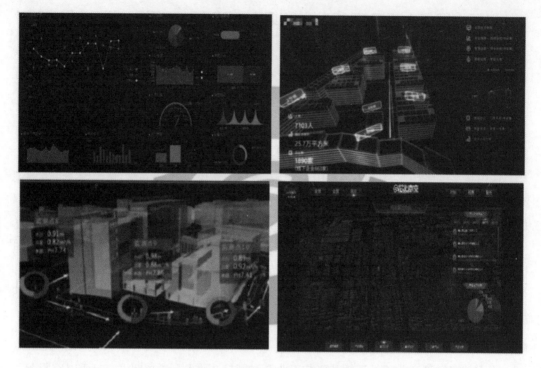

图 8-10 虚拟园区指标动态监测效果

应用成效及进一步发展建议

本案例提出虚拟园区节点的概念，通过构建与现实园区相映射的虚拟园区，为博山乃至省内外智能制造、新材料、健康医药等行业的生产、仓储、物流等关键环节的数字赋能提供了很好的方向。

要进一步推动博山虚实融合园区的发展，企业应采取如下举措。

- 完善园区数字底座建设，深化园区虚实融合水平，在资源网络化聚集的基础上加快推动工业数据、政务数据、生产数据等资产的数字化和价值化。
- 着力开展工业元宇宙关键服务平台建设和能力培育，针对园区智能制造、新材料研发等生产和运营的核心场景构建虚实融合的价值融通体系。
- 构建工业元宇宙创新载体，围绕园区数字赋能、数据存储、数据运营、数据增值服务等积极培育开放的创新生态。

2. 广州民营科技园数字孪生中心

案例场景

广州民营科技园（简称"民科园"）地处广州市白云区中部。园区规划总面积 34.86 平方千米，主要由位于太和镇的民科园核心区和位于江高镇的神山轨道交通装备产业园、白云电气产业园、白云工业园及居家用品园等园区构成。民科园以民营科技企业为主体，以科技创新为方向，以发展高新技术产业为目标，力求促进科技与经济相结合，实现科技成果商品化和产业化。

在产业发展的同时,民科园管委会按照白云区委区政府打造智慧白云的工作要求,进一步改善园区环境和促进产业转型升级,加大基础设施建设力度,开展智慧园区建设工作,前期主要建设园区大数据中心、园区运营中心综合展示、园区公共服务平台、生态环境监测、智慧灯杆4基,对接园区企业烟感监测。在此基础上,采用工业元宇宙园区应用规划建设思路,扩建财务系统、无纸化会议系统、视频监控、智慧能耗,丰富园区透彻感知,丰富园区智能应用,实现核心区运管高效协同,提供安全、物联、高效、便捷、智能、节能、健康的园区工作环境。努力将园区建设成为"国际科技创新枢纽、高端高质高新产业基地、创新型绿色生态园区"。

解决方案

为实现上述建设目标,园区运营中心升级改造为数字孪生中心。数字孪生中心运用三维建模和数字孪生技术,通过三维立体的可视化呈现方式,将空间与数据结合起来,将建筑中的业务数据进行监测与综合展示,帮助客户全面掌握建筑状态及相关业务运营情况、展示园区整体安防情况、展示园区能源消耗情况等主题,辅助运营决策,展现智慧化理念与成果。

数字孪生中心由智慧城市智能运行中心(Intelligent Operations Center,IOC)基础平台(见图8-11)、三维可视化模型和三维展示3个部分构成。

图8-11 IOC基础平台

- IOC基础平台:IOC基础平台基于三维可视化引擎,以物联网感知、地理环境、城市信息模型为主要数据,通过大量的预制组件,包括各类图表、三维场景、粒子特效、AI识别等,运用搭积木的方式,打造园区数字孪生环境。该平台能快速构建和发布三维场景和界面 UI，内置三维场景优化器，能够对用户的编辑进行有效的渲染，视图区显示三维图像的帧率都保持在 60 帧/秒以上。同时，能够快速完成室内外场景搭建、弱化开发流程、加快开发进度、降低开发成本。

- 三维可视化模型：构建核心区 7.15 平方千米的三维模型，包括建筑模型、地形模型、交通及设施模型、绿化模型、其他模型。
- 三维展示：数字孪生中心分为 3 个主题进行三维展示，包括园区总览、安防态势、能耗分析。

通过园区数字孪生中心的建设，将园区物理空间与运营数据结合起来，将建筑中的业务数据进行监测与综合展示，帮助园区管理者全面掌握建筑状态及相关业务运营情况、展示园区整体安防情况、展示园区能源消耗情况等主题，辅助运营决策，为下一步实现跨地域、跨时空打通数据，整合多地园区实现园区元宇宙奠定坚实基础。

应用成效及进一步发展建议

本案例通过建设涵盖建筑模型、地形模型、交通及设施模型等的园区数字孪生中心，打造虚实融合的园区智慧化运营和管理模式，实现了园区与内外部环境的有效交互。案例存在优化空间，如对园区内部设备设施进行精细化建模，采集获取更多的数据，以更好地服务于园区内企业的生产经营。

要进一步推动广州民营科技园的虚实融合发展，企业应采取如下举措。

- 拓展园区虚实融合应用场景，通过数据驱动能力将园区企业的管理、生产、运维、决策等全过程有机地统一起来，实现对当前状态的评估、对过去发生问题的诊断，以及对未来趋势的预测。
- 加强园区物理空间与数字空间的双向虚实交互，构建空间虚实交互引擎，实现跨区域协作的虚拟创新环境，提高信息共享与创新合作效率，为企业和园区发展赋能。
- 积极探索园区元宇宙的商业化路径，建立开放协同的园区元宇宙技术化、产业化、商业化创新体系，从价值交换、交互体验等体现园区现实与虚拟融合的角度，加大布局力度并加速相关产品和服务的研发、落地和标杆推广。

3. 山东东华水泥碳资产管理平台

案例场景

山东东华水泥有限公司（以下简称"东华水泥"）每年可生产熟料、水泥、矿粉 1000 万吨，用余热发电 1 亿度，处置固体废弃物 7.8 万吨、危险废弃物 10 万吨。

东华水泥数字化转型过程中，面临着不知如何核算温室气体排放量、无法将碳数据变为碳资产、碳排放数据分散不成体系、缺乏数据支撑、无法把握减排重点等问题。基于工业互联网平台和工业元宇宙框架，东华水泥打造出"碳管+"碳资产管理平台，项目完成后，预计帮助东华水泥节约电力 4000 万千瓦时、节约标煤 1.5 万吨、减少二氧化碳排放 7.4 万吨、降低排放成本 370 万元。

解决方案

本案例是在工业元宇宙的框架下打造"碳管+"碳资产管理平台，其平台架构如图8-12所示，对监测对象在销售、计划、研发、设计、工艺、制造、采购、供应、库存、售后等各个环节的碳排放数据进行汇聚并进行统筹管理。平台主要包括碳排放数据管理、碳资产管理和碳交易管理等模块。碳排放数据管理包括碳排放检测、碳排放报告、碳排放核查以及碳排放披露；碳资产管理包括配额管理、目标分解和考核、碳减排量管理以及合规履约；碳交易管理包括参与配额买卖、碳交易申请审批、交易买卖操作。另外，园区将采用最前沿的区块链技术，结合NFT相关软硬件设备完成碳资产的跨平台交易、转存等。

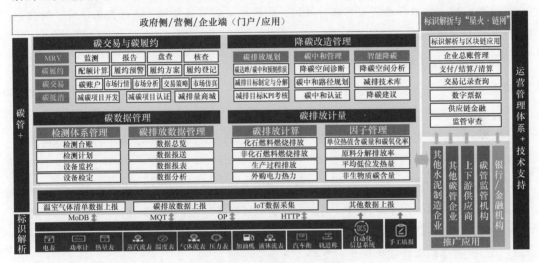

图8-12 "碳管+"平台架构

（1）**确定碳排放的边界**。针对东华水泥的六类碳排放源，设定了矿石开采及辅助设施、生料制备、生料预热分解、熟料煅烧、水泥制备、协同处置废物等不同的数据采集对象，实现数据的存储、分析以及可视化。

（2）**实现碳资产的数字化管理**。通过计算燃料燃烧排放、工业生产过程排放、净购入使用的电力和热力对应的排放，最终计算出企业的碳排放量，实现碳资产的数字化管理。

此外，立体可视化呈现碳排放数据。平台提供完善的MRV管理功能，可根据数据自动生成碳排放报告。在工业元宇宙框架下，可进一步实现碳排放数据立体可视化；在碳交易管理方面，提供配额盈缺预测、交易策略制定、碳交易资讯、碳交易权限与审批管理功能；在碳履约方面，内置提供履约流程管理，帮助企业及时完成履约。

应用成效及进一步发展建议

本案例是工业元宇宙与绿色低碳的结合，通过帮助企业合理配置碳资产产品，降低履约成本，并根据工业元宇宙平台和碳管平台的碳排数据，参与碳市场交易，将减排变为收益。

如要进一步推动东华水泥用工业元宇宙赋能园区绿色低碳的发展，企业应采取如下举措。

- 应完善园区数字底座建设，推动园区原材料、生产过程、储存、运输、销售等各环节的数字化升级，推动设施设备、工艺流程的虚实融合建设与改造，提升水泥行业虚实融合水平。
- 着力开展创新能力强、转化效率高、服务体系全的工业元宇宙融合赋能创新中心建设，加强对元宇宙共性关键技术创新的供给，针对水泥行业需求和痛点，有针对性地加快场景创新，加速应用落地。
- 依托工业元宇宙融合赋能创新中心，探索形成统一开放的数据接口、底层平台和连接标准，推动各类碳数据实时接入，加快推动碳排放数据、能源数据等资产的数字化和价值化。

4. 长治高新区数智未来智造城赋能中心

案例场景

长治高新区数智未来智造城是由山西大地环境投资控股有限公司投资建设运营的现代化、智慧化产业园区，项目总占地面积约 508 平方米，总建筑面积 92 万平方米，是目前全省单体规模最大的标准化厂房项目。

为了充分发挥产业园区的资源和优势，园区在规划之初就着力建设高端工业互联网赋能中心，旨在为园区内企业提供一对一专属管家式服务，面向智能制造、先进制造等高端产业方向，提供从研发、孵化到产业化加速的一条龙服务，打造"企业全生命周期服务"体系，以促进高新科技成果转化，支持入园企业发展。

解决方案

技术人才短缺一直是困扰很多企业发展的痛点，基于 AR 的虚拟产线实训认证平台能够帮助企业解决生产经营中的具体问题，实现赋能中心资源价值的最大化。

赋能中心包含融合概念解析、场景展示、产教融合等应用。依托 AR 技术方案及行业经验，在园区打造了集内容展示、培训路演、实训认证等丰富功能于一体的赋能中心，形式丰富、实用性强的工业互联网应用场景展示体验和产教融合培训认证中心，成为赋能中心的核心优势展项。

（1）一、二、三产业融合展示。贴合长治当地产业发展的"一、二、三产业融合"展示体验中心是赋能中心的亮点展项之一。用户可以借助平板计算机等移动设备，通过互动游戏切实体验"一、二、三产业融合"项目。

- 一产：是指通过 AR 区域识别技术，对展示区投放的虚拟谷田进行灌溉采收，通过虚拟无人机植保体验智慧农业场景。
- 二产：是指深入植保无人机应用，探访无人机数字化生产制造工厂，体验虚实映射的智能制造场景。
- 三产：是指通过云商城模拟在线下单，支持查看追溯商品产地及生产信息，构建二级节点标识解析体系,完整体验从智慧农业、智能制造到智慧服务的"一、二、三产业融合"项目场景。

通过 ALVA 互动式的项目展示形式,能够让园区企业及其用户群体直观、清晰、快速地理解先进产业融合发展理念,通过详实的案例内容为企业提供切实可行的发展思路,推动园区、长治市乃至整个山西省的企业上云。

(2) **AR 产线实训**。ALVA 依托长治当地职业院校的专业及生源优势,赋能中心作为华北唯一颁发"1+X 证书"和"工业和信息化领域急需紧缺人才培养工程证书"的人才输送基地,借助 AR 产线实训应用,助力山西省产教融合发展,实现人才赋能,如图 8-13 所示。

图 8-13 长治数智未来智造城赋能中心 AR 展示体验

园区企业可以组织学员到赋能中心进行产线实训,学员通过佩戴 AR 眼镜,学习工艺或操作课程。在认证阶段,也能够通过 AR 实训考核进行学习成果的验证,完成从培训到认证的全程可视化、可验证的闭环。

应用成效及进一步发展建议

在本案例中,园区打造了集内容展示、培训路演、实训认证等丰富功能于一体的赋能中心,形式丰富、实用性强,具有很强的借鉴意义。

为进一步推动长治高新区虚实融合发展,企业应采取如下举措。

- 加强赋能中心深度服务园区的应用场景,汇集园区内部和外部沉浸体验的创新验证、产业培育、应用推广、生态集聚等资源和服务,助力园区企业实现虚实交互的技术创新和成果转化。

- 营造行业融通、区域数字化转型生态,构建"工业元宇宙+垂直行业"的工业元宇宙开放平台,深化赋能中心与国内外龙头企业、科研机构等开展资本、技术、人才交流合作,促进大、中、小企业融通发展。

5. 胶东供应链 LIP·zone 工品供应链元宇宙

案例场景

胶东供应链在运营"星火·链网"骨干节点(胶州)的过程中,以推进企业数字化转型为重点落地场景,在前期的调研中发现企业在推进数字化转型的过程中还存在诸多痛点。例如,企业传统的运营方式无法满足新市场需要;企业在产品创新、生产创新、材料创新、流程创新、降本增效方面面临非常严峻的考验;自主设计能力弱,设计者无法与市场密切联动,征集设计成本太高;资源协调难度大,供需对接不对称,导致管理成本高;企业数据孤岛现象多见,可追溯能力弱;数据无法互通,数据不完整;企业没有自主知识产权,新客群拓展难;新消费群体个性化要求高,传统的方式无法满足新消费群体的购买需求等。胶东供应链为了助力企业解决痛点,结合当下科技创新技术,基于国家新型基础设施"星火·链网"骨干节点(胶州)搭建了 LIP·zone 工品供应链元宇宙。

解决方案

胶东供应链推出的"LIP·zone 工品供应链元宇宙"(以下简称"工品元宇宙")是以工品产业供应链现实场景为基础,基于"星火·链网"骨干节点(胶州),运用区块链、物联网、大数据、人工智能、数字孪生、三维引擎等技术,构建从工业设计到生产追溯、从品牌营销到产品流通,贯穿供应链全程的元宇宙平台,如图 8-14 所示。

图 8-14 胶东工品元宇宙平台

胶东工品元宇宙平台包含产品设计创新的创作空间、技术创新的技术服务空间、生产制造可追溯的智造空间、品牌精准营销的品牌空间,使得设计师、生产商、品牌商、技术服务商和消费者在物理空间和虚拟空间有效价值联动。它既是现实的再造和升级,又是现实的延伸,通过将供应链全生命周期过程完整地串联在一起,将工业互联网的模式创新、设计研发、智能制造与消费互联网的社交、零售、资产确权及交易等属性巧妙融合。

应用成效及进一步发展建议

本案例以骨干节点为支撑,以工业元宇宙底层技术结合供应链思维服务实体工业,服务环节覆盖工品设计、智能制造、生产展示、品牌营销、消费等全链条。

要进一步推动胶东供应链工品元宇宙的落地赋能,下一阶段,企业应围绕以下几个方向进行重点突破。

- 着力开展工业元宇宙关键服务平台建设和核心应用场景落地,加快推动工业元宇宙的赋能作用,针对企业创新难、降本增效难等痛点,使用虚拟资源和工具,帮助园区企业更灵活自由地进行产品创新、生产创新、材料创新、流程创新。
- 完善园区数字底座建设,帮助园区企业提升数据追溯能力,实现数据的互联互通,加快推动园区数据向资产化、要素化的方向突破和演进。

8.3.5 元宇宙与标识解析共同推动智能工厂数字化发展的可能性

元宇宙和标识解析技术在推动智能工厂数字化发展方面可以发挥关键作用,两者结合能够为制造业带来更大的可能性和价值。

- 实时数据集成与分析:标识解析技术可以帮助识别、收集和整合设备和生产线的各种标识信息(如条形码、RFID等),实现设备和物品的数字化标识。元宇宙可以整合这些数据,提供更全面、直观的实时数据分析,使生产现场的数据变得更透明和易于理解,以帮助制定更有效的决策。
- 虚拟化模拟与优化:结合标识解析技术所收集的实际设备和物品的数据,元宇宙可以创建虚拟模拟环境。这个虚拟环境可以用于测试和优化生产流程,通过模拟不同的方案和变化,预测并优化生产效率,降低风险和成本。
- 增强沟通与协作:标识解析技术提供了设备和物品之间的互联互通,元宇宙则可以提供一个虚拟环境,在这个环境中进行跨部门和跨地域的协作。工厂内外的团队可以通过虚拟环境实时共享数据、交流沟通,提高协作效率。
- 预测性维护与优化:标识解析技术帮助追踪设备和物品的状态和位置信息,而元宇宙能够基于这些信息进行预测性维护。结合数据分析和机器学习,可以提前预测设备的故障,并进行及时维护,避免生产中断,提高设备利用率。
- 数字化供应链管理:标识解析技术在供应链中的应用可以提供实时的供应链数据,而元宇宙则可以将这些数据整合、可视化,帮助管理者更好地监控和管理供应链,提高供应链的可靠性和效率。

综上所述,元宇宙和标识解析技术的结合可以带来更全面、智能化的智能工厂数字化发展。这种整合能够提供更高层次的数据整合和分析，加强沟通与协作，提高生产效率和质量，使智能工厂更具竞争力和适应性。

　　智能工厂作为工业互联网发展的前沿，正以惊人的速度演变和发展。本章深入探讨了5G与标识解析在智能工厂发展中的作用和前景，揭示了这些技术融合对工业制造业的巨大促进作用。5G技术的高速、低时延、大连接特性与标识解析的精准识别、信息共享相结合，正在为智能工厂带来翻天覆地的变革。同时，区块链与标识解析的结合也为智能工厂在双碳环保方向上提供了新的可能性，为实现环保和可持续发展提供了强大支持。还有元宇宙与工业互联网标识的融合，也为智能工厂提供了新的发展方向。各个案例所展现的技术与实践结合充分证明了这些前沿技术在智能工厂中的价值和广阔前景。在未来，这些创新技术的不断演进将持续推动智能工厂的发展，为工业制造迈向更高效、智能、环保的未来铺平道路。